원전
집시

피폭하청노동자의 기록

호리에 구니오 씀
고노 다이스케 옮김

GENPATSU-GYPSY

[ENLARGED AND REVISED EDITION]

by HORIE Kunio

Copyright © 2011 HORIE Kunio
All rights reserved.
Original Japanese edition published by GENDAISHOKAN PUBLISHING CO.,LTD.
Korean translation copyright © 2017 by Mu Myeong In.
This Korean edition published by arrangement with GENDAISHOKAN PUBLISHING CO., LTD.,
Tokyo, through HonnoKizuna, Inc., Tokyo, and Shinwon Agency Co.

원전으로

와카사 지역은 이미 가을색이 짙었다.

길고 무더웠던 지난 여름, 도쿄에선 '열대야'가 39일이나 계속됐고 야마가타현 사카타시에선 그 지역 기상대 설치 이후 최초로 40.1℃를 기록했으며, 각지에서 도로의 아스팔트가 녹고 매미가 나무에서 떨어지는 등 일본열도 전체가 연일 혹서에 시달렸던 여름이었다.

그러나 역시 9월, 그것도 중순을 지난 호쿠리쿠지방에는 그런 여름의 흔적이 한낮에나 간신히 남아있을 뿐이었다. 해가 졌다. 흠칫 몸이 떨릴 정도로 냉기를 듬뿍 담은 밤바람이 단풍을 기다리는 나뭇잎을 바스락거리게 하고 약간 푸른 기를 남긴 벼 이삭 사이를 건조한 소리를 내면서 분다 ― 본격적인 가을은 이미 해질녘 속에 숨어 있는 듯했다.

조금 전부터 N씨와 나 사이엔 무거운 침묵이 흐르고 있다. 가끔씩 스쳐지나가는 대형차. 그 전조등이 운전석에 앉아 있는 그의 옆얼굴을 순간적으로 어두운 차내에 떠오르게 한다. 입술을 꼭 다물고 앞을 똑바로 째려본 얼굴. 그런 심각한 표정은, 알고 지내온 2년 동안 한 번도 본 적이 없는 것이었다.

이 날 ― 1978년 9월 27일 저녁. 나와 N씨는 27번 국도를 타고 쓰루가시로 가고 있었다.

아직 기차 편이 있다고 여러 번 사양했는데도 N씨는 "아니, 숙소까지 꼭 데려다줄게요"라며, 바람이 세지고 곧 비가 올 것 같은 날씨인데도 일부러 차를 내 준 것이다.

"드디어 내일부터군요."

N씨 집을 나서고 잠시 후였다. 그는 혼잣말처럼 그렇게 불쑥 말하고 다시 입을 다물어 버렸다.

마치 차를 곧 덮칠 것처럼, 차도에 닿을락 말락 하는 검은 산. 논밭

속에서 인가들이 띄엄띄엄 떠올랐다 바로 흘러가 버린다. 호쿠리쿠지방의 이 호젓한 광경이 차내 분위기를 더욱 답답하게 하고 있었다.

늘 온화한 태도의 그. 그러던 그가 왜 오늘 밤 이렇게까지 험상궂은 표정으로 말이 없는지—그 원인이 내일부터의 내 '행동'에 있는 것은 분명했다.

내일부터 나는 한 사람의 노동자로 원전에서 일한다.

원전에서 일해보자, 그런 생각이 든 동기는 정말로 단순했다. '답답함'. 원전의 '실체'에 안개가 껴서 잘 보이지 않는 답답함을 실제로 그 현장에서 일하면서 나 스스로의 눈과 귀로 확인함으로써 해소해 보고 싶었기 때문이다.

그럼 도대체 무엇이 나를 이렇게까지 답답하게 만들었는가?

예를 들어 원전에 대한 정보다. 정보화 사회를 반영해서 그런지 정보도 막대하다. 그런데 그 대부분이 정부와 전력회사, 그리고 관련단체 등 소위 원전 '추진측'의 정보다. 신문, 잡지, TV 등 언론을 이용한 것부터 팸플릿이나 포스터 같은 것까지 그 매체도 다종다양하다. 모두 원전의 '안전성' 또는 '필요성'을 주장한다는 점에서 공통된다.

그 한편에서 정반대의, 다시 말해 원전의 '위험성'과 '불필요성'에 대한 정보 또한 추진측의 정보와는 양적으로 비교가 안 되지만 우리의 귀에 들리기도 한다.

그 중에는 '소문'이라는 '매체'를 통해 흘러오는 것도 있다. A원전에선 피폭자가 속출하고 있다, B원전 주변에선 주민들에게 심각한 건강문제가 발생했다, C원전에선 중대한 사고가 발생한 듯하다 등등.

원전의 위험성을 암시하는 이러한 '소문'들은 뉘앙스나 정도 차이는 있으나 어느 원전 주변지역에서든 들리는 것을 보니, '아니 땐 굴뚝에 연기 나랴'는 속담을 인용할 필요도 없이 단순한 소문이라고 일축할 수도 없다. 더군다나 원전의 안전성을 과학적 및 기술적으로 부정 또는 경고한 정보라면 더더욱 그렇다.

　그럼 어느 쪽 정보가 원전의 '실체'를 더 정확히 우리에게 전달해 주는가? 정반대를 향하는 두 가지의 정보 벡터. 이대로라면 우리는 마치 원전이라는 '덤불 속'에 서 있는 것과 같다. 이 점이 우선 나는 답답했다.

　'덤불 속'에서 빠져나가려고 돌아다녀 봐도 왠지 입을 꼭 다물어 버리는 원전노동자들. '안전' 일변도의 대답으로 시종일관하는 전력회사. "그런 사실이 없다", "자료가 없다"는 쌀쌀맞은 관공서. 덤불이 더 깊어진다. 망설임과 의문, 집착, 그리고 답답함.

　문득 생각했다. 정보에 너무 구애받는 것이 아닌가? 원전과 나는 정보를 사이에 두고 '간접화법'으로 대화를 나눴던 것이 아닌가? 그렇다면 오히려 정보에 기대지 말고 원전과 '직접화법'으로 이야기해 보면 어떨까? 나 자신의 오감으로 원전과 직접 접해보는 것이다. 그러기 위해서는—. 이것이 원전노동자가 되기로 결심한 배경이다.

　내 생각을 알게 된 친구들은 다양한 반응을 보였다. N씨처럼 입을 다물어 버린 사람도 있는가 하면, 입으로 '반대'를 주장한 사람도 있었다. 그 중엔 "방사능 때문에 거시기가 쓸모없게 되면 어떻게 할 거냐"며 농담도 진담도 아닌 '충고'를 해준 이도 있었다. 반응은 각양각색이었지만 위험한 방사능 속으로 일부러 들어갈 필요는 없다는 것이 그들의 공통 의견이었다.

　나도 처음엔 망설였다. 방사능에 대한 불안감, 다른 수단을 찾을 수는 없는지에 대한 갈등, 그리고 친구들의 충고…….

　그러나 서서히 실행하는 쪽으로 내 마음이 기울어져 갔다. 그 이유는 두 가지다.

　하나는 주저하는 것 자체에 견디기 힘든 '초조감'을 느꼈다는 것.

　둘째는 친구들의 충고가 오히려 내 결심을 굳게 했다는 것이다. 그들이 반대하는 것은 '방사능에 대한 불안감' 때문이다. 그런데 실제로 거기서 일하는 이들이 있다. 노동자들은 그러한 '불안'한 곳에서 어떤 작업을,

어떤 마음으로 하는 것일까? 방사능에 대한 불안감이 커지면 커질수록 원전에서 일하는 노동자들에 대한 관심도 더욱 커졌다.

차는 짧은 터널에 접어들었다. 오바마선 미하마역을 지난 지 얼마 되지 않았을 때였다.
"이 터널을 빠져나가면 왼쪽에 미하마원전이 보여요."
그 때까지 입을 꼭 다물고 있던 N씨가 앞을 응시한 채로 옆자리에 앉은 나에게 말을 던졌다. 그의 표정은 여전히 험상궂었지만 그래도 오랜 침묵이 깨졌다는 사실에 겨우 한숨을 돌렸다. 그와 동시에 드디어 내일부터 이 원전에서 일하게 된다고 생각하니 어쩐지 가슴이 두근거리는 것 같았다.
터널을 빠져 나왔다. 차는 완만한 커브를 그리며 오른쪽으로 꺾어졌다. 시선을 왼쪽으로 돌렸다. 밤의 어둠 속에 바다의 기척을 느꼈다. 아마도 와카사만일 것이다.
그런데 원전의 모습이 거기에 없었다. 칠흑 같은 바다까지 무겁게 내려앉은 구름. 깊은 안개가 낀 밤의 장막. 그것들이 그것을 두껍게 덮어 가려 버렸다.

원전으로

일러두기

● **방사선량 단위 환산**

이 책에서 사용하는 방사선 선량당량의 단위인 렘(rem)은 2011년 현재 사용되고 있는 단위인 시버트(Sv)의 1/100과 같다.

1밀리렘(mrem)=10마이크로시버트(μ Sv)

1000밀리렘=1렘(rem)=10밀리시버트(mSv)

100렘(rem) =1시버트(Sv)

● **시버트(Sv)**는 인체(혹은 동·식물)에 피폭된 방사선 양을 나타내는 단위다. 예를 들어, 공기 중의 방사선이 우리 몸에 닿으면 비로소 '노출(피폭)' 되는데, 어떤 종류의 방사선 (α, β, γ, X선 등)이냐에 따라 에너지의 차이가 있어 가중치를 주게 되는데, 이것이 온 몸에 피폭된 총선량으로 등가선량이라고 하고 시버트로 표현한다. 통상 1시버트는 매우 큰 단위여서, 1밀리시버트(mSv) 또는 1마이크로시버트(μSv)를 주로 사용한다. 단위관계는 다음과 같다.

1Sv=1000mSv, 1mSv=1000μSv

● 법에서 규정한 일반인 연간 피폭선량 허용기준치 1밀리시버트는 안전기준치가 아니다. 사회·경제적 조건에 따른 관리기준치로 1만 명 중 1명이 암으로 사망할 수 있다는 확률적 의미이다. 10밀리시버트는 1천 명 중 1명이 암으로 사망하고, 5천만 명일 경우 5만 명이 사망할 수 있는 수치이다. 참고로, 방사선 물질을 다루는 작업자의 연간피폭선량은 현재 한국의 경우 1년간 50밀리시버트 이하, 5년간 합산하여 100밀리시버트 이하이다.

● 여기 실린 각주는 모두 역주이다.

원전 집시 차례

원전으로 ——————————————————— 1
일러두기 ——————————————————— 5

I. 미하마발전소 ————————— 11
2차계통에서 작업한 날들 ——————— 12
채용 결정/원전노동자의 과거/썩은 조개 냄새 속에서/분진투성이의 '열교' 작업/건강을 지키기 위하여/철판 위를 애벌레처럼/어부였던 청년들/"다친 놈은 전력회사에 사과드려!"/'완전무장'/백혈구가 떨어진 '호랑이 중사'/정기점검을 '무시'한 원전 설계/"우리를 차별하냐?"

드디어 1차계통으로 ——————————— 67
관리번호 21851639/중간착취의 실태/만주의 맛/전면마스크 쓴 노동자/'죽음의 그림자'/스위치 누르는 작업/방호복과 마스크는 자기 식대로…/'계획선량'의 무계획성/'파견근무'라는 이름 아래에 버림받는 노동자들/'구세주'와 '죽음의 신'/빨간 불—오염/"빨리 나가야지!"/에어마스크/파괴되는 바다/'휴직권고'를 받은 노인/줄어드는 발주량/미하마원전과 헤어지다

II. 후쿠시마제1원자력발전소 ———— 114
방사선 속에서의 노동 — 그리고 사고 ——— 115
'인부파견업체' 사장/전국에서 긁어모은 노동자들/"너, 너무 높아, 측정치가 말이야"/사원과의 노골적인 '차별'/"방사선이 나를 둘러쌌어!"/엉터리 '방사선 관리'의 실태/'가마가사키'에서 온 노동자/이용할 수 있는 만큼 이용하고…/갑자기 뿜어져 나온 '방사능 오염수'/실종자의 발자취/생리적 욕구를 무시한 노동/돌아가 버린 일용직 노동자/속출하는 선량계 최대치 초과/다섯 번이나 켜진 '오염등'/"맨홀에 빠졌어!"/산재처리는 곤란해/재해는 은폐돼 있을 뿐

다시 후쿠시마로 —————————————— 178
'사고 은폐'와 '산재 은폐'/"회사가 도산했다!"/태어날 아기에게 드리운 불안의 그림자/'안전교육조사'라는 이름의 '사상검열'/'흑인 노동자' 이야기/피폭 실태는 데이터 기록 이상/쓰루가원전으로의 권유/속출하는 고장과 사고/큰아들의 병 때문에 한시적으로 귀경/도망친 동료들/원전에 등 돌린 청년/후쿠시마를 떠나는 날

Ⅲ. 쓰루가발전소 ————————————— 206
악명 높은 노동현장으로 ————————— 207
쓰루가역에서의 재회/"덜컥 죽어 버리는 이들이 많아"/피폭당하는 '건강 우량아'/"그래서 '가마' 사람은 믿을 수 없어"/극심한 오염에서의 작업이 기다리고 있다/피폭을 키우는 설계/"…방사능…사고…"/거리로 확산되는 방사성물질/스리마일섬 원전사고에 대한 '관심'/무시되는 '눈'의 피폭

원자로 바로 밑에서 ——————————— 243
고선량 구역, 전면마스크—그리고 정전!/"방사능 엄청 먹었겠네"/말이 없는 '인해전술' 요원들/하루의 노동은 수십 분, 나머지는 도박/불필요한 노동과 무의미한 피폭/한계에 다다른 방사능에 대한 공포/본격화되는 정검 작업/반면 마스크는 불량품투성이/"정말 수고했어"—그리고 체내피폭이 남았다

마치며 ————————————————————— 268
문고판 후기를 대신하여 ————————————— 275
발문 — 또는 '마지막 장'으로 ———————————— 288
역자 후기 ——————————————————— 300

원전
집시

民俗
 誌

I 미하마발전소

해수욕장 근처에 있는 간사이関西전력 미하마발전소. 필자가 일하기 3년 전의 풍경(1975년 8월). 출처: 간사이전력 팸플릿

2차계통에서 작업한 날들

채용 결정

　　1978년 9월 28일(목) 오전 6시 기상. 아침을 먹고 신문을 훑어보고 있는데, 숙소 여주인이 "차가 데리러 왔어요"라고 알려줬다. 약속시간보다 30분이나 이르다. 서둘러 여행가방을 들고 1층으로 내려갔다.
　　현관에선 잠옷 차림의 숙소 남자 주인이 담배를 꼬나문 작업복 차림의 남자랑 서서 이야기하고 있었다.
　　"좀 있다가 소개해 줄 테니 잠깐 거기서 기다리세요."
　　주인은 나를 계단 아래에 세워둔 채 작업복 차림의 남자랑 다시 이야기하기 시작했다.
　　"이 사람인데……."
　　"어, 잘할 것 같은데."
　　"그리 힘든 일도 아니지?"
　　"응. 그것보다 그거에 대한 이야기는 마무리된 거야?"
　　"돈 말이야? 응, 그 금액으로 된대."
　　두 사람이 나누는 이야기가 내 귀에까지 들린다.
　　마치 경매품이 된 것 같았다. 기분이 나빴다. 그러나 이 '교섭'이 성립돼야 마침내 찾은 기회를 잡을 수 있다. 둘의 이야기가 끝나기를 가만히 기다리기로 했다.
　　나를 소개하는 이 주인과 만나게 된 것은 불과 한 달 정도밖에 되지 않았다. 원전노동자가 되기로 마음먹었지만 딱히 연줄도 없었던 나는 후쿠시마福島와 후쿠이福井의 원전 주변을 두세 번 돌아다녔다. 돌아다녔다기보다 오히려 묵고 다녔다는 말이 더 정확하다. 원전의 정기검사(정검)가 시작되면 각지에서 노동자들이 몰려온다는 이야기를 들었었다. 그래서 그들이 지낼 법한 곳에서 묵으며 어떻게든 원전에서 일할 기회를 잡으려고 했다. 그러다 드디어 여기 쓰루가敦賀 시내의 숙소에서 그런 기회를 잡게 된 것이다.

"무슨 일이든 일자리를" 소개해 달라는 내게 숙소 주인은 "이 주변엔 원전밖에 없어. 그래도 된다면 소개해 줄게"라며 바랄 나위 없는 말을 꺼내 줬다. 그는 바로 그 날 지인 두세 명에게 전화를 걸었다. 그리고 "9월 중순부터 미하마美浜(원전)에서 정검이 시작된대. 일은 얼마든지 있다니까, 일할 마음만 있다면 9월에 연락해"라고 말했다.

아무래도 '교섭'이 타결된 듯하다. 숙소 주인이 손짓으로 나를 부르며 "이 사람은 이시카와 씨야. 지금부터 같이 가봐"라며 작업복 남자를 소개해 줬다.

이시카와 씨가 운전하는 소형트럭은 어젯밤에 N씨랑 왔던 27번 국도를 반대방향으로, 쓰루가시에서 미하마초美浜町 방향으로 달려갔다.

시내를 빠져 나왔다. 가끔씩 작은 마을로 들어서기도 했지만, 어느새 넓은 벌판에 전원풍경이 펼쳐졌다. 싸늘한 아침 공기가 피부에 닿아 기분이 좋다. 자동차의 라디오에선 잡음이 섞인 가요가 흘러나온다.

이시카와 씨와 잡담을 하면서, 그가 지역에서 농사를 짓는다는 것, 4년 정도 전부터 농한기에만 원전에서 일한다는 것, 원전에서 함께 일하는 대부분이 그처럼 농사일의 틈새에 원전에서 일한다는 것, 나아가 오늘부터 내가 소속하게 될 회사가 '야마다공업'이라는 하청업체고, 그 발주기업은 '간덴흥업関電興業'이라는 것 등을 알게 됐다.

숙소를 나온 지 10분, 큰 삼거리에 다다랐다. '간사이전력 미하마발전소'라는 글자와 화살표가 적힌 표지판. 그 화살표를 따라 차는 우회전했다. 왼쪽은 어젯밤 무거운 마음으로 바라봤던 와카사만若狹灣이다. 반도들 여러 개가 한 산줄기가 되어 잔잔한 바다 건너에 끝없이 이어져 있다.

민박 간판을 내건 집들이 죽 늘어선 작은 마을을 지나자 꽤 가파른 오

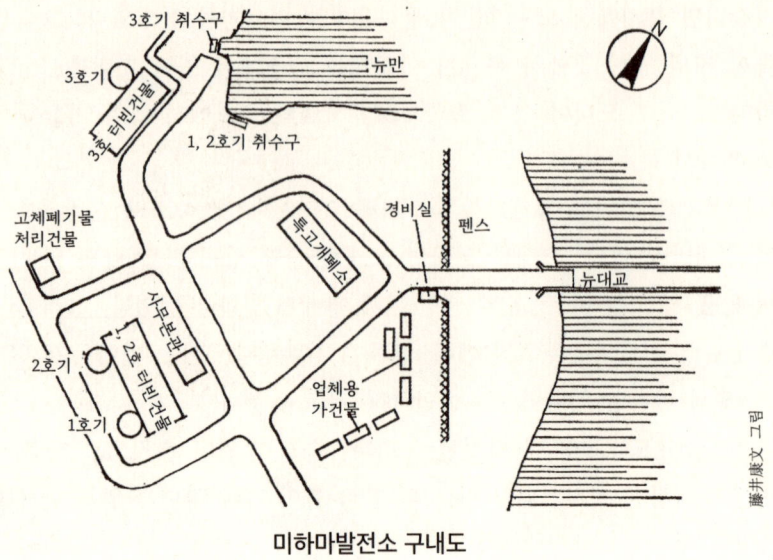

미하마발전소 구내도

르막길이 나타났다. 오르막 꼭대기에서 나도 모르게 "억!" 소리를 질러 이시카와 씨를 놀라게 했다.

갑자기 시야가 트이면서 와카사만을 한눈에 내려다 볼 수 있었다. 정면에 하얀 돔이 세 개—미하마원전이다. 내가 놀랐던 것은 갑자기 뚜렷하게 모습을 드러낸 원전 때문이 아니라 오히려 해안선에 스치듯이 이어진 좁은 도로 때문이었다.

도로를 꽉 메운 승용차와 미니버스, 트럭……. 그 줄은 산기슭에서 군데군데 끊어지기도 했지만, 원전으로 쭉 이어져 있었다.

그런 나를 보고 이시카와 씨는 "저 줄 말이야? 점검 땐 항상 이래. 하지만 도쿄가 더 하잖아"라며 웃었다.

그의 말이 맞다. 그러나 여긴 도쿄가 아니다. 인가도 드물고 산과 바다로 둘러싸인 곳이다. 그런 곳에 어디서 이렇게나 몰려왔나 싶을 정도로 수많은 차들이, 산 표면에 달라붙듯 이어진 좁은 길을 소음과 배기가스를 흩뿌리며 오직 원전으로 가는 모습은 장관이라기보다 오히려 기괴했다.

미하마발전소 _____ 2차계통에서 작업한 날들

다케나미竹波라는 작은 마을을 빠져나오자 왼쪽에 하얀 모르타르 건물인 원전홍보관이 보였다.

완만한 아치 모양의 뉴대교丹生大橋를 건넌다. 여기가 미하마원전으로 가는 유일한 출입구란다. 다 건너자 이시카와 씨가 차를 세웠다. 뒤따라온 미니버스에서 사람들이 우르르 내린다. 배낭을 멘 이, 도시락을 손에 든 이, 둘둘 만 신문지를 손에 잡은 이. 중년들이 눈에 띈다. 그들과 함께 우리는 경비실로 향했다.

중년 경비 아저씨가 말없이 주간지 크기의 공책을 내밀었다. 성명, 주소, 회사이름, 입장시간, 입장목적 등의 칸들. 이시카와 씨 지시에 따라 주소 칸엔 그가 예약해준 민박집 주소를, 회사이름은 '야마다공업', 입장목적 칸엔 '작업'이라 적었다. 입장시간은 8시 4분이었다. 경비실을 나왔다. 우리 앞엔 잔디를 깐 마당을 사이에 두고 돔 세 개가 가로로 나란히 서 있다. 왼쪽에서부터 1호, 2호, 3호기라고 이시카와 씨가 설명해 줬다.

그를 따라 경비실 왼쪽에 늘어서 있는 2층 가건물 사이를 간다. 창문 여기저기에 'XX전업', 'OO공업'이라 적은 종이가 붙어 있다. 여러 업체가 한 건물을 같이 쓰는 듯하다.

'야마다공업' —

낡은 수제 목조 테이블 몇 개를 어수선하게 놓은 실내. 창가에 쭉 늘어선 철제 및 목제 사물함. 어두침침하다. 사물함 앞에서 7, 8명의 노동자들이 묵묵히 작업복으로 갈아입고 있다. 이미 갈아입은 열 몇 명은 테이블 주변에서 잡담을 즐기고 있었다. 방 한쪽 구석에선 수건을 머리에 감은 중년 여성들이 4, 5명. 노동자들은 모두 40, 50세 정도며 젊은이는 거의 보이지 않는다.

"엇, 이시카와 씨, 이 사람이 그 사람이야?"

갑자기 뒤에서 소리가 들렸다.

50살 전후의 남성이 서 있었다. 주름을 잡은 바지에 가죽구두 차림. 사무실 책임자인 듯하다.

"아무튼, 애써 주셔."

내가 "잘 부탁드립니다"라며 고개를 숙이자 그 역시 가는 눈을 깜박이며 고개를 꾸벅했다. 아무래도 이 '꾸벅'으로 내 고용이 결정된 것 같다. 신원이나 경력을 물어보지도 않는다. 정말로 어이없는 '면접'이었다.

여덟시 반을 지나자 모두 현장으로 나가 사무실 안은 서서히 조용해졌다. 이시카와 씨도 "편히 쉬고 계셔"라는 말을 남기고 사무실을 나가 버렸다.

노동자들이 돌아올 점심시간 무렵까지 아무것도 할 일이 없어 나 혼자서 따분한 시간을 보냈다.

점심시간. 50명 정도의 노동자들이 일제히 먹기 시작한다. 아주 떠들썩하다. 담배연기와 말소리가 사무실을 채운다. 나는 이시카와 씨가 주문해 준 도시락을 먹었는데, 도시락을 싸온 이들이 제법 많다. 지역 사람들이 대부분이라서 그럴 것이다.

점심 후 책임자인 우메모토 씨의 소개로 모두에게 '신참' 인사를 했다.

오후 1시. 다시 나 혼자 사무실에 남게 됐다. 사물함 위에 놓인 먼지투성이의 오래된 신문을 꼼꼼히 여러 번 읽고 출입구 옆에 붙은 두 장의 포스터를 몇 번이고 쳐다봤다.

"새로운 마음으로 실천하여/ 더 높이자/ 직장 안전을/ 쓰루가 노동기준 감독서"

"격투·이것이 BOXING이다! 와지마 고이치가 쓰루가에 온다/ 9월 30일 쓰루가실내체육관"

2시 반 즈음이 되자 겨우 이 지루함에서 해방됐다. 약간 뚱뚱한 남자가 사무실에 들어와 지금부터 안전교육을 한단다. '야마다공업'의 안전책임자인 '마치다'라고 소개하고서 수업을 시작했다.

아마도 그는 신참이 들어올 때마다 같은 말을 하고 있을 것이다. 기막히게 혀가 돌아간다. 그런데 듣는 쪽은 마치 테이프레코더 앞에 있는 것 같아 정말 재미없다. 게다가 원전 내 작업에 대한 이야기도 아니고, "다치지 마라", "사고를 줄이기 위해서는" 등과 같은 어느 건설현장에서나 들을 수 있는 내용을 계속 이어갔다.

다만 마음에 걸리는 내용이 딱 하나 있었다.

"작년엔 우리 회사에서 다친 사람이 7명이었어. 그 중 2명은 휴직해야 할 정도로 심하게 다쳤어. 지금 우린 다치는 사람 0명을 목표로 하고 있어. 일단 지금으로서는 0이야. 일단이라는 것은, 그게 뭐랄까……. 실제론 2건 정도 발생하긴 했어. 하지만 밖으로 안 나타나게 해서 말이야……. 아무튼. 아무래도 안 다치는 게 최선이란 거지."

안전교육은 20분 정도로 끝났다.

또 다시 오래된 신문과 포스터와 눈싸움.

5시 가까이 되니 사무실은 현장에서 돌아오는 노동자들로 수런거리기 시작했다.

5시 20분. 옷을 갈아입고 잡담을 즐기던 노동자들이 기다렸다는 듯이 출퇴근카드를 찍고 경비실을 향했다. 다리 앞에 각 업체의 출퇴근 버스들이 줄을 서서 노동자들을 기다리고 있었다.

5시 30분, 버스들이 일제히 출발했다.

오늘 저녁부터 나는 미하마원전에서 차로 5분 거리에 있는 다케나미 마을의 민박집을 이용하게 됐다. 이 숙소는 해수욕철 외는 항상 원전 관계자가 머문다는데 오늘 숙박객은 나 혼자였다.

6시 즈음에 저녁을 먹고 목욕을 마치자마자 이불 속으로 들어가 버렸다. 첫날이라 제법 긴장했나 보다. 욕실을 나오자마자 갑자기 심한 피로를 느꼈다.

원전노동자의 과거

9월 29일(금) 어젯밤부터 간간이 내리던 비가 새벽녘에 심해져 그 소리 때문에 잠이 깨 버렸다.

8시 10분 전에 숙소를 나왔다. 숙소에서 2, 3분만 걸으면 바로 바닷가다. 빨간 뉴대교와 세 개의 거대한 돔이 코앞에 펼쳐진다.

버스를 기다리는 사이에도 와이퍼를 켜고 물보라를 일으키며 끊임없이 차들이 달려간다. 미하마원전 건설에 따라 시공되고 포장된 이 도로를 지역 사람들은 '원전도로'라 부른다고 민박집 주인아줌마가 아침식사 때 가르쳐 주셨다.

사무실에 도착하고 잠시 후에 책임자인 우메모토 씨가 다가왔다.

"호리에 씨, 오늘은 바쁠 거야."

그는 그렇게 말하며 작업복(상의와 하의)을 상 위에 놓았다. 그 작업복 위엔 내 이름을 적은 출퇴근카드와 오른쪽 모서리에 굵은 초록색 줄을 그은 용지 한 장— '방사선업무 전前 건강검진 개인표'가 놓여 있었다. 오전에 건강검진. 오후부터 전신방사선측정기로 내부피폭선량 측정과 '방관(방사선 관리)교육'이라고 한다.

건강검진은 쓰루가시 변두리에 있는 국립쓰루가병원에서 받았다. 소변, 혈액, 엑스레이, 청력, 시력, 혈압. 검사 중 청력(오른쪽 귀)에 약간 문제가 있는 듯했지만 그래도 "작업하기에 문제없음"이란다. 소변과 혈액 검사 결과는 내일이 돼야 알 수 있다.

오후 1시 반. 전신방사선측정을 받기 위해 발전소 부지 내 서쪽에 있는 간사이전력 사무본관으로 가다가 우메모토 씨에게 남자 셋을 소개받았다. 기타야마 씨, 이시다 씨, 가와하라 씨. 이시다 씨와 가와하라 씨는 20세 전후의 젊은이지만 기타야마 씨는 60세 정도일 듯, 흰머리가 눈에 띈다.

그들은 나보다 하루 빨리 입사했다고 한다.

전신측정은 1시 반부터 예정이었으나 측정실은 이미 사람들로 꽉 차 있었다. 인솔해온 우메모토 씨는 "일이 있어서"라며 사무실로 돌아가 버렸고, 우리는 측정실 옆 식당에서 기다리기로 했다. 자판기 커피를 마시면서 자기소개 삼아 잡담을 나눴다.

기타야마 씨. 57세. 1년 정도 전에 도요보東洋紡를 정년퇴임했고, 퇴직금은 "20년 넘게 일했는데도 고작 600만 엔이라니. 완전 바보 돼 버렸어요." 그는 보일러기사였다. "공기 나쁜 곳에서 온몸이 시커매져서 일하기 때문에 다들 '보일러실의 까마귀'라 불렀어요. 폐가 꽤 썩었을지도 몰라요……."

퇴직하고 곧 지인이 쓰루가원전(일본원자력발전주식회사)에서 일하지 않겠느냐고 권유했으나 "어쩐지 방사능이 무서워서" 거절했다. 그런데 "외동딸이 시집가서 마누라랑 아침부터 밤까지 얼굴 맞대고 있는 것도 싫고 생활 문제도 있어서. 어쨌든 2년 후면 후생연금이 나오니까 그 때까지라 생각하고 여기 온 거예요."

이시다 씨. 쓰루가 시내 시립주택에 어머니와 둘이서 산다. 23~4살인 줄 알았는데 36세란다. 동안이라서 그렇다. 몸집이 작고 억양 없이 조곤조곤 말한다.

그는 쓰루가 시내에 있는 직원 70명 정도의 경첩제조공장에 근무했었다. "그 회사도 1년 반 정도 전까지는 경기가 좋았어요. 그런데 해외수출에 중점을 두는 바람에 그 놈의 엔고로 경영이 어려워졌어요." 우선 직원의 절반이 잘리거나 명예퇴직했고, 봉급도 줄었다. "제가 회사 그만둘 때엔 직원이 20명도 안 됐어요. 그 때 월급은 챙피해서 남한테 말 못 했어요……. 딸랑 6만 엔이라." 회사를 그만두기는 했지만 재취업할 수 없었다. "'직업안정소[1]'에 가도 곧 망할 것 같은 영세기업뿐이고, 좀 낫다 싶은 회사가 있어도 월급이 6민, 7민이라니까요." 미히미원전은 친구 소개로 일하게 됐다고 한다. "역시 방사능이 신경 쓰였는데, 월 10만 엔이나 주는 곳이 따로 없어서"라는 이유 때문이었다.

---

[1] 공공 직업안정소. 실업자에게 직업을 소개하는 공공기관.

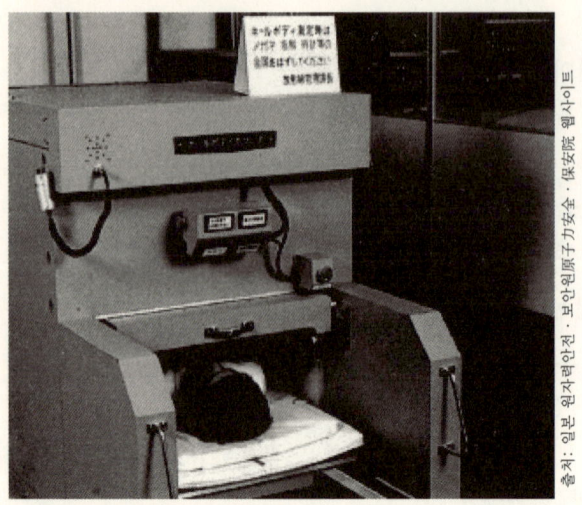

전신방사선측정기. 인간의 몸속으로 섭취된 방사성물질의 양을 몸 밖에서 측정하는 장치.

가와하라 씨. 21세, 독신, 쓰루가 시내 거주. 키가 크고 제법 미남이다. 고등학교 졸업 후 토요타 판매점에서 자동차를 팔았다. "돈이 되긴 했지만 워낙 할당량이 세서. 날마다 밤늦게까지 영업하느라 돌아다니는 나날이 싫어서 그만둬 버렸어. 그렇다고 집에서 놀고 있을 수도 없어서 친구 소개로 여기에 오게 됐어."

전신방사선측정은 예정보다 두 시간 늦게 세 시 반부터 시작됐다.

입구에서 이름, 소속, 입소/퇴소별 칸을 적고 불투명 유리문을 열고 들어가서 옷을 벗는다. 팬티차림 위에 파란 가운을 입고 순서를 기다린다. "안경과 시계 등을 뺄 것"이라고 적힌 종이가 문에 붙어 있다.

방 안에는 가슴 폭보다 약간 넓은 침대 두 개가 나란히 설치돼 있었다. 일반적인 침대와 다르게, 침대 가운데에 빨간 선이 그어져 있고 발 부분에 금속제 터널이 있었다.

담당자의 지시에 따라 먼저 내가 침대에 누웠다. 오른손이 닿는 위치에 코드로 연결된 스위치가 있고 그것을 '진입'으로 누른다. 그러자 침대가 움직이기 시작해 내 몸이 터널 안으로 점점 들어간다. 내 입이 터널 끝 부분에 이르렀을 때, 침대가 자동적으로 멈췄다. "자, 그대로 2분 동안 참으세요"라는 담당자의 목소리. 측정이 시작된 듯하다. 순서를 기다리는 이시다 씨 등이 불안한 표정으로 측정을 지켜보고 있다. 아프지는 않지만 마치 쇠로 된 관으로 들어간 듯, 기분이 그다지 좋진 않다.

접수대에 놓인 계측기의 프린터가 달그락거리기 시작했다.

"끝났어요."

오른손에 쥔 스위치를 '후퇴'로 누른다. 침대가 '터널'에서 나온다. 끝.

옷을 입고 입구 옆 의자에 앉아서 동료들이 측정을 마치는 것을 기다리고 있으니 작업복 차림의 젊은 남자가 들어왔다. 헬멧에 빨간 선이 한 줄 그어져 있다. 하청업체의 현장책임자인 듯하다. 그는 험상궂은 표정으로 측정실 담당자에게 말을 걸었다.

"어디, 누가 안 된다고?"

담당자는 공책을 펴 여기저기 가리키면서 "이 사람이요. 그리고 이 사람이랑 이 사람……. 특히 이 사람이 안 되고요."

"꽤 (내부피폭선량이) 높군."

"그렇죠……. 샤워를 하고 다시 재라고 해야겠어요. 이래 가지고는 나가게 할 수 없어요."

"알았어. 재검사 시킬게."

그렇게 말하고 직업복 차림의 남자는 방을 나갔다.

사무실로 돌아가면서 가와하라 씨가 누구에게 말하는 것도 아닌 혼잣말처럼 "이상한 이야기네"라고 말을 꺼냈다. 내가 "왜?"라고 묻자 그는 이해가 안 간다는 표정으로 "왜냐면 전신측정기라는 건 몸속 방사능을 재는 거잖아. 그런데 샤워해서 측정하면 수치가 떨어진다는 게 어떻게 된 속인지"란다.

그에게도 작업복 남자와 담당자의 이야기가 들린 것 같다.

그런데 가와하라 씨의 이런 의문에는 아무도 대답하지 않고 그냥 조용히 걷기만 했다. 어떻게 답해야 할지 몰라서 그랬을 것이다. 그러나 어쩌면—아니 아마도 그 대화를 듣고 전신방사선측정검사에서 걸리는 '피폭자'가 될지도 모른다는 불안감이 우리를 침묵시킨 것이 아닐까? 적어도 나는 그랬다.

전신측정이 예정보다 늦어져서 '방관교육'은 다음으로 미뤄졌고 일이 끝나는 5시 20분까지 노란 표지의 「안전 주의사항」이라는 책자를 읽었다. 발주기업인 간덴흥업이 만든 것이다.

"종사자는 한 달마다, 비종사자는 3개월마다 외부피폭선량 평가를 실시해야 한다", "개인피폭선량계로 측정한 종사자 등의 외부피폭선량이 1일당 100밀리렘(mrem)이 되기 전과 7일당 300밀리렘이 되기 전에 유의해야"…….

뉘앙스가 어느 정도 피폭되는 것을 당연한 전제로 하고 있어서, 그렇지 않아도 불과 1시간 전에 전신방사선측정실에서 그런 이야기를 들은 만큼, 정말로 복잡한 마음으로 페이지를 넘겼다. "앞으로의 좋은 인생이 즐겁고 행복하기 위해"라고, 이 "안전 주의사항" '서문'은 말하고 있었다.

썩은 조개 냄새 속에서

9월 30일(토) 어제 하루 종일 내리던 비가 새벽에 그친 듯하다. 민박을 나올 즈음엔 푸른 하늘이 펼쳐지며 원전으로 가는 버스 차창에 와카사의 바다는 가을 햇빛을 받아 마치 금가루라도 뿌린 것처럼 반짝이고 있었다.

사물함 앞에서 작업복을 갈아입는데 "날씨가 좋네. 일하기 아까워"라며 이시카와 씨가 내 어깨를 탁 쳤다. 항상 미소 짓고 있는 이시카와 씨, 오늘은 유난히 기분이 좋아 보인다. "오늘부터 기다리고 기다리던 작업입니다"라며 손에 든 장화와 새 목장갑을 내게 건넸다. 3호기 취수구에서의 작업이란다.

구내 북서쪽 끝에 설치된 3호기 취수구는 사무실에서 걸어서 10분 정도 거리에 있다. 취수구 작업원으로 어제 함께 전신측정을 받았던 기타야마 씨, 이시다 씨, 가와하라 씨도 포함돼 있었다. 취수구를 향하는 본관 앞 도로를 몸집이 작은 이시다 씨가, 장화 크기가 맞지 않아서 그런지 쿵쾅쿵쾅 소란스럽게 우리 뒤를 따라온다. 젊은 가와하라 씨가 그것을 놀린다. 가을의 따뜻한 햇살 속에 마치 소풍이라도 나온 듯한 그런 들뜬 분위기다. 첫 작업 현장이 방사능 걱정이 없는 야외였다는 것도 마음을 홀가분하게 했다.

현장에 도착해 보니 이미 동료들이 베니어합판으로 만든 창고에서 도구들을 꺼내며 가슴까지 닿는 고무장화로 갈아 신고 있었다. 머리 위엔 올려다봐야 하는 대형 크레인. 발밑엔 깊이 10여 미터는 될 듯한 콘크리트 도랑이 세 줄 나란히 있었다. 이것이 취수구다. 안을 내려다보니 바닷물 냄새에 뒤섞여 속이 메스꺼운 악취가 코를 찔렀다. 우리 신참들은 줄줄이 도랑을 내려다보며 그 냄새에 얼굴을 찡그렸다.

"썩은 조개 냄새야. 죽이지?"

옷차림을 다 갖추고 작업 전에 담배 한 대 피우던 한 선배가 우릴 보고서 웃겨 죽겠다는 표정으로 그렇게 가르쳐 줬다.

도랑의 바닷물은 오늘 작업을 위해 이미 뺀 상태였다. 노출된 벽면엔 조개가 빽빽이 붙어 있다. 이 조개를 떼어내고 바닥에 쌓인 죽은 조개나 오니污泥를 퍼내야 하는데, 그 일을 하기 위한 발판을 만드는 게 오늘의 작업이다.

순찰을 온 우메모토 현장책임자의 지시로 작업은 두 조로 나눠서 하게 됐다. 1조는 통나무를 잘라 도랑 안으로 나르고, 2조는 그 통나무를 번선(굵은 철사)로 묶어서 발판을 만든다. 우리 신참 중 선배인 기타야마 씨는 2조, 나머지 셋은 1조가 됐다.

통나무를 톱으로 도랑 너비(약 5미터)로 자르고 끈으로 도랑 안으로 내리는 작업을 반복한다. 그런데 자동차 판매원이었던 사람과 경첩공장 노동자, 그리고 나, 지금까지 톱과 인연이 없던 이들이 지름 20cm 정도의 통나무와 씨름하니, 그 속도는 뻔하다. 종종 2조가 재료를 기다리는 상태가 됐고 결국은 우리 셋이 통나무를 다 자를 때까지 2조는 위에 올라가서 기다렸다.

"그런 허리 자세로 밤일 하겠나."
"너희들 아침 안 먹었어?"
"애구, 통나무보다 너희들 숨이 먼저 넘어가겠다."

우리가 벌게진 얼굴로 통나무와 씨름하는 모습을 느긋하게 담배를 피우며 구경하는 2조로부터 '격려'의 소리가 날아온다.

이 작업은 점심시간을 끼고 오후까지 이어졌다.

작업을 끝내고 사무실로 들어가던 중, 36세인 이시다 씨가 자신의 팔을 문지르며 "내일이 일요일이라서 살았다"라고 불쑥 한 마디. 동감이다.

10월 1일(일) 원전노동자가 되어 맞는 첫 일요일. 10시 반 넘어까지 푹 잤다. 늦은 아침식사를 마친 후 빨래하고 메모를 정리하고 집과 친구에게 보낼 편지 두 통을 썼다.

민박집 사람들이 지역 운동회를 보러 가자고 해서 12시 즈음에 나갔다. 장소는 간사이전력 홍보관 근처에 있는 뉴丹生초·중학교 운동장이다. 같은 부지 안에 뉴초등학교와 미하마중학교 뉴분교 그리고 어린이집이 같이 있다.

우리가 운동장에 도착했을 땐 오전 행사가 거의 끝나가고 있었고 운동장에선 응원전이 한창이었다. 제법 흥성거린다. 자리를 깐 관람석에선 남자들의 술자리가 한창이다. 그중에 원전에 일하러 오는 사람도 보인다.

"어이, 젊은이! 한 잔 하자고! 오늘은 우리 축제라니까."

미하마발전소 _____ 2차계통에서 작업한 날들

술기운에 약간 혀가 꼬인 말투로 나를 불러 세운 것은 어제 취수구 작업을 함께했던 요시이 씨였다. 50대인 그는 이 지역의 어부다. 조림과 어묵, 회 등이 꽉 찬 찬합을 앞에 두고 찻잔으로 술을 주고받는다. 맛있다.

오후 행사가 시작됐다. 어린이집 아이들부터 중학생까지 함께 뛰고 달리고 춤춘다. 때론 술에 취한 어른이 경기에 '특별참가'하면 그 때마다 관람석에서 우레와 같은 함성이 터져나온다.

맑고 파란 하늘. 초록 일색의 산들이 삼면으로 둘러싼 교정, 그 정문 앞은 도로를 사이에 두고 바로 바다다. 이렇게나 평화롭고 즐거운 운동회를 본 것은 처음이다.

오후 3시쯤, 민박집으로 돌아가려고 교문을 나섰다. 그러자 갑자기 눈에 미하마원전의 모습이 들어왔다. 팔을 뻗으면 닿을 듯한 그런 착각이 들 만큼 가까이에 그것은 서 있었다.

그곳에서는 여러 갈래의 송전선이 뻗어나간다. 그 중 한 갈래를 눈으로 따라가봤다. 지금까지 내가 즐기던 축제의 자리—학교 마당 상공을 가로지르고 산 너머로 뻗어 있었다. 이 선을 따라 전기는 지역 사람들의 머리 위를 지나 간사이[2] 방면으로 가 버린다.

이 때, 문득 다케나미의 매점 아줌마가 했던 말이 떠올랐다. 매점 앞을 지나가는 '원전도로'를 가리키며 이랬다.

"우리 마을 사람 중엔 원전 덕에 이 도로가 생겨서 좋다고 하는 사람도 있지만……. 전기도 다 멀리 보내 버리고……. 말하자면 자동차 배기가스 정도가 아닐까요? 우리가 간전(간사이전력)에서 얻은 것은."

분진투성이의 '열교' 작업

---

[2] 간사이 지방. 오사카, 교토, 고베 등이 있다.

10월 2일(월) 맑음. 8시 20분부터 본관 앞 안뜰에서 라디오체조와 조례를 함. 라디오체조라니, 몇 년 만인가? 그래도 음악에 맞춰 몸이 저절로 다음 동작을 시작하니 신기하다. 조례엔 발주기업 소장이 나서서 어제부터 '노동위생주간'이 시작됐으니 다치지 않도록 각별히 조심하라는 등의 이야기를 5분 정도 했다.

조례를 마치고 사무실로 돌아가 오늘 하루의 작업 지시를 기다린다.

"설마, 오늘도 통나무 자르기는 아니겠지?"

이시다 씨는 이제 넌더리가 난다는 표정으로 의자에서 일어섰다 앉았다 안절부절 못한다. 발주기업과 협의를 마친 책임자 우메모토 씨가 칠판에 작업명과 그 일을 할 사람을 적었다.

〈열교 → 가와하라, 이시다, 니시노, 호리에〉

내 옆에 앉은 이시카와 씨에게 "열교란 무슨 일이에요?"라고 물어봤더니, '터빈건물 안에 교환기라는 것이 있고 그 안에 구멍이 많이 있으며 거기에 막대기를 꽂아서……'라는 갈피를 잡을 수 없는 답이 나왔다. 다만 그의 말투로 보건대, '환영할 만한' 일은 아닐 듯.

나와 가와하라, 이시다 '신참 셋'과 30대 후반인 니시노 씨, 총 넷이서 3호기 터빈건물로 갔다.

직사각형 모양 건물 한 구석에 출입구가 있고 거기에 CCTV가 설치돼 있었다. 니시노 씨는 익숙한 손놀림으로 '출입허가증'을 카메라를 향해 내밀며 또 한쪽 손으로 수화기를 들고 "간덴흥업, 니시노 외 세 명"이라고 통화 상대에게 연락했다. 그러자 강철제의 두꺼운 문짝이 소리도 없이 열리기 시작했다.

"이야! 대단한데. '열려라 참깨!' 같군."

문짝이 열리는 것을 보며 가와하라 씨는 자꾸 감탄한다.

"여기가 터빈건물이야. 우리 작업 장소는 3층이야."

니시노 씨는 앞장서서 입구 앞 계단을 올라가기 시작했다. 무거운 진동소리가 귀 안을 간지럽힌다. 크고 작은 여러 통과 밸브류가 복잡하게 늘어서 있고 천장에는 족히 두 아름은 될 듯한 것부터 지름이 엄지손가락만한 것까지 사방팔방으로 관이 펼쳐져 있다.

3층에 도착했다. 맨 위층이다. 1, 2층과는 내부 상황이 제법 다르다. 천장이 높고 이러저러한 기계류가 없어 환하고 널찍한 느낌이 든다. 여기가 터빈 본체를 설치한 방인 것 같다. 우리와 가까운 쪽에 강철로 된 거대한 반원통 모양의 터빈 덮개(길이 약 40m, 최대 너비 약 5m)가 놓여 있고 그 뒤엔 공룡 갈비뼈를 닮은 터빈 날개가 노출되어 있다. 천장에는 크레인이 한 대 달려 있고 그 끝에 성인 가슴 폭 크기의 갈고리가 매달려 있었다.

방을 가로질러 방금 올라온 계단이 있는 위치와 바로 반대쪽으로 나왔다.

"먼저 이걸 치우는 거야."

길이 15m, 너비 1.5m 정도의 2개 원통이 받침대 위에 나란히 놓여 있었다.

〈고압급수가열기/ 형식·구조 U튜브형/ 가열면적 1890㎡/ 중량 80000kg/ 미쓰비시중공三菱重工 1974.8 제조〉

몸통 가운데에 붙어 있는 작은 판에는 그렇게 적혀 있었다.

"이 장치는 뭘 하는 거예요?"라고 이시다 씨가 니시노 씨에게 물었다. 그러나 니시노 씨는 자기도 모른다는 표정으로 말없이 고개를 가로저었다.

먼저 사무실에서 가져온 초록색 점프수트(이곳 노동자들은 이 옷을 엥카복, 또는 엥캉이라고 부른다)를 작업복 위에 입는다. 그 다음, 니시노 씨의 지시에 따라 받침대 주변에 있는 도구들을 끌어내 원통 머리 부분에 설치된 발판 위에 올린다.

"자, 이제 준비완료다. 누가 먼저 들어갈래?"라며 니시노 씨는 우리 셋의 얼굴을 각각 살펴봤다.

"들어가다니, 설마 저 구멍 안으로 들어가는 거 아니겠지?"

그러면서 이시다 씨는 발판 위에서 고압급수가열기 측면에 설치된 개구부開口部를 가리켰다. 거기엔 고작 지름 50cm 정도의 구멍이 뚫려 있을 뿐이었다.

"맞아, 거기로 들어가는 거야. 그럼, 먼저 너랑 들어갈까?"

지목받은 건 나였다.

니시노 씨는 내게 헝겊(다들 웨스라고 부른다. 정확히는 웨이스트 waste을 건네주며 "안은 먼지가 심하니까"라며 수건으로 얼굴 반쪽을 덮었다.

준비완료. 먼저 니시노 씨가 100와트 알전구와 끝에 뾰족한 고무가 달린 비닐파이프로 된 막대기 2개를 한 손에 들고 몸을 꼬면서 개구부에서 안으로 들어갔다. 이어서 내가 마치 림보댄스 하듯이, 먼저 발부터, 몸을 흔들면서 조금씩 들어간다.

내부는 강철판으로 위아래가 나뉘어져 있었다. 정면엔 1cm 정도의 구멍이 수없이(나중에 세어 보니 2120개 있었다) 뚫린 벽이 있다. 내가 판 위에 올라가고 니시노 씨는 아래쪽 틈새에 들어갔다. 폭은 양손을 벌릴 수 있을 정도지만 높이가 낮다. 바닥에 앉아도 머리가 천장에 닿을 정도다.

니시노 씨가 작업 설명을 해 준다.

이 작업의 목적은 핀홀(바늘 끝으로 낸 듯한 작은 구멍)의 유무를 검사하는 것이다. 우선 강철판 위에 있는 사람 앞의 벽면 구멍에서 노즐 형태를 가진 막대기로 공기를 보낸다. 그 공기는 벽 뒷면에 연결돼 있는 관을 통과해 하단에 있는 사람 앞 구멍에서 나온다. 끝에 고무가 달려 있는 막대기로 그 구멍을 막는다. 이런 상태로 일정 시간 동안 공기가 새지 않으면 핀홀이 없는 것으로 다음 구멍에 공기를 보낸다······. 이것을 반복한다. 밖에 있는 사람은 공기압측정기를 읽는 역할을 맡는다. 압력이 '2kg/cm^2'에 이르렀을 때부터 10초간 측정기 바늘이 내려가지 않으면 "됐다"고 안에 있는 사람에게 알려 준다.

작업 시작. 내가 공기를 보내고 니시노 씨가 받는다. "됐어" 소리가 들렸다. 오케이(OK)다. 다음으로 넘어가려고 구멍에서 노즐을 빼낸 순간, 눈앞이 깜깜해졌다. 그 때까지 막혀 있던 공기가 노즐을 빼내는 바람에 구멍에서 한꺼번에 내뿜어진 것이다. 관 안에 묻어 있던 분진까지 공기에 섞여 무서운 기세로 분출된다.

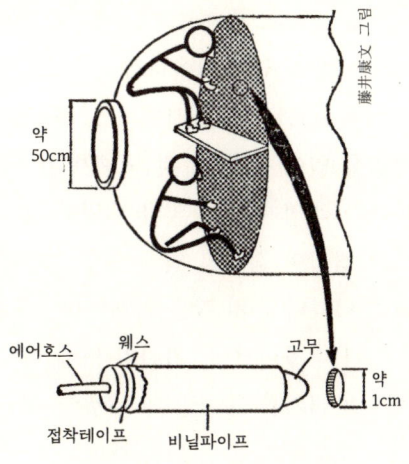

고압급수가열기 내 핀홀검사

서너 번의 구멍 검사가 끝났을 무렵엔 좁은 내부의 공기가 꽤 탁해졌다. 어쩐지 답답하다. 천장의 볼트에 걸친 알전구 주변엔 반짝이는 금속 파편들이 떠돌고 있다. 마스크 대신 입에 대고 있는 얇은 웨스를 통해 그것을 들이쉬고 있다고 생각하니 참을 수 없어 니시노 씨에게 "이러다 죽겠어"라고 소리 지르고 말았다.

"그래, 한 번 나가자."

그 한 마디를 듣자마자, 도구를 그 자리에 던져놓고 좁은 구멍에서 몸을 내밀어 밖으로 나갔다. 단 1초라도 그 안에 있기 싫었다.

뒤이어 바로 니시노 씨가 나왔다. 그의 얼굴을 덮은 수건은 물론 코 주변과 볼, 눈가 등이 마치 먹칠이라도 한 듯이 시커멓다. 아마도 내 얼굴도 몹시 지저분할 것이다. 목이 따끔거린다. 코를 풀었더니 검게 윤이 나는 작은 금속조각들이 나왔다. 가열기 밖에서 측정기를 읽던 두 사람은 조금 전부터 미간을 찌푸리며 한 마디도 하지 않고 우리를 지켜보고 있다.

"담배나 좀 피우고 있어."

그렇게 말하고 니시노 씨는 시커먼 얼굴을 닦지도 않고 가 버렸다.

담배에 불을 붙였지만 입안이 진득거려서 맛이 없다.

4, 5분이 지나 니시노 씨가 돌아왔다. 양손에 집진기를 들고 있다. 이

것으로 내부의 먼지를 제거하려고 하는 것이다.

"이것도 우리 일이니까······. 할 수 없어."

니시노 씨는 자신에게 말하는 듯한 말투로 그렇게 중얼거리고 다시 수건을 입에 댔다. 그것을 보자 가와하라 씨와 이시다 씨는 재빨리 발판에 올라가 측정기 앞에 앉아 버렸다. 또 내가 안으로 들어갈 수밖에 없다. 웨스를 겹겹이 접어서 입에 댄다. 그리고 그 위에 큰 웨스로 얼굴을 가린다. 마치 미라나 좀비 같은 차림이다. 차림새를 신경 쓸 때가 아니었다.

다시 들어간다. 집진기 덕에 아까보다 공기는 어느 정도 맑아졌다. 하지만 막대기를 뽑아낼 때 내뿜어지는 분진은 막을 수 없으니, 이 집진기도 없는 것보다 나은 정도일 뿐이다.

50군데 정도 체크했을 무렵, 막대기를 든 손이 무겁게 느껴지기 시작했다. 좁은 곳에서 부자연스러운 자세로 앉아서 검사 한 번에 10초 동안 막대기를 고정해 놓아야 한다. 조금이라도 긴장을 늦추거나 몸을 움직이면 막대기와 구멍 사이에 틈이 생기기 때문에 거기서 공기가 새 버린다. 그러면 다시 해야 한다. 숨소리를 꾹 죽인 채 "됐어" 소리를 기다린다. 10초라는 시간을 이렇게나 길게 느껴 본 적이 없었다.

피로도에 비례하여 다시 하는 횟수도 늘어났다. 구멍 100개의 검사를 마치려면 계산상 약 17분이지만 실제론 그 두 배인 30분이 걸렸다.

이 가열기 검사는 전날까지 다른 사람들이 해서 오늘은 200개만 남아 있었다. 그 중 100개는 이미 마쳤으니 남은 것은 딱 100개다. 손도 저리기 시작해서 이제 교대하고 싶었다. 공기도 어지간히 탁해졌다.

그런데 밖의 두 사람보다 어느 정도 일이 손에 익은 내가 속도가 더 빠르다고 생각해서 그런지, 니시노 씨는 "이대로 끝까지 가보자"고 말했다.

화가 났다. 이 안에서 최소한 30분은 더 일해야 한다. 육체적으로도 정신적으로도 이미 한계에 다다라 있었다.

그러나 화를 내봤자 니시노 씨를 혼자 두고 나갈 수도 없어서 작업을 계속하기로 마음먹었다.

    손끝의 감각이 사라져 간다. 목 안쪽이 따끔거린다. 안구 아래에 무거운 통증을 느낀다.

    11시가 되기 조금 전에 모든 검사가 끝났다.

    그 무렵엔 발이 휘청거려 간신히 개구부에서 발판 위로 기어 나왔다. 하지만 거기서 아래로 내려갈 기력도 남아 있지 않았다. 발판 위에서 잠시 휴식.

    오후 작업도 핀홀검사다. 오전과 같은 터빈건물 3층이다. 이번 현장은 방의 가운데 부근에 설치된 '습분분리가열기'였다. 급수가열기와 마찬가지로 원통 모양이다. 겉으로 보기엔 2배 정도의 크기다. 그러나 그런 것치고는 내부의 작업공간이 몹시 좁아 급수가열기의 반도 안 된다. 상단은 몸을 'ㄱ'자로 구부려 간신히 들어갈 수 있고 하단은 옆으로 누운 자세를 취해야 작업이 가능하다. 개구부도 겨우 30cm 정도다.

    작업을 시작하기 전에 니시노 씨가 혼자서 들어가서 검사할 구멍의 개수를 세고 나왔다. 690. "급수가열기에 비해 구멍의 개수는 3분의 1인데, 안이 좁아서 아마 내일 하루 종일 해야 할 것 같아"라고 집진기를 발판 위로 올리며 니시노 씨는 불쑥 한 마디 중얼거렸다.

    이시다 씨와 가와하라 씨가 먼저 안으로 들어가게 됐다. 일이 익숙하지 않은데다 무리한 자세로 작업해서 그런지 검사 한 번에 두세 번씩 실패한다. 40분마다 교대하고 오후 4시 반에 오늘의 작업을 마무리했다. 3분의 1에도 약간 못 미쳤다.

    터빈건물을 나왔다. 좁은 굴 같은 곳에서 장시간 동안 알전구 하나를 의지하여 작업한 눈을 가을의 약한 햇살이 따갑게 찌른다. 약간 현기증이 난다.

    "마치 지옥 같아, 거긴."

    늘 말이 없는 이시다 씨가 낮은 목소리로 그렇게 말하며 길바닥에 가래를 퉤 뱉었다.

'노동위생주간' 첫날에 폐가 시꺼멓게 될 듯한 일을 하다니—참 아이러니하다.

10월 3일(화) 맑음. 오늘도 어제와 같은 작업이다. 멤버도 똑같다.

일에 익숙해져서 그런지 오늘은 실패도 제법 적어져서 작업에 속도가 붙었다. 동시에 들어가 있는 시간도 1시간 반씩으로 연장됐다.

안에서 작업하는 동안 니시노 씨가 자꾸 나에게 말을 건다. 좁고 어두운 '쇠상자' 안에서 공기가 분출하는 소리만 듣다 보니 나 홀로 낯선 세계에 버려진 것 같은 착각에 빠져들곤 한다. 그가 말을 걸어오는 것은 내 존재를 확인하려는 것이었다. 그런데 둘 다 두툼한 웨스로 귀와 입을 가린데다 소리 자체도 내부에서 울려 잘 들리지 않는다. 그래도 끈질기게 몇 번이나 다시 묻고 다시 이야기한다. 이야기 내용은 무엇이든 상관없다. 말을 서로 걸기만 하면 된다. 이렇게라도 해야지 불안을 떨칠 수가 있기 때문이다.

오후에 각자 하나씩 마스크가 지급됐다. 마스크라 해도 감기가 들었을 때에 사용하는 얇은 가제 마스크다. 이 마스크 위에 웨스를 덮어 묶는다. 그래도 분진이 안쪽으로 들어오면 마스크 안쪽이 먹칠한 것처럼 시꺼메진다. 이런 마스크는 있으나 마나다.

3시 휴식시간 때, 니시노 씨랑 화장실에 갔다. 문 두 개를 지나오니 왼쪽에 통유리창 방—원전의 '두뇌'인 중앙제어실이 있다. 환한 조명 아래에서 다채로운 와이셔츠 차림의 남자들이 한 손에 커피를 들고 계기를 마주보고 있다. 그것과 유리 한 장으로 나뉜 복도를 꾀죄죄한 넝마쪽을 얼굴에 감고 먼지투성이 작업복 차림의 우리가 어슬렁거린다. 참으로 대조적이다.

화장실에서 볼 일을 보기 전에 니시노 씨가 비누로 손을 깨끗이 씻기 시작했다.

미하마발전소 ＿＿＿＿ 2차계통에서 작업한 날들

중앙제어실

"이렇게 더러운 손으로 '거기'를 만지면 그야말로 마누라한테 혼나."

내 얼굴을 들여다보며 그는 실쭉 웃었다.

작업 중엔 목장갑을 낀다. 그래도 천을 통해 들어온 먼지가 손톱 밑이나 모공에 껴 있다. 비누로 씻는 정도로는 좀처럼 떨어지지 않는다. 얼굴도 마찬가지다.

4시 직전, 모든 검사(690개)가 끝났다. 핀홀은 하나도 없었다.

몸이 심하게 지저분해서 가는 길에 사무실 옆 목욕탕에 들렀다. 20명 남짓이 한꺼번에 들어갈 수 있을 정도로 넓다. 피부에 달라붙은 먼지는 씻어냈지만 여전히 목구멍 안쪽에 가래가 걸린다. 불쾌하다.

귀가하는 버스 안에서 본 해넘이는 정말로 감동적이었다. 그 아름다움을 일상적으로 보는 지역 노동자들마저 감탄의 소리를 냈을 정도다. 석양이 쏘아낸 빛 화살이 한 자루의 붉은 선이 되어, 하얀 물결을 가로질러 해면을 지나 곧바로 우리에게 온다. 해가 질수록 그 빛 화살은 가늘어지고 짧아지며 어느 순간부터 그 방향을 돌려 수평선상의 한 점으로 모이기 시작한다. 해가 사라진 뒤에도 그것은 잠시 바다 위를 감돌고 있었으나, 어느새 바다 빛깔로 녹아버렸다.

같은 회사에 다니는 옆자리의 중년 여성이 창밖 풍경에 넋을 잃은 나에게 이런 이야기를 했다.

"와카사의 석양은 일본에서 제일 아름다운 것 같아요. 특히 쓰루가 반도에서 본 석양은 최고라니까요. 그런데 이 반도에서 수평선에 해가 지는 것을 볼 수 있는 곳은 딱 한 군데, 바로 다케나미 마을뿐이에요. 다른 데서는 산 넘어 지니까요."

그 다케나미에서 난 버스를 내려 숙소로 향했다. 저녁바다. 불과 5분 전에 봤던 그 멋진 석양은 이미 거기엔 없고 회색 구름이 끼기 시작했다.

10월 4일(수) 맑음. 작업은 어제와 같은 '습분분리가열기'의 핀홀검사다. 책임자인 우메모토 씨의 설명에 따르면 3호기엔 이 '가열기'가 6대 있고 그 중 3대가 올해 정기점검 항목에 들어가 있단다.

"뭐야, 두 대나 더 있어?"

올해 21세인 가와하라 씨는 우메모토 씨 눈앞에서 "쳇" 하고 혀를 찼다.

이틀 동안 10시와 3시 휴식시간도 쉬는 둥 마는 둥, 열악한 노동조건에서 작업했기 때문에 우리 네 사람은 이 일만은 이제 싫다는 마음이었다. 그런데 그런 일이 아직도 두 대치나 남아 있다니. 가와하라 씨가 화를 내는 것도 당연하다. 선배격인 니시노 씨가 "뭐랄까, 이것도 우리 일이니까……. 할 수밖에 없지"라며 사무실을 나갔다. 가와하라 씨와 이시다 씨는 동의할 수 없다는 표정으로 잠시 자리를 지키고 있었지만 그래도 내가 사무실을 나오자 허둥지둥 따라나왔다.

오늘의 '가열기'는 어제와 똑같은 구조로 검사개수도 같은 690개다. 나와 니시노 씨가 먼저 기어들어갔다.

10시가 되자 누가 말한 것도 아닌데 매우 자연스럽게 40분 가까이 휴식을 취했다. 물론 안에 1초라도 오래 있기 싫다는 심정 때문이다.

쉬는 중에 이시다 씨가 화장실을 갔다. 그러자마자 '이 때다'라는 듯이 가와하라 씨가 "저기 있잖아요. 저, 이시다 씨랑 일하기 싫어요."라며 니시노 씨에게 하소연하기 시작했다. 그 이유가 웃겼다. 둘이서 안에서 작업할 때, 이시다 씨가 10살 이상이나 어린 가와하라 씨에게 자꾸 투덜거린단다.

"그래도 조금만이라면 저도 참겠는데. 그런데 얼마나 투덜거리는지……." 가와하라 씨 말로는, 일이 힘들다는 것부터 시작해서 급여, 작업 시간, 인간관계, 게다가 작업복이나 출퇴근 시의 버스까지 마음에 들지 않는다고 말한단다.

"그럼 (회사를) 그만두면 되잖아"라고 니시노 씨.

"저도 그런 투정을 아침부터 저녁까지 듣기 싫어서 '그럼 그만두세요' 그런 적도 있어요."

"그랬더니?"

"그랬더니 말이죠. 저더러 냉정한 놈이래요. 거기서 또 투정부리기 시작했어요……. 거기가 워낙 좁잖아요. 그래서 아무리 싫어도 들리는 거예요."

가와하라 씨는 진지한 표정으로 호소한다. 나와 니시노 씨는 웃음을 꾹 참아야 했다. 거기에 운이 좋은 건지 나쁜 건지 당사자인 이시다 씨가 돌아와서 이야기도 끊겨버렸다.

이 날 내내 니시노 씨는 작업하면서 이시다 씨 이야기를 꺼내서 나를 웃겼다.

그런데 이시다 씨의 투덜거림이 생각지도 않은 곳에서 도움이 됐다. 4시 반을 약간 넘었을 즈음, 니시노 씨가 "오늘은 이 정도로 마무리하자" 해서 도구를 한 곳에 모으기 시작했는데, 발주기업의 젊은 직원이 찾아왔다. 이 이틀 동안 핀홀검사를 해왔는데 간사이전력이나 발주기업 직원이 작업을 감독 또는 지도하러 온 것은 이번이 처음이었다. 그가 니시노 씨에게 "이 검사는 좀 급해서 오늘 야근해 주면 안 되나"라고 말한다. 그것을 옆에서 들

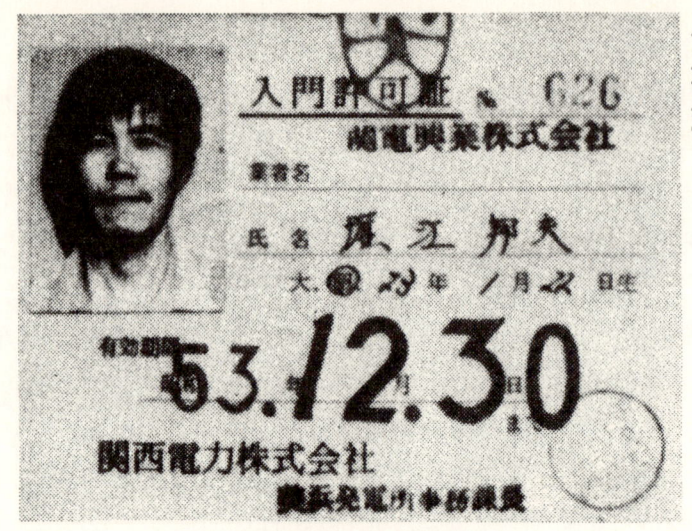

미하마발전소 출입허가증

던 이시다 씨가 젊은 직원에게 "돌아가는 버스가 없는데……", "몸이 이렇게 지저분해졌는데……"라며 소곤소곤 투덜거리기 시작했다. 그 효과는 뛰어났다. "글쎄, 오늘 야근은 없는 걸로 하죠"라고 마무리됐다.

사무실에 돌아가보니 안전 담당자인 마치다 씨가 나를 불러 '출입허가증'을 줬다.

지금까지는 매일 아침에 경비실에서 공책에다가 이름과 주소 등을 적어야 했으나 내일부터는 이 카드를 경비 아저씨에게 보여주기만 하면 된다. 발행자는 간사이전력 미하마발전소 사무과장. 이것으로 드디어 나도 원전노동자의 한 사람으로서 간사이전력에 인정받았다.

건강을 지키기 위하여

10월 5일(목) 원전으로 가는 버스 안에서 내 뒷자리에 앉은 사람이 "이

봐, 드디어 이번 달 12일부터 1호기가 사이클링 테스트에 들어간대"라고 말했다. 미하마1호기는 74년 7월에 증기발생기 감육현상[3]으로 가동이 중단되고, 은폐되었던 연료봉 파손사고가 76년 12월에 발각되는 등, 문제가 있는 원전이다. 그것이 드디어 상업운전을 위해 돌기 시작한다는 것이다.

"그 사이클 뭣이라는 게 어떤 테스튼데?"라고 다른 남자 목소리.

"아니, 그냥 그렇게 신문에 나왔어. 하여간, 운전 전에 하는 갖가지 테스트가 아닐까?"

정말 내용이 없는 답에 이번엔 버스 앞쪽에서 "맞아. 우리가 자세히 알고 있으면 이런 일 안 하지!"라는 소리가 날아왔다.

이 대화를 듣자 그 때까지 조용하던 차내가 웃음으로 가득 찼다. 나 역시 엉겁결에 웃음을 터뜨려 버렸다. 그러나 차내가 다시 조용해졌을 때, "우리가 자세히 알고 있으면"이라는 말이 왠지 이상하게 마음에 걸렸다.

3일 전에 처음으로 '고압급수가열기'의 핀홀검사를 했을 때, 이 장치가 어떤 역할을 하느냐는 질문에 선배인 니시노 씨도, 4년 동안이나 원전 작업을 해온 이시카와 씨조차 모른다고 말을 얼버무려 버렸다.

근대과학의 정수를 모았다는 원전이니 나름대로 고도의 복잡한 구조를 가졌다는 것은 이해할 수 있다. 그러나 우리 자신이 '무엇'을 하는지도 모르는 채 일한다는 것보다 '재미' 없는 일도 없다. 이러한 '소외된 노동'이기 때문에 이시다 씨가 투덜거리는 것이 아닐까라는 생각이 언뜻 들었다.

조례 후, "오늘도 어차피 '열교'니까 지금 옷 갈아입어 놓자고요"라며 가와하라 씨가 세탁된 직업복을 가져왔다. 지지분해진 의류 세탁은 지역에서 다니는 주부들의 일이다.

작업 전 회의를 마친 우메모토 씨가 들어와서, 오전에 방관(방사선 관

---

[3] 배관 두께가 얇아지는 것.

리)교육을 받을 테니 사무실에서 대기하라며 수강자 이름을 불렀다. 기타야마, 이시다, 가와하라, 호리에—며칠 전에 전신방사선측정기로 검사를 함께 받았던 사람들이다.

10시쯤, 발주기업의 젊은 방관(방사선 관리자)이 영사기와 휴대용 스크린을 양손에 들고 사무실로 찾아왔다. 우리 네 사람의 이름을 물은 다음에 바로 "그럼 이걸 보세요" 하며 컬러 8밀리 영화를 틀었다. '각겡영화學研映畵'가 제작한 이 영화는 상하로 나뉘어 있고 각각 20분 정도였다.

먼저 상편. "원자력발전소의 구조를 살펴봅시다"라는 내레이션에 이어 스크린엔 원전과 핵폭탄의 차이를 그린 그림이 나왔다. "많은 사람들이 원자력발전소가 원폭과 마찬가지로 우라늄235를 사용하기 때문에, 원자력발전소도 터지는 것이 아닌가라고 생각합니다. 그러나 원자력발전소에선 우라늄235를 2~3%만 농축하여 사용하는 데 비해……."

이러한 내용으로 낯선 용어와 숫자가 막 나오는 내레이션이 끝없이 이어진다. 이시다 씨와 가와하라 씨는 책상에 양 팔꿈치를 괸 자세로 자꾸 눈을 깜박거린다. 수마睡魔와 악전고투하는 모양이다. 50을 넘은 기타야마 씨는 아무래도 열심히 스크린을 보고 있지만, 그래도 가끔씩 작은 한숨을 쉬기도 하고 고개를 빙빙 돌리기도 하고……. 방관이 자꾸 "무슨 질문 있나요?"라고 말을 걸지만 네 사람 다 말이 없다.

"…… 그런데 우리는 자연계에서도 방사선을 맞고 있습니다. 유엔의 데이터에 의하면 지상에서 50밀리렘, 토양에서 30밀리렘, 몸속에서 20밀리렘으로 총 100밀리렘 즉 0.1렘을 1년간에 맞습니다. 한편, 원자력발전소에서 일하는 사람들은 연간 5렘 이내로 정해져 있으며, 그 5배인 25렘 정도 맞아도 임상증상은 거의 없습니다……."

그 때 갑자기 "저 질문이요" 하며 손을 든 것이 '투덜이 이시' 이시다 씨였다. '투덜이 이시'라는 별명은 늘 투정을 듣게 되는 '피해자' 가와하라 씨가 붙였다.

미하마발전소 _____ 2차계통에서 작업한 날들

"25렘이라도 사람에게 영향 없다는데, 이건 어떻게 알아봤어요? 예를 들어 인체실험이라든가…….."

이시다 씨의 이 질문에 방관은 "그건……" 하며 잠시 생각하고 있었으나 "설마, 인체실험 했겠어요? 그니까 이 25렘이라는 수치는 동물 말이죠, 실험에서 얻게 된 거라…….."

그는 말끝을 흐려 버렸다.

"그렇군. 그럼 사람의 경우는 잘 모르겠다는 건가?"

중얼거리는 이시다 씨를 무시하는 듯 방관은 "그럼 계속 보시겠습니다"라고 스크린으로 눈길을 돌려 버렸다.

이어서 하편.

관리구역 내에서의 주의사항이 주제였다. 작업에 들어가기 전엔 화장실을 꼭 갈 것. 하루 작업시간은 10시간을 넘어서는 안 된다. 정해진 곳 이외에서 음식을 먹거나 담배를 피우면 안 된다. 그 외에 방호복의 종류와 들어가고 나올 때의 절차 등. 상편에선 알파선, 베타선, 렘, 엑스레이, 우라늄235 등의 낯선 원자력(방사선) 용어가 쏟아져 나왔는데, 하편에서도 에어라인, 배리어, 레바큐 무엇 등 외래어가 마구 등장했다. 기타야마 선배가 나에게 "원자력이란 너무 어렵네요"라고 귀엣말을 했다. 이 말 직후에 나온 말이 웃겼다.

"…… 어렵다, 귀찮다고 생각하시겠지만, 이것들을 실천해야 당신과 동료들의 건강을 지킬 수 있습니다."

타이밍이 딱이다. 이 말을 듣자 기타야마 씨는 "한 대 맞았네"라며 쓴웃음을 지었다.

8밀리 영화 상영 후, 방관이 한 장씩 용지를 나누어 주었다. '방사선 관리교육종료서'—이런 제목이었을 것이다. 이름과 주소를 쓰고 도장을 찍으란다. 불과 40분 정도 영화를 보여주고 관리구역 내에서의 현장연수도 없이 "당신과 동료들의 건강을 지키기 위한" 방사선 관리교육이 '종료'돼 버렸다.

오후엔 또 '습분분리가열기'의 핀홀검사다. 이 일을 일주일이나 계속하고 있는 니시노 씨가 "아침에 일어나기 힘들어 죽겠어"라고 자꾸 불평이다. 나도 아침에 일어났을 때 허벅지, 또는 목에서 어깨에 걸쳐 무거운 통증을 느껴서 오늘은 쉬자는 유혹에 휩싸일 때가 많았다. 부자연스런 자세로 장시간 작업을 하기 때문일 것이다.

아침에 책임자인 우메모토 씨가 "오늘은 야근해 줬으면 좋겠다"라고 했다. 그런데 웬일인지 오후 5시쯤이 되자 이시다 씨와 가와하라 씨는 아무 말도 없이 가 버렸다. 안에서 검사를 하는 사람 둘, 밖에서 측정기를 읽고 신호를 보내는 한 사람, 최소한 세 명은 필요한데, 남아 있는 것은 나와 니시노 씨 두 사람뿐이다.

"이러면 일 못 하잖아. 사무실에서 좀 상의하고 올게" 하고 니시노 씨는 나를 현장에 남기고 터빈건물을 나갔다.

내가 기다리고 있는 3층에선 이미 5시를 넘었는데도 2~30명의 노동자들이 핸드그라인더[4]로 천장 크레인으로 매달아 올린 터빈덮개의 녹 제거작업을 하고 있다. 모두 웨스를 얼굴에 감았지만 그래도 먼지를 심하게 들이마시게 되는 것 같아 가끔씩 시꺼메진 목장갑으로 웨스를 입가까지 내려서 바닥에 침을 퉤 뱉는다.

20분이 지나 니시노 씨가 35, 6세로 보이는 다케가미 씨를 데리고 돌아왔다. 니시노 씨가 본관 식당에서 사다준 콜라를 다 마시고 작업을 다시 시작했다. 나와 니시노 씨가 안으로 들어갔다.

7시 20분경에 작업이 끝났다. 690개 모두 핀홀이 없었다. 터빈건물을 나오니 비가 오고 있었다. 쌀쌀하다.

8시, 숙소에 도착했다. 목욕하고 나니 갑자기 피로에 휩싸였다. 저녁도 먹지 않고 이불 속으로 들어가 버렸다.

---

4)   휴대용 전동식 연마기

10월 6일(금) 한밤중에 갑자기 숨이 막혀 눈을 떴다. 코에서 목구멍까지 이물질이 찬 느낌이 든다. 아무래도 가래가 낀 것 같다. 베갯머리에 있던 신문지에 두세 번 뱉어냈더니 어느 정도 숨쉬기가 편해졌다. 그러나 그 가래를 보고 나도 모르게 몸을 떨었다. 어두운데도 거무칙칙한 빛을 알아볼 수 있다.

연일 계속된 작업이 원인이다. 이런 가래가 나오는 걸 보면 폐 속도 시꺼메져 있는 것이 아닐까. 터빈건물 내는 2차계통으로 관리구역 밖이기 때문에 방사능의 영향이 없다는데 정말 그런가? 이런 의문과 불안감 때문에 잠이 번쩍 깨 버렸다. 시계는 새벽 2시 20분을 가리킨다. 잠이 오지 않아 뜬 눈으로 이불 속에서 아침을 맞이했다.

오늘도 하루종일 '습분분리가열기' 검사다. 어제까지 두 대를 마쳤으니 이 한 대로 다 끝난다. 내일이면 마무리 지을 수 있겠다고 생각하니 마음도 어느 정도 풀린다.

야근 없음. 저녁식사 후 메모를 정리했다. 아침저녁이 제법 쌀쌀해졌다. 본격적인 가을이 코앞에 다가오고 있음을 느낀다. 숙소 여주인이 두툼한 이불을 갖다 주었다.

10월 7일(토) 아침에 야마다공업 방사선 관리 사무 담당자인 혼다 씨가 "이번에 이런 수첩이 나왔거든요. 앞으로는 여기에 여러분의 피폭선량을 적어야 합니다. 이 수첩을 신청해야 하니까 주민등록등본을 다음 주 중에 갖다 주세요"라며 파란 표지의 수첩을 보여줬다.

'방시선 관리수첩'

이전에 방사선 관리는 기업이 독자적으로 했지만 앞으로는 국가가 지정한 중앙등록기구(방사선종사자중앙등록센터)에서 일괄적으로 관리하게 돼서 각자의 성명과 생년월일, 그리고 본적지를 미리 등록한다는 설명이었다.

두세 사람이 불만을 토로했다. 그 이유 중 하나는 주민등록등본을 떼려면 회사를 쉬어야 하는데, 출근으로 쳐 줄 수 있느냐는 것이었다. 내 옆에 앉아 있던 이시카와 씨도 "우리 마누라도 밭일이 있어서 말이야"라며 자못 귀찮다는 표정이다. 결국 주민등록등본은 사무실측이 모두를 대신해서 받아오게 됐다.

또 하나의 불만은 지금까지 사용하던 수첩도 발행했을 때 전국적으로 통일된 것이라고 했는데 왜 또 새것이 나왔냐, 이번 수첩은 틀림없이 통일된 것이냐는 것이었다.

"그럼요. 이번에야말로 통일됐어요. 왜냐면 통산성이 시작한 일이라……"라고 혼다 씨.

일본 원전이 상업운전을 시작한 지 약 10년이 지났다. 그런데 겨우 이제서야 국가가 노동자의 피폭관리에 나섰다. 원전노동자의 존재는 정말 오랫동안 '방치'돼 있었던 것이다.

오늘도 그 핀홀검사다. 어제는 작업이 꽤 순조롭게 진행돼서 남은 것은 350개뿐이다. 한 시간 이내에 마칠 수 있을 것이다.

현장으로 가는 도중, 넷이서 본관 1층 식당에 들러 한 잔에 50엔 하는 커피를 한 시간가량 시간을 끌며 마셨다. "가끔은 땡땡이 쳐도 벌 받진 않을 거예요"라며 가와하라 씨가 흰 이를 드러내며 방긋 웃었다. 오랜만에 보는 그의 웃음이다. '투덜이 이시' 씨도 어제부터인가 기분이 매우 좋아 보인다.

커피를 마시며 잡담하는 중에 니시노 씨가 나보다 약 한 달 전부터 여기서 일했다는 사실을 알게 됐다. 그는 올해 5월까지 지역의 철공회사에서 10년 넘게 일했다. 그러나 회사가 어려움에 빠져 파견근무 형태로 도쿄의 다른 회사로 전근명령을 받았다.

"태어나서 자란 땅을 버리고 이제 와서 도쿄 따윈 가고 싶지도 않았어. 그리고 조금이지만 논밭이 있어서……"라는 이유로 그는 퇴직을 결심했다. 지인의 소개로 여기에 왔다고 한다.

미하마발전소 _____ 2차계통에서 작업한 날들

그에게 임금이 얼마냐고 물어봤더니 "겨우 오오야"라며 나에게 양손을 폈다. 일당이 5500엔.

"이것만으로 집사람이랑 세 아이(초등학생 둘과 유치원생 하나)한테 밥을 먹여야 하니, 진짜 죽겠어."

종이컵 바닥에 조금 남은 커피를 다 마시고, 그는 그렇게 말하며 나를 봤다. 그 눈은, 일 안 하면 살아갈 수 없다고 말하는 것 같았다. 최근 2, 3일 동안 그는 "아침에 일어나기가 힘들어서"라고 우리에게 자꾸 불평을 토로했지만, 몸이 아무리 안 좋아도 일용직인 그가 일을 쉰다는 것은 즉각적인 생활고로 돌아오기 때문에…….

3시에 작업 종료. 도구류를 정리하고 다시 식당에서 30분 정도 시간을 때워 4시 반쯤에 사무실로 돌아갔다.

10월 8일(일) 10시가 넘도록 푹 잤다. 늦은 아침을 먹고 나서 빨래와 방청소를 함. 오후엔 버스 타고 쓰루가 시내로 나감. 특별한 일이 있었던 것은 아니라 일요일만큼은 원전이 보이지 않는 곳에서 숨을 돌리고 싶었다.

거리에 부츠를 신은 여성들이 눈에 띄었다. 벌써 그런 계절인가 하며 약간 놀랐다. 책방이랑 커피숍에만 들르고 돌아왔다.

철판 위를 애벌레처럼

10월 9일(월) 칠판에 〈열교 → 사쿠라이, 호리에〉. 지난 주 토요일까지 가열기 검사를 모두 마쳤는데, 또다시 '열교(열교환기)'다. 지금까지 함께 하던 가와하라 씨와 이시다 씨는 취수구 작업으로 돌려졌다.

오늘 처음으로 짝이 된 사쿠라이 씨는 41, 2살로 튼튼한 몸매, 예리하

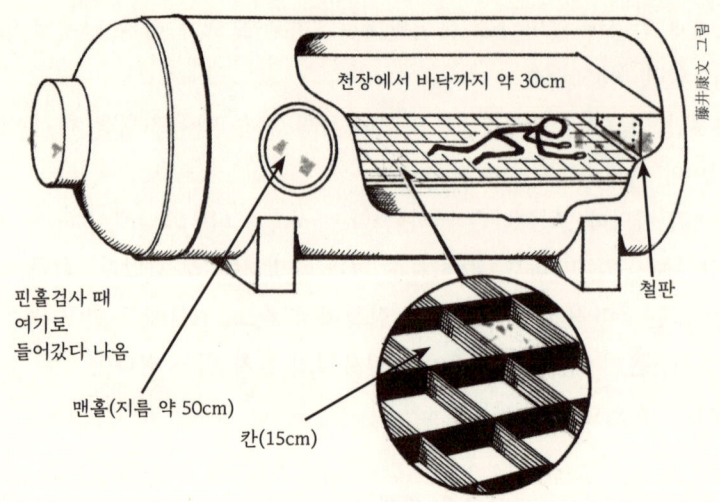

습분분리가열기에서의 작업

고 사나운 얼굴. 겸업농가 농민들이 대부분을 차지하는 야마다공업에서 그는 드물게 '순수'한 원전 전문 노동자다. 이 일만으로 먹고사는 사람은 야마다공업에 몇 명 없다고 이시카와 씨가 이전에 그랬다. 예전에 비계공[5]이었다는 사쿠라이 씨는 일에 대해서 엄격한 사람이라 동료 중에는 그와 함께 일하기를 꺼리는 사람이 많았다.

현장은 같은 터빈건물 3층이다. 토요일에 핀홀검사를 한 '습분분리가열기'의 볼트를 교환하는 게 오늘의 작업이다.

이전엔 원통을 눕힌 모양의 이 장치 끝에서 안으로 들어갔지만, 오늘은 원통 옆 부분에 설치된 맨홀(지름 약 50㎝)에서 기어들어간다. 먼저 사쿠라이 씨가 100와트 알전구와 소형 그라인더(전동식 연마기)를 손에 들고

---

5) 비계공은, 비계(임시시설)를 설치하고 해체하는 기능공을 말한다.

들어가고, 바로 뒤에 내가 새 볼트 7개를 넣은 웨스 주머니와 용접도구 한 벌을 들고 들어갔다.

머리 위엔 평평한 철판이 덮혀 있고 아래는 바둑판의 눈처럼 철판이 짜여 있다—다시 말해 사방 15cm 크기의 철 칸을 꽉 채운 상태다. 철판과 바닥철판의 간격은 30cm뿐. 이 공간을 애벌레처럼 몸을 흔들며 바닥으로 기어간다. 옷을 입었는데도 바닥 철판의 깎아진 끝이 복부를 찌른다. 2~3m 기어들어왔을 뿐인데 손바닥을 비롯해 팔다리 여기저기 생채기가 나기 시작했다.

아마 『오조요슈往生要集』[6]였을 텐데, 중합衆合지옥이라는 곳에 면도날 같은 날카로운 잎이 달린 큰 나무가 있고, 거기를 죄인들이 올라갔다 내려갔다 할 때마다 그 잎이 일어서 그들의 육체를 자른다는데, 바로 그 지옥의 고통을 맛보았다.

정면에 철벽. 여기가 작업현장이다. 이 벽 아랫부분에 작은 철판(세로 30cm, 가로 40cm 정도)이 볼트로 고정돼 있다. 사쿠라이 씨는 먼저 그라인더로 이 볼트를 절단하는 작업에 나섰다. 난 그 옆에서 그의 손을 비춰준다. 모두 철판 위에 몸을 내던지면서 작업한다.

부자연스러운 자세 때문에 작업이 마음대로 진행이 되지 않아, 오전엔 볼트 4개만 절단하고 끝나버렸다.

연일 햇볕도 들지 않는데다 공기도 탁한 곳에서 작업하기 때문에, 잠깐만이라도 바깥공기를 쐬려고 점심을 먹고 나서 날이 조금 흐렸지만 사무실 뒤편의 조그미힌 공디에 니기봤다. 동료인 디니기 씨기 풀밭에 앉아서 신문을 보고 있었다.

"호리에 씨, 자, 여기 앉아서 쉬세요."

---

[6] 10세기 불교서.

그러면서 읽던 신문을 땅바닥 위에 펴서 앉을자리를 마련해 줬다. 올해 62세의 다나카 씨는 야마다공업에 들어온 지 7, 8년이 됐고, 그 이전엔 각지의 건설현장에서 일했었다고 한다.

다나카 씨의 이야기에서—

"어느 원전이나 예전엔 정말 느슨했어요. 미하마에서도 3, 4년 전까진 관리구역으로 들어갈 때도 전력(간사이전력을 가리킴)이 사람이 부족하다고 하면 '그럼 네가 들어가라'는 식으로 교육 같은 것도 없이 안으로 보냈어요. 방사선 관리도 느슨했어요. 안에서 청소하던 놈이 무심코 선량이 높은 곳으로 들어가 버려서 방사능을 꽤 쐰 일도 있었어요."

"이건 4, 5년 전에 있었던 일로 기억하는데요. 2호기 정검(정기점검) 중에 원자로 출입구에 있는 이중문—에어록이라고 하는데, 한쪽 문이 열려 있을 땐 다른 쪽 문은 어떻게 해도 안 열리게 돼 있어요—사이에 갇혀 버린 사람이 있었어요. 양쪽 문이 다 안 열렸던 모양이에요. 하여튼 문과 문 사이엔 통보용 전화가 있었고 전기와 공기도 들어왔기 때문에 목숨을 잃을 걱정은 없었지만요. 결국 한쪽 문을 부숴서 구했어요. 그 이후 그는 아무리 사소한 일이라도 혼자선 그 안으로 못 들어가게 됐어요."

"관리구역에서 밖으로 나올 때 몸이 방사능으로 오염되지 않았는지 어떤지를 검사하는 핸드풋모니터[7]라는 기계가 있거든요. 몸 어딘가가 오염됐으면 불이 켜져서 샤워로 씻어내야 하는데, 최근에 무려 15, 6번이나 불이 켜졌다는 남자가 있었어요. 아무리 씻어도 나갈 수 없자 그 남자, 결국 울어버렸어요. 하하하……. 네 번 켜졌다는 사람은 많은데. 아무래도 15번이니까. 그 놈이 '이제 관리구역엔 두 번 다시 안 들어가고 싶어' 그랬다더라고요……. 그 남자요? 글쎄, 요새 안 보이네요. 다른 현장으로 일하러

---

7) 손발과 옷 표면의 오염을 검사하는 기계로 핸드풋클로드모니터라고도 함.

간 게 아닐까요?"

오후에도 오전과 같은 작업을 계속함. 새 볼트를 네 개 용접하다 보니 4시 반이 다 돼 버렸다. 핀홀감사 때에 비해 공기가 덜 탁한 게 그나마 다행이었다.

야근 없음. 내일은 체육의 날로 쉰다. 오후 7시쯤부터 세찬 비가 오기 시작했다.

10월 10일(화) 체육의 날. 공휴일이다. 가랑비가 뿌리는 날씨 때문에 쓰루가 시내로 나가기를 포기해 하루 종일 집에서 뒹굴며 지냄.

오늘, 「후쿠이신문福井新聞」에 "오오이大井원전 1호기/ 핀홀로 단정/ 시운전 중 방사능 누출"이라는 표제로 다음과 같은 기사가 실렸다.

시운전 중이던 간사이전력 오오이원자력발전소(오오이초大井町 오오시마) 1호기(출력 117만5천kW)는 8월 초순부터 원인불명의 고장으로 정지 상태에 있는데, 해당 발전소는 9일에 "검사 결과, 연료집합체 3개에 핀홀이 발견됐다"고 발표했다. 시운전 중의 핀홀은 전국 원전 중에서도 첫 사례다.

"또냐……"라는 마음으로 이 기사를 읽었다. 트러블이 너무나 많다. 가동률에도 당연히 큰 영향을 미칠 것이다. 내 메모를 찾아봤다.

〈설비가동률〉 72%(70년도) → 69% → 60% → 54% → 48% → 42% → 53% → 42%(77년도)

이 숫자를 보며 문득 과학기술청에 이 자료를 얻으러 갔을 때가 머리에 떠올랐다. "해가 갈수록, 운전을 못할 때가 많네요"라고 내가 말하자 담당관은 당황한 말투로 이렇게 말했다.

"무슨 말씀이세요! 작은 트러블에도 반드시 정지한다—이거야말로 원전의 안전성을 증명하고 있지요!"

생각지도 못한 '새로운 가설'을 듣고 나도 모르게 "트러블이란 안전한 거군요"라는 엉뚱한 말을 한 것을 아직도 기억한다.

어부였던 청년들

　10월 11일(수) 9일과 같은 작업을 계속함. 작업현장이 좁아서 일 속도가 붙지 않아 앞서 용접한 철판 외는 가열기 밖으로 들고 나가기로 했다. 나와 사쿠라이 씨 둘이서 몹시 고생하며 철판을 밖으로 꺼내기만 하고 오전 작업이 끝났다.
　오후엔 꺼낸 철판 두 장의 표면을 와이어브러시(철사로 만든 브러시)로 닦고 볼트 숫나사를 깎았다.

　저녁에 숙소에 도착하자 여주인이 "너를 기다리는 사람이 와 있어"란다. 오늘 회사에 나오지 않았던 요시이 씨였다.
　"오늘은 고기 잡으러 나가야 해서 (원전 일을) 땡땡이 쳤어. 그것보다 어서 들어와야지."
　그는 지역에서 고기잡이를 한다. 거친 일로 단련된 튼튼한 체격과 바닷바람에 타서 건강 그 자체로 보이는 얼굴에선 35살이라는 나이를 느낄 수 없다.
　방에 들어가 보니 큰 상이 차려져 있었다. 상에는 큰 접시에 골고루 담긴 회가 그야말로 듬뿍 놓여 있었다. 문어, 오징어, 쥐치, 그리고 방어……
　"그게 말이야, 예전부터 호리에한테 이걸 먹여주고 싶었거든."
　요시이 씨는 햇볕에 탄 얼굴에 하얀 이를 보이며 수줍은 듯 웃었다. 지금까지 그와 함께 일했던 적은 단 한 번(취수구 통나무 절단작업)밖에 없었으나, 열흘 정도 전의 운동회 때 함께 술을 마시며 어울렸던 때부터 직장에서 이것저것 돌봐주고 있다.
　거기에 숙소 주인이 술 한됫병을 손에 들고 들어왔다. 요시이 씨와는 오랫동안 알고 지낸 사이라고 한다. 그는 술을 작은 술병에 부으며 "사실은 이 회, 요시이 씨가 요리한 거야"라고 가르쳐 주었다.

　　　　　　　미하마발전소 ＿＿＿＿ 2차계통에서 작업한 날들

11시를 넘었을 때, 요시이 씨는 민박집 여주인이 운전하는 차로 돌아갔다. 그의 배려가 정말로 기뻤다.

10월 12일(목) 오늘도 열교였다. 멤버는 나와 사쿠라이 씨 외에 이번 주 초에 입사한 청년 두 명으로 총 4명이다. 30살 전후인 이 두 청년은 모두 오바마시에서 고기잡이를 했다고 한다.

작업은 두 조로 나뉘었고 나와 사쿠라이 씨는 어제 작업을 계속했다. 두 청년은 가열기 내부 청소를 했다. 내가 각 가열기에서 2장씩 철판을 꺼내는 사이에 두 청년은 사쿠라이 씨의 지시에 따라 가정용의 두 배 정도 크기의 청소기와 전기코드를 감은 드럼, 웨스, 투광기 등의 준비에 나섰다. 두 조 모두 준비가 끝나는 대로 5분 정도 휴식을 취했다.

두 청년은 담배를 부랴부랴 피우고 준비하기 시작했다. 둘 다 정말로 무뚝뚝해서 말을 걸어도 "예", "응"이라는 답을 할 뿐이다. 그들은 말없이 작업복을 입고 웨스로 얼굴을 감싸며 소맷부리와 목둘레를 접착테이프로 고정시킨다. 제법 익숙한 손놀림이다. 사쿠라이 씨 말에 의하면 그들은 1년 전에도 여기서 일했다고 한다.

준비를 마친 그들은 바닥에 앉아 담배를 피우던 사쿠라이 씨에게 "그럼"이라고 하고서, 투광기와 청소기 호스를 손에 들고 가열기 개구부에서 안으로 기어들어갔다. 나와 사쿠라이 씨는 철판 표면 닦기와 볼트 숫나사 깎기에 나섰다. "오늘은 이 철판을 해치우면 끝이니까 천천히 합시다"라고, 사쿠라이 씨. 평소와는 달리 매우 느긋한 분위기다.

때때로 가열기 내부를 청소하는 들이 개구부에서 얼굴을 밖으로 내밀고서 심호흡을 한다. 아직 30분도 안 되었는데 얼굴을 감싼 웨스는 이미 시꺼멓다. 공기가 상당히 탁한가 보다.

어떤 곳에서 청소하는지 궁금해서 개구부에서 안을 들여다봤다. 놀랐다. 그들의 모습이 보이지 않았다. 어둠 속에서 눈여겨봤다. 놀랍게도 그들은 너비 15cm 정도의 '철판 칸'이 깔려 있는 곳보다 더 밑에 있는 좁은 공간에 들어가 있었다. 철판을 꺼내기 위해 두세 번 이 가열기 안으로 들어가 봤지만, 그런 공간이 있다는 것을 전혀 몰랐다.

그들은 몸을 'ㄱ'자로 구부린 자세로 웨스로 벽면의 쓰레기를 털어내고 그것을 청소기로 빨아들이고 있다. 100와트 전구 불에 비친 그들의 모습은 정체를 알 수 없는 짐승들이 꿈틀거리는 것 같아 으스스했다.

오전 11시 반. 일을 마치고 사무실로 들어가는 길에 "둘이 하던 그 작업 말인데요, 좀 심하지 않아요?"라고 내가 사쿠라이 씨에게 말하자 그는 아직 나은 편이라며 이런 이야기를 했다.

"2호기에서도 이거랑 같은 일을 했는데, 그 땐 더 심했어. 하여튼 간전(간사이전력)의 감독이 흰 장갑을 끼고 와서 말이야. 그걸로 여기저기 만지거든. 조금이라도 장갑이 검어지면 '안 돼' 하고. 다시 해야 돼. 그건 참, 죽을 맛이었어."

같이 걸어가던 두 청년은 사쿠라이 씨의 이야기에 가만히 귀를 기울이고 있을 뿐이었다.

오후 작업은 손질한 철판 설치다. 두 청년은 여전히 내부 청소를 묵묵히 하고 있었다.

철판 설치가 3시 반 쯤에 끝나 버려서 도구를 정리하고 넷이서 본관 식당으로 들어가서 쉬었다.

그 때, 복도에서 다음과 같은 게시물을 봤다.

〈미하마 1호기/ 오늘(10월 12일)/ 11시 54분/ 병입했습니다.〉

"병입이라는 게 뭔지 모르겠지만 어쨌든 드디어 움직이는 것 같군"이라는 사쿠라이 씨. 그 말투는 "잘도 움직였네"라는 뉘앙스를 풍겼다.

일주일 정도 전까지 함께 일하던 니시노 씨가 4, 5일 전부터 다른 사람이랑 대화를 거의 하지 않는다. 4, 5일 전이라면 그가 2호기(운전 중)의 관리구역 내에 막 들어간 그 때다. 그와 함께 일하는 사람의 말에 의하면

미하마발전소 _____ 2차계통에서 작업한 날들

내부가 몹시 덥고 "마치 사우나 같아, 거긴. 마스크 안쪽에 땀이 흠뻑 괼 정도니까"란다.

게다가 방사능 오염에 대한 불안—이런 노동환경이 니시노 씨의 입을 무겁게 하는 것이 아닐까.

오후 10시. 비가 오기 시작했다. 추위가 날마다 심해진다. 스웨터류를 보내 달라고 집에 편지를 씀.

"다친 놈은 전력회사에 사과드려!"

10월 13일(금) 흐림. 라디오체조 후 사무실에서 안전담당 마치다 씨가 노동위생주간의 보고를 했다.

"어, 먼저 관리구역 내에서 헬멧을 착용 안 하는 자가 있었다고 간덴흥업에서 지적받았는데요……"라며 마치다 씨가 말하기 시작하자, "무슨 말이야!"라는 목소리가 날아왔다. 나이 20살 정도의 미카와 씨였다. 그는 분한 표정으로 "간전의 방관도 (헬멧을) 안 쓴 사람이 있잖아!" 그 말을 들은 동료 노동자들도 "옳소!", "맞는 말이네"라며 동조해, 사무실 내가 술렁거리기 시작했다.

"어, 그렇군요. 하여간, 그건 그렇다 치고……. 어, 두 번째 보고입니다. 앞으로는 구내에서 다친 사람은 전력회사(간사이전력)에 사과드리러 가게 됐습니다."

이 한 마디가 나오자 실내는 조용해졌다. 조용해졌다기보다 분위기가 험악해졌다는 것이 더 적절할 것이다. 한 중년 노동자가 일어났다. 얼굴이 붉어진 그가 험한 말투로 말하기 시작했다.

"다치고 싶어서 다치는 사람이 어디 있어! 그런데도 말이야. 잘 들어요. 다쳐서 고통받고 있는 본인이 그런 일을 시킨 전력회사에 머리를 숙여야 된다는 게 말이 되냐, 장난하냐! 그런 건 우리 같은 나부랭이한테 하는 말이 아니라 우릴 감독하는 사람한테 할 말이지…….”

모두의 눈이 마치다 씨 얼굴에 집중됐다. 그는 잠시 아래를 보더니 “후” 하고 깊은 한숨을 쉬고 “그럼, 어쨌든, 절대 다치지 않도록 조심하십시오. 끝내겠습니다” 하며 굳은 미소를 짓고 사무실을 나가 버렸다.

그 중년 노동자는 화가 치민 표정으로 주변 사람들에게 자꾸 말을 걸고 있다. “여기선 감독이라 해도 현장을 돌아볼 정도지, 안전에 대한 감독은 안 하잖아. 조례 때 장황한 표어를 다 같이 읽는 정도지, 참…….”

그의 이야기는 우메모토 책임자의 “자, 이제 슬슬 현장 갈 시간이야”라는 한 마디로 끊겨 버렸다. 하지만 그의 노여움이 풀리지 않았다는 것은 그의 언짢은 표정과 사나운 몸짓에서도 분명했다.

작업은 또다시 열교다. 지난번에 핀홀검사를 한 습분분리가열기 주변 청소다. 지저분해진 웨스와 녹슨 쇳조각, 폐재 등을 큰 빗자루로 쓸어 모은다. 두 청년이 오늘도 맡은 가열기 내부 청소에 비하면 정말로 '천국과 지옥' 정도의 차이가 있다.

오후엔 터빈건물 지하1층에 설치된 지름 7, 80cm 정도의 관 내부 청소를 했다. 나와 사쿠라이 씨, 그리고 '투덜이 이시' 셋에서 맨홀을 체인 블록으로 매달아올려 거기서 내부로 들어간다.

내부는 빨간 녹이 심하게 슬어서 한 번 들어가기만 해도 초록색 작업복이 황토색이 돼 버렸다. 이 녹과 관 내부 필터에 달라붙은 쓰레기를 웨스로 닦아낸다.

관 세 개 완료. 야근 없음.

10월 14일(토) 아침 추위가 극심했다. 원전행 버스를 기다리는 사람 중에 방한복 차림이 두드러지게 많아졌다. 수평선이 위아래로 물결치고 있다. 먼바다는 꽤 거친 것 같다. 그런데 낮이 되자 구름 한 점 없는 파란

하늘이 펼쳐져 초여름을 떠오르게 하는 따가운 햇빛이 내리쬐었다.

오늘이 토요일이기도 해서 다들 일할 마음이 별로 생기지 않는 듯하다. 평소엔 9시쯤에 현장으로 가는데, 오늘은 9시 반을 지날 때까지 사무실에서 잡담하는 이들이 많았다. 나와 사쿠라이 씨, '투덜이 이시' 씨, 그리고 2, 3일 전에 새로 들어온 45, 6세로 보이는 마에다 씨로 구성된 '열교 그룹' 또한 9시 40분 가까이까지 사무실에서 꾸물거리고 있었다.

오늘 작업은 어제 청소를 마친 3개 관의 맨홀을 닫기만 하면 된다. 오전엔 체인블록과 망치 등 도구들을 준비만 하고 나머지는 잡담. "이런 날이 맨날 계속됐으면 좋겠는데"라는 '투덜이 이시' 씨도 오늘은 매우 기분이 좋아 보인다.

점심 후, 일광욕이나 하려고 사무실 밖으로 나왔을 때, 우연히 낯익은 얼굴을 봤다. 그 남자(37, 8세)와는 소속된 회사가 다르지만 터빈건물 안에서 자주 보게 되고, 쉬는 시간엔 함께 담배를 피우며 잡담하는 사이다. 이름을 서로 모르지만 그래도 어쩐지 마음이 맞았다.

식당에서 라면을 먹으며 30분 정도 이야기를 나눴다.

오사카 '가마'에서 동료 십여 명이랑 같이 일하러 왔고, 일당은 식사비용 별도로 5500엔이며, 숙박비와 밥 세 끼는 회사 부담이다—이런 내용을 그는 잡담 속에서 말했다. 원전 점검 시엔 일손부족을 해소하기 위해 오사카에 있는 일용직 노동자의 거리 '가마가사키'에서도 노동자를 긁어모은다는 소문은 역시 사실이었다.

그는 헤어질 때 "정김이 끝나면 우리도 비려져. 그 다음? 글쎄 고베에 약간 일이 있으니 거기로 갈까 해. 너만 괜찮으면 안 올래? 형님—아니, 사장님께 내가 이야기해 놓을 테니까" 하며 웃었다.

저녁에 작업을 마치고 사무실로 들어가니 이시카와 씨가 다가와서 "괜찮은 방을 찾았으니까 저녁에 안 보러 갈래?"란다.

내가 부탁한 방을 찾아낸 것 같다. 다케나미에 있는 민박집은 원전과 가까운데다 주인부부도 가족처럼 대해 줘서 떠나기 싫었지만 금전적으로 어려웠다. 내 일당이 5500엔이고 숙박비가 식사 두 끼 포함 3500엔이니 남는 건 2000엔이다. 그것에서 점심 값 250엔과 커피 값, 담배 값 등을 제하면 얼마 남지 않는다. 가족에게 송금은 거의 불가능하다. 그것보다 오히려 값싼 방을 빌리고 식비도 절약하면 그럭저럭 살 수 있을 것이다. 그렇게 생각해서 이시카와 씨에게 방을 찾아줄 것을 부탁했었다.

이시카와 씨가 찾아내준 방은 3평, 한 칸에 화장실과 조그마한 부엌이 달렸고 한 달에 9000엔이다. 그 자리에서 바로 입주 절차를 거쳤다.

방을 보고 돌아가는 길에 내가 이시카와 씨에게 "이만한 봉급으로 다들 잘 버티네요"라고 하니 그는 "글쎄, 지역 사람들이 많으니까. 그래도 부인이 부업을 하는 집이 많거든"이라며 얼굴빛이 약간 어두워졌다.

'완전무장'

10월 17일(화) 쓰루가 시내에 있는 방에서 첫 출근했다. 세 평 크기의 단칸방인데다 가구가 하나도 없는 '새 집'이기에 실내 청소와 정리는 일요일에 거의 마칠 수 있었다. 그러고서 어제는 특별히 일을 쉴 필요도 없었는데, '아마 오늘도 열교겠지'라는 생각에 어쩐지 마음이 무거워져서 결국 이불 안에서 반나절을 보내 버렸다.

작업복으로 갈아입고 있을 때, '투덜이 이시' 씨가 전에 없이 진지한 표정으로 말을 걸어왔다.

"오늘도 가와하라가 안 나왔어. 어쩌면 회사 그만뒀을지도……."

나보다 하루 빨리 여기서 일하기 시작한 가와하라 씨는 지난주 말부터 나오지 않았다. 사무실엔 아무런 연락도 없었다고 한다.

"21살이라는 어린 나이에 이런 곳에서 맨날 시꺼메지면서 일하는 건

견디기 힘들지. 그만두고 싶다는 생각도 들기 마련이야."

가와하라 씨가 나오지 않는 원인을 이시다 씨는 이렇게 '분석'했다. 나도 동감한다. 나 자신도 실제로 원전 현장에서 일하기 전까지 솔직히 말해 원전노동은 바로 방사선을 쐬며 작업하는 것으로 생각했기 때문에, 방사능 걱정이 없다는 2차계통에서, 그것도 우리가 연일 작업하는 어둡고 좁은, 탁한 공기 속에서 '열교'작업 같은 것을 할 줄이야. 21세이고 이전엔 자동차 판매원이었던 가와하라 씨가 이 일에 싫증을 낼 법도 하다.

—그리고 오늘 작업도 열교. 그러나 특별한 일도 없어 "땡땡이친다는 소리 안 들을 정도로 빈둥빈둥하고 있자"는 사쿠라이 씨의 '지시'에 따라 종일 터빈건물 3층 습분분리가열기 주변을 정리했다.

10월 18일(수) 작업이 또다시 열교다. 정말 지긋지긋하다.

멤버는 나와 사쿠라이 씨 외에 모토카와 씨와 사와다 씨로 총 네 명이다. 모토카와 씨와 사와다 씨는 둘 다 44, 5세로 보인다. 보기만 해도 베테랑이라는 느낌이 난다. 그 중에서도 모토카와 씨는 일을 남달리 열심히 하고 작업을 앞장서서 맡기에 '호랑이 중사'라는 별명이 붙었다. 공교롭게도 나 이외의 세 명은 이 일만으로 먹고사는 원전노동자였다. 말하자면 오늘은 프로 셋과 신참 하나의 구조다.

현장은 터빈건물 1층이다. 출입구 정반대쪽에 안으로 들어가는 부분이 있고 거기에 지름 2m, 높이 3m 정도의 원통형 탱크가 3개 설치돼 있다.

〈저압드레인탱크 용량 6㎥/ 1974년 10월/ ㈜오카모토岡本철공소·미쓰비시중공(주)〉

탱크 몸통에 붙은 작은 금속판엔 이렇게 적혀 있었다. 이 탱크 내부를 청소한다.

데크 브러시와 웨스, 청소기, 큰 망치, 스패너 등을 준비한 다음, 두께가 10cm, 지름이 성인 가슴 폭 정도의 뚜껑을 여는 작업에 나섰다. 뚜껑을 고정한 볼트(지름 약 5cm)를 스패너와 큰 망치로 풀어간다. '호랑이 중사'와 사쿠라이 씨가 그 작업을 하는 동안, 나와 사와다 씨는 그 옆에서 쉬었다. "오후부터 힘든 일이 기다리고 있으니까 오전엔 쉬엄쉬엄 하자고요"라는 사와다 씨. 탱크 세 개의 뚜껑을 열기만 하고 오전 작업을 끝냈다.

저압드레인탱크에서 작업하는 필자

"이제 완전무장 해서 들어가야겠군."

오후, 개구부에서 탱크 안을 들여다본 '호랑이 중사'가 얼굴을 찌푸렸다. 내부가 몹시 지저분한 모양이다. 우리 넷이 '완전무장' 하기에 나섰다―그렇다고 하더라도 이전에 가열기 내 핀홀검사를 했을 때처럼 얇은 마스크를 쓰고 그 위를 웨스로 덮었을 뿐이지만.

탱크 하나에 두 사람씩 들어간다. 나는 '호랑이 중사'랑 함께 한다. 개구부에서 몸을 꼬며 안으로 들어간다. 생각했던 것과 달리 내부는 장치 같은 것이 아무것도 없고 두 팔을 활짝 벌린 너비의 원형 방이었다. 알전구를 한 손에 들고 데크 브러시로 벽면을 닦는다. 시꺼먼 그을음이 바로 바닥에 쌓이기 시작했고, 작업을 시작한 지 몇 분 만에 바닥 위 그을음은 양손으로 퍼낼 수 있을 정도가 됐다. 가슴 폭 정도 크기의 개구부가 약간의 통풍구 노릇을 할 뿐이어서 공기가 몹시 탁해 점차 숨이 막히기 시작한다. 심지어 알전구 빛이 약해진 것처럼 느껴지기도 한다.

그 때까지 묵묵히 데크 브러시를 움직이던 '호랑이 중사'가 "안 되겠다. 좀 나가자"라는 듯 나를 재촉하는 것처럼 손으로 신호를 보내왔다.

사쿠라이 씨 팀도 나왔다. 새하얗던 웨스가 시커메졌다. 마스크 안쪽까지 새까맣다. 담배를 피우려고 목장갑을 벗었다. 손바닥이 마치 먹물이라도 바른 것처럼 시꺼멨다. 목구멍 안쪽에 가래가 걸린다.

"내가 기억하기에 작년엔 안을 물로 씻어냈을 텐데. 그렇게 하면 이렇게 안 지저분해져도 되는데······."

'완전무장'을 풀며 사쿠라이 씨가 모토카와 씨에게 묻는다.

"왜 올해는 그거(물로 씻기)를 안 해?"라는 사와다 씨.

"전력 새끼들은 다 어린 애들이라 아무것도 몰라."

언짢은 표정을 지으며 '호랑이 중사'는 이렇게 내뱉고서 더 이상 말이 없었다.

마침 그 때, 간전의 젊은 감독이 찾아왔다. 사쿠라이 씨와 사와다 씨는 감독과 눈이 맞았는데도 인사도 하지 않고 휙 고개를 돌려 버렸다. 분명히 그들은 이런 열악한 작업을 시키는 간전 직원에게 화를 내고 있었다. 모토카와 씨가 물 세척에 대해 감독에게 말했다.

"글쎄요, 물로 씻는다······. 준비할까요?"

정말로 미덥지 못한 말투로 그런 말을 남기고, 탱크 안은 들여다보지도 않고 그 젊은 감독은 가 버렸다.

그런데 아무리 기다려도 그는 돌아오지 않는다. '호랑이 중사'는 담뱃불을 끄고 말없이 준비에 나섰다. 그것을 보고 있던 사쿠라이 씨는 혀를 차며 "으이그, 진짜"라면서도 웨스를 얼굴에 감기 시작했다.

드레인탱크 바닥에 쌓인 시꺼먼 그을음을 전기청소기로 제거하는 작업에 나섰다. 청소기 모터소리가 어두운 쇠 돔 안에 울린다. 여전히 공기가 심하게 탁하다. 데크 브러시로 떨어지지 않는 쓰레기는 웨스로 닦아낸다. 기기서 또 그을음이 바닥으로 떨어져 그것을 청소기로 빨아낸다. 이 작업을 반복한다. 1시간 정도로 어떻게든 끝냈다.

또 휴식을 취했다. 청소해야 하는 드레인탱크가 1개 더 남아 있다. 오늘 중에 그것을 끝내야 한다고 '호랑이 중사'가 말한다. 그런데 모두 가만히 담배만 피우고 있다. 거기에 헬멧에 선을 두 줄 그은 발주기업 직원이 찾아왔다. 그는 '위생지도원'이라 적힌 완장을 찼다. 바닥에 앉아 있는 우리 앞을 지나, 드레인탱크 안을 바깥에서 흘끗 보기만 하고 가 버렸다.
"그 새끼한테 한 번 탱크 안에서 작업해 보라고 시켜보고 싶어"라고 사와다 씨.
사쿠라이 팀의 작업이 아직 끝나지 않아서 나와 모토카와 씨가 세 번째 탱크 청소에 나섰다.
오후 4시 반, 작업 종료. 몸이 극심하게 지저분해져서 사무실 옆 목욕탕에 들어가기로 했다. 목욕이 끝나고 다시 시커먼 속옷을 입고, 양말을 신었다. 참으로 불쾌하다. 야근 없음. 오늘도 가와하라 씨는 나오지 않았다.

백혈구가 떨어진 '호랑이 중사'

10월 19일(목) 맑음. 조례 후, 우메모토 책임자가 이시다 씨와 나를 불렀다.
"2, 3일 후부터 1차계통에 들어가 주세요."
그 한 마디를 듣자 이시다 씨는 "감사합니다"라며 고개를 숙였다. 관리구역으로 들어가면 좋든 싫든 방사선을 쐬어야 한다. 그럼에도 그는 감사하단다. 나는 그 이유를 알 것 같다. 그 열교 작업이나 억수처럼 쏟아지는 빗속에서 비옷을 입고 하는 취수구 작업(이시다 씨는 요새 취수구 작업이 많았다)에서 벗어날 수 있다고 생각해서 그랬을 것이다. 사실 그는 오늘도 나오지 않은 가와하라 씨 이야기가 나왔을 때, "그도 좀 더 참았으면 좋았을 텐데……"라고 중얼거린다.
솔직히 말해 나 자신도 껌껌한 '쇠 상자' 속 작업에서 해방된다고 생각하니 '기쁘다'는 감정에 가까운 것을 느꼈다.
점심시간. 1차계통에 들어가게 됐다는 소식을, 나를 이 직장에 소개해 준 이시카와 씨에게 전했다. 그는 입을 열자마자 "그거 참 잘 됐군" 하고 그 다음에 바로 "하지만 잘 됐다고 말할 수 없을지도 모르지?"라며 다음과 같은 이야기를 해 줬다.

"관리구역 안엔 캐비티라는 큰 수조가 있어. 연료봉을 넣어 놓는 곳이거든. 점검이 시작되면 거기서 물을 빼고 벽면을 청소하는 일이 있는데, 그 일이 참 힘들어. 잠수부처럼 공기를 보내는 호스가 달린 마스크—에어라인이라고 하는데—를 쓰고 위에서 물이 폭포처럼 떨어지는 상태에서 벽면을 웨스로 청소하거든. 말하자면 인간와이퍼 같은 거야. 근데, 호리에도 그 일을 할 수도 있으니까 말해 놓는데, 조심해야 할 것이 에어라인에서 공기가 안 올 경우가 있어. 호스가 꺾어지거나 밟혀서 말이야. 이게 무서워. 그럼 어떻게 하느냐? 우선 에어라인을 큰맘 먹고 땡겨서 수조 위에 있는 사람한테 신호를 보내. 그래도 안 되는 경우엔 마스크를 벗어. 방사능을 들이마시게 된다고? 맞아……. 그런데 말이야. 공기가 안 와서 그 자리에서 죽는 거랑 방사능을 들이마시더라도 조금이라도 오래 더 사는 거랑 어느 게 더 나아? 그렇지?"

이시카와 씨는 그 다음에 어떻게 하면 마스크를 쉽게 벗을 수 있는지, 그러기 위해서 어떤 마스크를 쓰면 되는지를 구체적으로 가르쳐 줬다. "조금이라도 오래 더 살기" 위한 최후의 생존방법을…….

오늘도 열교 작업이다. 멤버는 어제와 같은 넷이다. 오전엔 어제 청소를 끝마친 '저압드레인탱크' 3대의 뚜껑을 닫았고, 오후엔 2층에 있는 '습분분리드레인탱크' 3대의 뚜껑을 여는 작업을 했다.

오후 4시 10분쯤 작업 완료. 사와다 씨가 "가끔은 일찍 마무리해서 커피라도 한 잔 하자"고 제안해서 넷이 일어선 바로 그 때, 우메모토 책임자가 찾아왔다. "누구 한 사람 야근해 줄래"란다. 아무도 나서지 않는다. 결국 가장 젊은 내가 야근하게 되고 말았다.

작업 현장은 3호기 취수구다. 로터리스크린이라는 취수 때 쓰레기 등의 유입을 막는 쇠로 된 망을 떼 내는 작업이었다. 작업하는 사람은 7, 8

명이다. 어시장에라도 있는 듯한 비린내만 참으면 편한 일이다. 오후 6시 반 작업 종료.

10월 20일(금) 10일 정도 더 지나면 11월이다. 원전으로 가는 버스 차창에서도 본격적인 가을이 코앞에 다가왔음을 느낄 수 있다. 산에 단풍이 제법 들었다. 머지않아 빨갛고 노란 산들이 와카사라는 캔버스에 아름다운 가을을 그릴 것이다.

어제 뚜껑을 연 '습분분리드레인탱크'(3기) 안에 있는 용접부분의 균열검사가 오늘의 작업이다. 휘발성 액체를 용접부분에 스프레이로 분무, 거기가 금이 가 있으면 붉은 선이 드러난다는 '컬러체크'라는 검사다.

절차는 ①먼저 '세척액'을 검사하는 곳에 분무하여 표면의 쓰레기 등을 제거하고 ②5~20분 정도 지나면 '침투액'을 분무한다. 그 붉은 액체가 균열에 침투된다. ③다시 '세척액'을 분무하여 균열에 들어가지 않은 침투액을 씻어낸다. ④마지막으로 '현상액'을 뿌린다. 이 액체로 균열 안으로 들어간 붉은 침투액이 드러나게 된다—이런 번거로운 검사다.

이 액체들이 다 강한 시너 같은 냄새가 나며 그 냄새가 탱크 안에 꽉 찬다. 작업하는 것은 나와 '호랑이 중사' 모토카와 씨 두 사람이다. 휘발성물질을 들이쉬어서 그런지 점점 머리가 어질어질해진다. 몸도 나른해지고 헐떡임이 심해진다. 여러 종류의 액체를 뿜은 결과 균열이 없으면 검사한 곳에 바른 액체를 와이어브러시나 웨스로 닦아내야 한다. 와이어브러시를 집은 손가락 끝이 때때로 흐려 보인다. 환각증상이다.

"아, 그만!"

그 대단한 '호랑이 중사'도 죽는 소리를 냈다. 나가자고 눈으로 신호를 보내자마자 나보다 먼저 개구부에서 몸을 내밀었다. 나도 불안한 발걸음으로 탱크 밖으로 나갔다. 탱크 안에 비하면 어느 정도 나은 터빈건물 공기를 마음껏 들이마시자 갑자기 극심한 구역질이 났다. 직후에 두통까지. 마치 깊은 숙취 같다. '호랑이 중사'의 얼굴이 새파랗다. 바닥에 양쪽

미하마발전소 _____ 2차계통에서 작업한 날들

다리를 뻗은 채로 자꾸 웨스를 얼굴에 댄다.

오전엔 결국 1기의 검사를 하다 말았다.

점심. 입맛이 하나도 없다. 도시락에 젓가락을 댈 마음조차 생기지 않았다. 사무실 밖에서 심호흡을 반복한다. 안색이 어느 정도 좋아진 모토카와 씨가 권해서 간전 본관식당에 커피를 마시러 가기로 했다.

"이런 꼴이면 오늘 저녁반주는 필요 없겠군"하며 모토카와 씨는 쓴웃음을 지었다. 아무래도 농담할 정도로 기운을 되찾은 것 같다. 잡담하다 이전부터 궁금하던 것을 맘먹고 그에게 물어봤다.

— 모토카와 씨는 관리구역 밖에서 계속 일하고 계신다는데 왜 그러세요?

이 질문에 처음에 그는 "아니, 특별한 뜻도 없는데……"라며 말끝을 흐리더니 "글쎄, 너한텐 말해도 되겠다"며 다음과 같은 이야기를 해 줬다.

"난 원전에서 일하기 전엔 백혈구가 7천 얼마 있었어. 이게 표준치야. 그런데 쓰루가(니혼겐텐日本原電)니 시마네(주고쿠中國전력)니 후쿠시마(도쿄東京전력)니 각지 원전을 돌아다녔더니 백혈구가 계속 떨어지는 거야. 미하마(간사이전력)에서 일하게 됐을 땐 내 기억으론 4900이었어. 근데 그것도 1년 전쯤에 3000 정도까지 떨어져 버렸어. 그래서 회사도 겁먹어서 관리구역으로 들어가지 못 하게 하는 거야."

— 몸 상태는 어떠세요?

"역시 어쩐지 나른해."

— 병원 안 다니세요?

"어, 그저 그래. 솔직히 말하면 의사한테 일하면 안 된다는 소리 듣기 무서워 말이야……. 어쩔 수 없어."

동료들이 '호랑이 중사'라 부를 정도로 열심히 일하는 모토카와 씨지만, 어쩌면 그는 회사에서 바로 잘리는 것이 두려워서 억지로 그렇게 일하는 자세를 보이는 것이 아닌가.

그리고 왜 원전에서 일하기 시작했을 때부터 그렇게 급격히 백혈구가 줄어들었을까. 방사능의 영향……. 그렇게 생각하니 왠지 모토카와 씨 얼굴을 똑바로 보지 못하겠다.

오후부터 컬러체크 작업은, 모토카와 씨가 개구부에 설치한 집진기 덕분에 탁했던 공기가 제법 맑아졌다. 그럼에도 3기째 탱크 검사를 마쳤을 때엔 오전과 같은 극심한 현기증과 구역질을 느꼈다.

오후 4시 20분, 검사 완료. 균열 없음. 휘청거리는 걸음걸이로 도구들을 정리하고 둘이서 잠시 터빈건물 출입구 부근에서 쉬었다.

정기점검을 '무시'한 원전 설계

10월 21일(토) 어젯밤부터 내리기 시작한 비가 아침이 되자 더더욱 거세졌다. 기온도 제법 떨어져 방한복 차림의 노동자들이 눈에 띈다.

열교 작업. 3호기 터빈건물 1층 안쪽에 있는 '스트레이너'(5기)의 뚜껑을 연다. 지름 약 1m, 두께 약 10cm의 강철제 뚜껑을 고정시킨 볼트를 큰 망치와 스패너로 풀고, 2층에서 늘어뜨린 와이어에 체인블록을 설치하며, 매달아 올리는 듯 3, 4명이 뚜껑을 옆으로 연다. 멤버는 3일 전에 '저압드레인탱크' 안을 청소했을 때와 같은 모토카와, 사와다, 사쿠라이, 그리고 나, 넷이다.

스케줄상에선 이 작업이 오전 중에 끝나는 것으로 돼 있다. 그러나 실제로 작업에 나섰더니 예상 밖의 일들이 연달아 일어나 진행이 전혀 되지 않는다. 우선 스트레이너 앞에 설치된 손잡이 때문에 뚜껑이 반밖에 열리지 않아 그 손잡이를 제거할 것이 필요했다. 그뿐만이 아니다. 바닥 밑에 무엇인가를 넣은 듯 부분적으로 바닥이 불룩하게 솟아올라서 그것이 뚜껑 아랫부분과 닿는다. 바닥의 콘크리트를 깎을 수도 없다. 시행착오 끝에 체인블록 한 대를 2층에서 늘어뜨리고 또 한 대를 천장 부근 관에 설치하여 두 대 동시에 매달아 올려서 겨우 뚜껑을 열 수 있었다.

"정검 때마다 이 뚜껑을 열어야 하는데, 스트레이너 위에 체인블록을 설치할 수 있는 부분을 미리 만들어놓았으면 좋았을 텐데."

"왜 뚜껑 앞에 손잡이 따윌 만들었어!"

작업이 마음대로 진행되지 않아 약간 화가 난 듯, 사쿠라이 씨와 모토카와 씨가 자꾸 투덜댄다.

지금까지 일련의 열교 작업 경험을 통해 나는 몇 가지 의문을 갖게 됐다. 그 중 하나가 '원전 설계엔 정기점검 작업이 고려되었는가?'라는 것이다.

예컨대 오늘 작업이 그렇다. 뚜껑을 열어야 하는데, 그러기 위한 설비가 없다. 뿐만 아니라 장애물까지 놓여 있다. 핀홀검사도 마찬가지다. 정검 항목 중 하나인데도 이 검사를 위한 장치조차 없다. 그래서 노동자들이 몸을 꼬아서 탱크 안으로 들어가 열악한 노동조건에서, 보기에도 원시적이고 비효율적인 방법으로 검사하다니…….

원전을 설계할 때, 단지 가동 중일 때만을 염두에 두고 정검 따윈 뒤로 미루고 또 미루며, '노동자를 투입하면 어떻게든 되겠지'라고 생각했다고 할 수밖에 없다. 정검을 의무화한 것은 법률, 다시 말해 국가다. 그 국가가 이런 엉터리 설계의 원전을 허가내린 것 자체를 이해하기 어렵다.

결국 스트레이너 뚜껑을 여는 일은 오후 4시쯤 끝났다.

10월 22일(일) 회사 쉬는 날. 오후에 거리로 나갔다. 시내에서 가장 큰 마트인 '헤이와도平和堂' 앞에서 도넨動燃(동력로·핵연료개발사업단) 마그기 달린 제복을 입은 여성들이 형형색색의 고무풍선을 아이들에게 나눠주고 있다. '내일의 에너지를 짊어진/ 신형전환로/ 고속증식로', '풍요로운 미래를 여는'이라는 글자가 풍선에 인쇄돼 있다.

"10월 26일은 원자력의 날입니다. 그것을 기념하여 오늘 헤이와도 6층 행사장에서 영화상영회를 개최합니다."

도넨 남성 직원이 쇼핑을 즐기는 사람들에게 알리고 있다.

출처: 일본 과학기술청

과학기술청이 만든 '원자력의 날' 포스터

<포스터 문구> 에너지 알러지/ 원자력은 이미 우리 가까이에서 사용되고 있습니다. 에너지부족이 예상되는 지금 올바른 지식이 필요합니다. / 원자력의 날 10월 26일 과학기술청

행사장에 들어가 봤다. 도넨이 만든 원전 패널들이 전시돼 있다. 만화영화(<일본 옛날이야기>)가 상영 중이었다. 프로그램 중엔 만화영화 두 편 외에 기록영화 <1978>, <취수구를 캐다>, <핵연료의 마술> 등등. 만화영화를 상영해서 그런지 풍선을 양손에 쥔 아이들로 꽉 차 있다. 집수대에선 원전 컬러사진이 표지에 인쇄된 편지지와 큰 클립, 팸플릿 등을 종이봉투에 담아 나눠주고 있다. 모두 무료다.

행사장을 한 바퀴 돌고 이제 나가려고 출구로 가고 있을 때, 순간 내가 잘못 본 게 아닐까 내 눈을 의심했다. 반나체의 여성이 양손으로 가슴을 껴안듯이 가린 자세로 서 있다―그것은 포스터였다. 가슴 위에 "에너지 알러지"라는 캐치프레이즈. '원자력의 날'에 맞춰 과학기술청이 작성한 것이다.

작년 포스터는 스웨터 차림의 남녀가 서로 포옹하는 사진이었다. 그리고 올해는 여성 나체. 그럼 내년엔……. 나도 모르게 쓴웃음이 나왔다.

어쨌든, 올해의 이 나체 포스터는, 시끄러운 도시면 몰라도 자연에 둘러싸인 쓰루가 같은 도시에선 약간 어울리지 않는다고 할까, 자극이 너무 강하다. 이것으로는 주민들에게 '포스터 알러지'가 생겨 버리겠다.

오늘의 조간(「요미우리신문」)에 의하면 도넨 신형전환로에 관련된 자

미하마발전소 _____ 2차계통에서 작업한 날들

료를 시청 등에서 열람할 수 있는데, 열람한 사람은 불과 두 사람이었다. 그것도 둘 다 원전 관계자였다고 한다.

"우리를 차별하냐?"

　10월 23일(월) 흐림. 추위가 심해서 목이 긴 스웨터를 작업복 속에 입었다. 라디오체조 후 조례에서 발주기업 소장이 "본관 1층 식당은 전력(간사이전력) 직원 전용이고 우리가 이용할 수 있는 것은 오후 12시 반부터 30분 동안으로 정해져 있다. 그런데 그것이 지켜지지 않고 있다고 전력에서 주의를 받았다. 꼭 조심해 달라"는 내용의 이야기를 했다. 노동자들이 소곤거리는 소리가 들린다.
　"왜 우리랑 전력 직원이랑 차별해?"
　"뭐가 문제야? 밥 같이 먹는 것이?"
　"도시락 안 갖고 온 놈이 점심시간이 되고나서 30분이나 지나야 밥 먹을 수 있단 소리야?"

　오늘 작업은 지난 토요일에 뚜껑을 겨우 연 장치에서 쇠망처럼 된 지름 1m, 길이는 2m에 약간 모자란 원통형의 '스트레이너'를 꺼내서 물로 씻는 일이었다.
　방을 나올 때부터 느껴졌던 복부 통증이 썰렁한 야외에서 물 범벅이 되어 스트레이너 청소를 시작하자마자 격심한 통증으로 변했다. 참지 못해서 사무실에 돌아가 '독소간(毒掃丸)'을 세 알 먹었다.
　함께 일하던 모토카와 씨는 "무리하지 말고 쉬고 있어"라고 말했지만, 그가 혼자서 할 수 있는 일은 아니다. 아픔을 참으며 일을 계속했다.
　겨우겨우 점심시간을 맞이했다. 숨 쉬지도 못 할 정도의 통증이 띄엄띄엄 찾아왔다. 사무실까지 걸어갈 힘도 없어 취수구 옆에서 누워버렸다.

결국 점심도 먹지 않고 오후 작업에 나섰다.

원전에서 일하기 시작한 지 한 달. 이제 정신적으로도 육체적으로도 피로를 느끼기 시작했다. 이것이 복통의 원인이었을지도 모른다.

10월 24일(화) 어젯밤엔 일부러 일찍 잠을 청했기 때문에 아침에 일어났을 때엔 복통이 완전히 사라져 있었다.

작업은 어제 청소를 마친 스트레이너를 제자리에 넣고 개구부 뚜껑을 닫는 일이다. 오랜만에 '투덜이 이시' 씨와 짝이 되었다.

내일은 원전노동자가 되고 난 후 첫 월급날이다.

드디어 1차계통으로

관리번호 21851639

 10월 25일(수) 아침이 더욱더 추워져 이불 밖으로 나가기가 싫다.
 조례 후, 사무실에 들어가니 이시카와 씨가 "드디어 오늘부터네"라며 작업분담을 적은 칠판을 가리켰다.
 〈피닝 툴 반입(3호기/ 1차계통)→이나바, 기요카와, 호리에〉
 ─ 드디어 관리구역 내 작업이다. 불안한 표정을 지은 나를 보고 이시카와 씨는 "그렇게 걱정하지 마. 어려운 일이 아니니까"라고 소리 내어 웃으며 내 어깨를 툭 쳤다.
 "나도 잘은 모르지만 연료봉이랑 연료봉 사이를 조정하는 장치를 피닝 툴이라고 하는 것 같아. 오늘은 그 장치를 안으로 나르기만 하는 작업이야."
 거기에 함께 작업하게 된 이나바 씨(35, 6세)가 "입장 절차를 좀 설명할게요"라며 테이블 위에 카드 다발과 한 변 약 5cm의 노란 상자(필름배지)를 늘어놓기 시작했다.
 카드는 두 종류 있고 하나는 명함 정도의 크기다. 표지에 '관리구역 출입증'이라고 적혀 있다. 성명과 소속(발주기업 이름이 적혀 있었다), 기간(10.25~10.27), 그리고 작업코드 란에 '943', 승인번호 란엔 '보기保機-3-412'가 각각 볼펜으로 기입돼 있다.
 또 한 장의 카드는 직사각형(23cm×10cm)으로 가운데에 절취선이 그어져 있다. 왼쪽이 '관리구역출입증', 오른쪽이 'C83일량등록표'다.
 "이 카드는 'ORC카드'라고 하는데, 입·퇴장 때마다 선량계 수치를 스스로 적어 주세요. 다만 왼쪽 부분엔 아무것도 적지 마세요. 이쪽은 방관

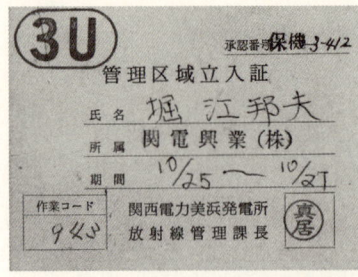
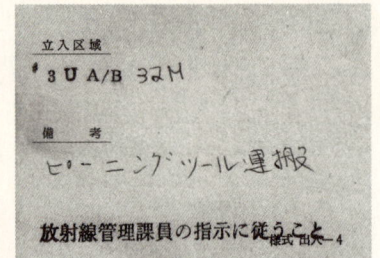
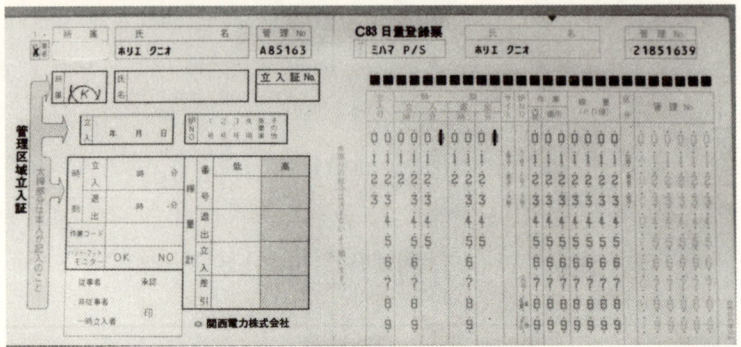

위: 관리구역출입증(앞·뒤)
아래: C83일량등록표

이 적어야 하니까."

카드 오른쪽 위 성명 란 옆에 관리번호로 '21851639'라는 숫자가 늘어서 있다. 아무래도 이 번호로 내 개인정보가 컴퓨터 처리 되는 듯하다.

"그리고 이게 필름배지예요. 안에서 일할 땐 목에 꼭 매달아 놓으세요. 한 달에 한 번씩 현상을 맡겨서 선량을 알아봐야 하니까요. 어쨌든, 입장 절차에 대한 이야기는 이 정도로 하고, 더 자세한 이야기는 현장에서 설명할 테니까요. 슬슬 갈까요?"

이나바 씨가 그렇게 말하며 의자에서 일어났을 때, 우메모토 사무실 책임자가 다가왔다.

"오전에만 취수구 작업으로 가 줄래? 일손이 부족해서 말이야."

갑작스럽게 우리 셋은 3호기 취수구로 가게 됐다. 드디어 관리구역으로 들어간다고 긴장했던 만큼, 일정 변경으로 허탕 친 기분이었다.

넓적다리 끝까지 올라오는 긴 고무장화를 신고 광부가 착용할 것 같은 휴대용 전등을 헬멧에 달았다. 웨스 다발을 껴안고 반장격인 이나바 씨를 따라 현장을 향한다.
"이 안을 청소하는 거거든요. 먼저 기요카와 군이 들어가고, 그 다음에 호리에 씨, 마무리는 제가 할 테니까."
이나바 씨가 손가락으로 가리킨 것은 지름 90cm 정도의 쇠파이프였다. 냉각용 바닷물을 여기서 취수한다고 한다. 파이프 옆에 설치된 맨홀에서 들어간다. 좁다. 몸을 'ㄱ'자로 구부리며 네발걸음으로 기어간다. 헬멧에 달린 작은 전등 빛만을 의지하여. 복사뼈 위까지 물이 괴어 있다. 조개 부착방지용으로 벽면에 뿌린 약품이 녹아서 그 물은 푸르스름하고 질척질척하다. 앉을 수도 없다. 이렇게 괴로운 자세로 벽면을 웨스로 걸레질한다. 고무장화 안으로 물이 들어온다. 눈 깜짝할 사이에 온몸이 흠뻑 젖어 버렸다. 썩은 어패류 냄새가 코를 찌른다. 토하고 싶을 정도의 악취다.
100m 정도 가서 겨우 출구에 도착했다. 희미한 가을 햇살이 눈을 찌른다.
취수구 옆 잔디밭에서 점심시간까지 휴식을 취했다. 셋이 모두가 상체를 다 벗고 일광욕을 했다. 작업복에 스며든 물이 흰 속옷을 새파랗게 물들여 버렸다.
점심. 비린내가 콧속에 남아 있어 입맛이 하나도 없다.
오후 1시. 오전과 같은 멤버로 3호기 관리구역으로 간다. 계속해서 열교 작업을 다녀서 익숙해진 터빈건물의 CCTV가 설치된 출입구를 지나 엘리베이터로 4층까지 올라간다.
"안엔 화장실이 없어서요. 그래서 안 마려워도 여기서 짜내야 해요."
이나바 씨를 따라 엘리베이터 옆 화장실에 들어가 '짜냈다.'
두꺼운 문을 열고 들어간 곳이 탈의실이다. 여기서 팬티 빼고 다 벗

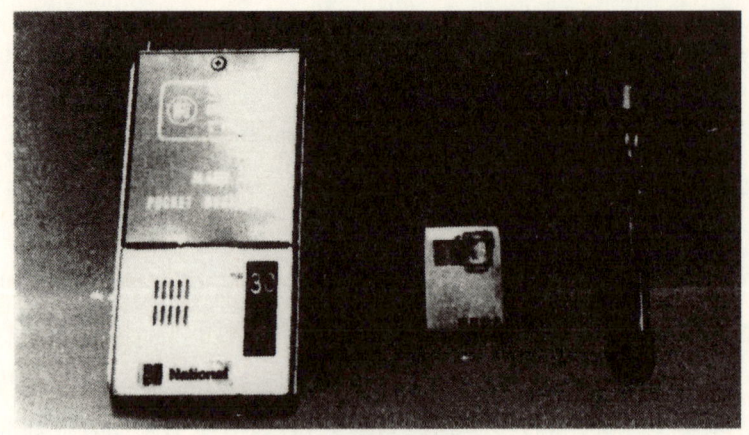

왼쪽: 개인방사선경보기
가운데: 필름배지
오른쪽: 개인피폭선량계
출처: 『원자력안전연보原子力安全年報』(1983년판) 일본 원자력안전위원회原子力安全委員会

는다. 체커카운터에서 입장 절차를 밟는다. '출입허가증'과 '관리구역출입증'을 담당자에게 건네주고 개인방사선경보기와 개인피폭선량계를 받는다. 'OCR카드'에 입장시간과 작업코드, 개인피폭선량계의 수치(0이었음) 등을 적어서 담당자에게 건네준다. 이것으로 입장절차가 완료된다. 체커카운터 옆을 지나서 관리구역용 작업복을 입는다.

"특별히 정해진 것이 아니니까 호리에 씨가 알아서 하면 되는데, 혹시 괜찮으면 팬티 안 갈아입을래요?"

이나바 씨는 방구석에 설치된 반투명 유리문을 열었다. 반 평 크기의 공간이 있다. 박스에 속옷(상하)이 준비돼 있었다.

"팬티까지 마련돼 있어요?!"

그는 웃으며 "이전에 작업하다가 하체에 방사능으로 오염된 물을 뒤집어쓴 사람이 있었어요. 팬티까지 오염돼서 그걸 입고 밖으로 나올 수 없게 됐어요. '산 지 얼마 안 됐는데 아깝다'고 그 사람 꽤 화가 난 모양이었어요. 아하하하. 안 그래도 땀으로 흠뻑 젖어버릴 때가 많으니까, 그냥 전력의 팬티를 입는 게 무난해요."

미하마발전소 _____ 드디어 1차계통으로

상하 내의에 가슴과 하복부에 각각 굵은 밤색 선이 그어져 있다. 마치 외국영화에 나오는 죄수복 같다. 이 내의 위에 작업복—하얀 점프슈트(허리 부분에 파란 선을 그은)을 입고 가장자리가 파란색으로 채색된 하얀 천 모자를 쓰며 연한 크림색 양말을 신는다. 점프슈트 왼쪽 안주머니에 필름배지와 개인피폭선량계, 오른쪽에 개인방사선경보기를 넣는다.

"이걸로 준비 완료! 우선 좀 쉬자고요."

이나바 씨를 따라 5, 6m 정도 걸으니 복도 오른쪽이 휴게실이었다. 4평 정도의 공간에 소파가 예닐곱 개 놓여 있다. 작은 보관함과 "안전작업이란 남이 작업하는 것을 물끄러미 옆에서 보고만 있는 일"이라고 낙서한 칠판. 계절에 맞지 않는 대형선풍기가 돌고 있다. 창이 하나도 없고 흰 벽에 둘러싸인 이 작은 방에 노동자 14, 5명이 작업 전에 담배 한 대를 즐기고 있었다. 좁은 방 안에서 머리에서 발끝까지 똑같은 흰 옷차림의 이들이 앉아 있는 풍경은 수술을 기다리는 환자들을 연상시킨다.

10분간의 휴식 후 작업현장을 향했다. 휴게실 앞 복도를 20m 정도 가면 전화박스 같은 모양과 크기의 금속제 '상자'가 네 개 늘어서 있다.

"이게 핸드풋모니터예요. 안에서 작업이 끝나면 방사능이 몸에 묻었는지 어떤지를 이걸로 알아봐요."

이 기계에 열 몇 번이나 들어갔는데 합격할 수 없어 결국 울음을 터뜨렸다는 노동자 이야기가 떠올랐다.

경보기 앞을 오른쪽으로 꺾은 곳에서 얇고 흰 목장갑을 낀다. 복도 양쪽에 쭉 늘어선 선반에서 흰 단화와, 역시 하얗고 턱 끈이 없는 헬멧을 꺼내시 쓴다.

강철제 문을 연다. 통로 주변엔 대형 계기박스와 여러 가지 탱크, 그리고 두 아름은 될 듯한 관들이 정연히 늘어서 있었다. 조명은 의외로 밝고 천장도 높다.

그러나 이 널따란 공간이 이어지는 것은 계단을 올라갈 때까지였다. 좁은 계단을 올라가고 방을 여러 개 지나 갖가지 기계와 장치 사이를 누비며 걷는다……. 마치 출구를 찾아서 무장적 미로를 돌아다니는 것 같다. 잰걸음으로 걷는 이나바 씨를 잃어버리지 않게 따라가는 것이 고작이었다.

"자, 여기서 대기해요."

이나바 씨가 그랬을 때, 방향감각엔 제법 자신이 있는 나도 내가 어디에 서 있는지 전혀 알 수 없었다.

이나바 씨에 의하면 미하마원전에선 각 층을 층수가 아닌 높이로 표시한다. 우리가 서 있는 곳이 '32미터'였다. 쇠파이프 등 자재가 여기저기에 산더미처럼 쌓여 있다. 그 사이를 흰 작업복 차림의 노동자들이 바쁘게 왔다 갔다 하고 있다.

기요카와 씨가 비닐시트 두루마리 하나를 어깨에 메고 우리에게 왔다. 그것을 셔터 앞에 깐다.

작업이 끝남과 동시에 셔터가 열렸다. 쌀쌀한 바깥 공기와 함께 대형 트럭이 관리구역 안으로 후진해 왔다. 운전기사는 평상복 차림이다.

나와 이나바 씨 둘이서 적재함에 올라탔다. 길이 5, 6m의 납(?) 상자를 와이어로프로 감아서 천장크레인으로 매달아 올린다. 그것을 바닥이 트인 곳에서 아래층으로 내린다.

상자 네 개를 다 내리고 우리 셋은 다시 미로를 지나고 계단을 내려가며 도중에서 신발을 한 번 갈아 신고 상자를 반입한 방으로 들어갔다. 여기서 '양생'이라고 하는, 상자를 비닐시트로 싸는 작업을 했다.

"자, 이걸로 오늘 작업은 끝. 가자."

작업이 1시간 정도로 끝나 버렸다. 좁은 곳에서 시꺼메지며 일하는 열교와는 비교가 안 될 정도로 편한 작업이다.

팬티만 입고 핸드풋모니터에 올랐다. 선 자세로 양손을 직사각형 구멍에 꽂는다. 모니터가 가동하기 시작한 모양이다.

"그대로 가만히 있어야 해요. 손을 조금이라도 움직이면 처음부터 다시 해야 되니까. 15초 후에 만약에 '오염'의 빨간 불이 켜지면, 저거 봐요, 본인 왼쪽 전면에 인체 그림이 붙어 있고 그 둘레에 작은 등이 있잖아요. 그 등으로 어디가 오염됐는지 알 수 있거든요. '이상 없음'의 등이 켜져야지 출구가 열려요."

모니터 밖에서 이나바 씨가 측정방법을 가르쳐 줬다.

'이상 없음'의 파란 등이 켜졌다. 나도 모르게 한숨을 크게 쉬었더니 이나바 씨가 웃었다.

"노심 가까이에서 일한 것도 아니니까 그렇게 걱정할 것 없는데……."

퇴출 시 개인피폭선량계의 바늘이 '2'를 가리키고 있었다. 1시간도 되지 않은 작업으로 2밀리렘의 피폭을 당한 셈이다.

―이 '2밀리렘'은 어떤 '의미'를 가진 수치인가?

방관교육에 의하면 일본인은 자연방사선을 해마다 100밀리렘 맞는다고 한다. 역산해 봤다. 자연방사선 2밀리렘을 맞으려면 7일이나 걸린다. 그렇다면 나는 오늘의 작업에서 7일치 자연방사선에 해당되는 인공방사선을 맞은 셈이다. 그것도 불과 1시간 정도의 작업으로 말이다. 게다가 나도 일반인과 마찬가지로 자연방사선을 맞고 있으니 이 '2밀리렘'은 결코 낮은 수치라 할 수 없을 것이다.

사무실에 들어가니 우메모토 책임자가 불러 월급봉투를 줬다.
▷기본급=7만7000엔(일당 5500×14일)
▷시간 외=2577엔(3시간)
▷합계=7만9577엔

여기서 점심값 3500엔(한 끼 250엔)과 민박비용 6만3000엔(1박 두 끼 제공, 3500엔)이 공제돼 결국 내 손에 남은 것은 고작 1만3077엔이었다.

중간착취의 실태

10월 26일(목) 오늘도 관리구역 내 작업일 거라 생각했는데, 열교에 배정되고 말았다. 3호기 터빈건물 3층에 있는 '증기발생기 블로우탱크' 내 청소다.

〈제조년월 1974년 7월/ 최고사용압력 대기압/ 최고사용온도 100℃/ 용량 24m3/ 오에공업(주)〉

멤버는 '호랑이 중사'와 사쿠라이 씨, 그리고 나, 총 세 명이다. 평소대로 '완전무장.' 분말쓰레기가 대량 발생해 가정용 청소기가 눈 깜짝할 사이에 차 버렸다.

오후에 일부 멤버가 바뀌었다. '호랑이 중사'가 다른 현장으로 가고 대신 사와다 씨가 들어왔다. 오후 4시경 작업 종료. 도구들을 치우고 탱크 옆에 앉아 잡담을 나눴다. 화제는 주로 월급에 대해서였다. 사와다 씨와 사쿠라이 씨 두 사람은 오늘이 월급날이라고 한다. 이유를 물어봤더니 사와다 씨는 "아니, 우린 호리에 같은 정직원이 아니거든. 시무라반으로 여기에 왔으니까"란다. 말하자면 그들의 봉급은 내가 소속된 야마다공업에서 시무라반 사장이 받고 나서 그들에게 지불되기 때문에, 우리 '정직원'보다 하루 늦게 월급날이 온다는 것이다.

그들의 임금(일당)을 듣고 놀랐다. "5000엔보다 쪼끔 많은" 정도란다. 아마추어와 다름없는 나도, 정직원이라는 이유도 있겠지만 5500엔이다. 그것과 비교해 베테랑인 그들이 얼마나 저임금으로 일하는지를 알 수 있다.

— 왜 '정직원'을 하지 않으세요?

"호리에, 그건 무리야. 우린 사장님 밑에서 계속 일해 왔으니까 이제 와서 (사장님에게) 빠이빠이 할 순 없잖아. 그리고 회사도 사장님하고의 관계가 있어서 고용 안 해줄 거야."

— 그렇다 해도 너무 싸요. 당연히 사장님이 어느 정도 떼먹는 거죠?

"물론이지. 그 돈으로 사장은 먹고 사니까."

미하마발전소 _____ 드디어 1차계통으로

"호리에, 우리 임금이 싸다지만, 발주기업에서 야마다공업에 한 사람당 얼마나 지불하는지 알아?"

"내가 들은 바론 1만 몇 천 엔"이라는 사와다 씨.

"대충 그 정도일 거야. 예를 들어 1만5천 엔이라고 치자. 그러던 것을 호리에한텐 5500엔밖에 안 준다고. 단순계산해도 야마다공업이 9500엔이나 떼먹는 셈이야."

"그것도 하루에 한 사람한테 그렇다니까."

"노동자를 30명 고용했다 치면 단 하루에, 가만히 있어 봐, 47만5000엔. 한 달을 20일이라 치면 1달만 떼먹어도 무려 950만……."

"그래서 야마다공업 사장은 몇 천 만엔이나 하는 집을 짓고 모터보트까지 갖고 있구만."

"만약 내가 사장이었으면 그 돈, 경정競艇 우승후보한테 잔뜩 쏟아부을 텐데."

"그건 그렇고 그 때 2, 3번 주자는 어땠어?"

화제는 임금에서 경정 이야기로 넘어가 버렸다.

10월 27일(금) 흐리고 한때 가랑비.

열교 작업. 터빈 본체 주변에 설치된 '스트레이너(지름 10cm, 길이 15cm 정도의 원통형 금속제 그물)'를 물로 씻고 패킹을 교환한다.

그런데 스트레이너가 갖가지 굵기의 많은 관들에 가로막혀 있어서 꺼내는 것 자체가 일이다. 어깨를 모로 세워야 간신히 빠져나갈 수 있는 관과 관 사이로 억지로 몸을 비틀어 넣은 뒤, 그 자세로 망치를 휘두른다.

'호랑이 중사'는 무리한 자세로 작업했기 때문에 스트레이너를 떼어내는 작업을 끝내고 나가려고 할 때 몸이 껴 버려서 새빨개진 얼굴로 악전고투. 사쿠라이 씨가 달려와서 "관을 잘라낼 수밖에 없겠다"고 그런다. 그래도 역시 '호랑이 중사'다. 마치 요가라도 하는 듯한 자세로 겨우 탈출에 성공했다. 결국 스트레이너 세 개만 꺼내고서 오늘의 작업은 끝났다.

만주의 맛

10월 28일(토) 조례가 끝날 즈음부터 가랑비가 오기 시작해 기온이 갑자기 떨어졌다. 작업분담표에 의하면 오늘은 〈취수구 녹 제거〉다.

"그 일만은 하기 싫다. 다시는 안 하고 싶어"라고 불평을 토로하는 일이 거의 없는 '호랑이 중사'가 말했다. 끔찍한 일이 돌아온 것 같다.

3호기 취수구에선 이미 구로수 씨가 장비를 챙기고 있었다. 35, 6세인 그는 미하마원전에서 일하기 시작한 지 1년이라고 한다. 과묵한 사람이다.

오늘의 일은 이전에 로터리스크린을 떼어낸 곳에 발판이 조립돼 있고 거기에 올라가서 스크린을 받치던 철판의 녹을 제거하는 작업이다. 구로수 씨가 마스크를 두 개 줬다. 먼지가 엄청나니 두 개 겹쳐서 쓰는 게 좋단다. 그를 따라 마스크 위에 웨스를 눈만 나오게 해서 여러 겹 감았다. 마치 아랍 게릴라나 이집트의 미라처럼. 도구는 커다란 망치와 돌아가는 숫돌 부분이 지름 15cm 정도나 되는 전동 그라인더다.

철판에 온통 빨갛게 생긴 녹을 우선 큰 망치로 쳐서 떼낸 다음에, 남은 부분을 그라인더로 깎아낸다. 붉은 연기가 되어 주변에 흩날린 녹이 비에 젖은 옷을 갈색으로 물들인다. 발판이 미끄럽다. 10여 미터 밑은 콘크리트 바닥이다. 안경 위에 쓴 고글이 땀과 비와 먼지로 바로 흐려지고 그때마다 웨스로 닦아내야 한다. 그렇지 않아도 중심을 잡으며 큰 망치를 휘둘러야 해서 생각보다 녹이 떨어지지 않는다. 정말 짜증난다.

1시간마다 10분간 쉰다. 쉴 때마다 녹으로 붉어진 마스크와 웨스를 새 것으로 바꾼다. 그런데 오후가 되자 새 마스크가 바닥이 나서 쓰던 것을 뒤집어서 써야 했다.

오후 4시 무렵에 비가 심하게 오기 시작해 작업을 중단했다. 비는 바로 그쳤으나 둘 다 너무 지쳐서 "오늘은 이제 그만하자"고 했다.

우리가 쉬고 있을 때 소형트럭이 왔다. 지역의 어부이자 이전에 민박집까지 방어를 갖고 온 요시이 씨였다.

미하마발전소 ＿＿＿＿ 드디어 1차계통으로

"오늘은 호리에가 힘든 일 한다고 들어서. 점심시간에 좀 나가서 사왔거든. 피곤할 땐 단 것이 제일이야. 자, 사양 말고 먹어."

그는 종이봉투에서 만주를 꺼내서 우리에게 내밀었다.

"그럼, 난 아직 일이 남아 있어서. 너무 무리하지 말고."

감사의 말을 하려는 나를 막듯이 자기 말을 마치자마자 차를 몰고 가 버렸다.

일어서기도 귀찮을 정도로 극심한 피로감 속에서 먹은 이 작은 만주는, 그 때까지 내 가슴에 맺혀 있던 불만—왜 이런 악조건의 일을 시키는가—마저 잠시나마 잊게 해 줬다. 오늘 먹은 만주의 맛은 여러 가지 의미에서 평생 잊을 수 없을 것이다.

야근 없음.

10월 29일(일) 쉬는 날. 오전 11시가 지나서 일어났다. 푹 잤다. 일주일간 피로가 상당히 쌓였던 것 같다.

일어나려고 바닥에 손을 댄 순간 양 손목에 심한 통증을 느꼈다. 어제 무거운 그라인더를 쓰고 망치를 휘둘렀기 때문일 것이다. 게다가 철판을 쳤을 때 울리는 소리로 고막이 손상됐는지 왼쪽 귀가 이상하다. 안쪽에서 "킹" 하고 운다. 최악의 일요일이 되고 말았다.

10월 30일(월) 흐림. 이번 달에 접어들어 시운전을 시작한 1호기의 '탈기기脫気器'라는 장치 안 청소. 2차계통이다. 멤버는 이전에 나에게 관리구역에 들어가는 절차를 가르쳐 준 이나바 씨 등 5명이다.

원자로 건물 옥상에 설치된 '탈기기'는 길이가 10여m, 지름이 5m 정도로 원통형을 옆으로 눕힌 모양을 하고 있다. 양쪽 끝에 맨홀이 달려 있으며, 작업은 우선 이 뚜껑을 여는 것에서부터 시작됐다.

미하마1호기가 상업운전을 개시한 것은 8년쯤 전인 1970년이다. 이후 정검 때마다 이 맨홀은 개폐를 반복했을 터라 뚜껑을 고정시키는 볼트가 제법 손상됐다.

내부는 캄캄하다. 헬멧에 낀 전등만을 의지하는 작업이다. 벽면을 데크 브러시로 물청소한다. 높이가 키에 비해 세 배 정도 높은 천장은 호스로 물을 뿌리기만 했다.

점심시간이 돼서 밖으로 나가려고 맨홀에서 상체를 내밀었을 때, 나도 모르게 한순간 숨이 멎었다. 눈 아래에 와카사만이 펼쳐져 있어서다. 가을이 깊어갈수록 더욱 검푸른 빛을 띠는 바다. 흰 물결의 실이 겹겹이 흐르고 있다. 어둠에 길든 눈에 그 광경은 참으로 멋져 보였다.

2시간 야근. 오후 7시 반에 작업 종료.

10월 31일(화) 2호기와 3호기 사이에 건설 중인 '고체폐기물 처리건물' 안의 청소 작업.

'고체폐기물'에 대하여—

〈고체폐기물은 액체폐기물 농축액 및 이온교환수지 등을 통해 처리를 거친 2차폐기물, 점검 작업 등으로 사용된 기구 및 장갑 등의 잡고체雜古體폐기물, 그리고 사용이 끝난 제어봉 등 원자로 압력용기 내에서 발생한 고준위 방사성폐기물, 이렇게 세 가지로 분류된다.〉(『후쿠이현의 원자력福井県の原子力』 후쿠이원자력센터福井原子力センター・현 원자력간담회県原子力懇談会)

처리건물에 대하여—

〈쓰루가발전소에서는……고체폐기물 발생량을 줄이기 위하여 새로운 폐기물 처리시설을 건설했다. 이 시설에서는 시멘트고화固化를 아스팔트고화로 전환하여 드럼통 발생량이 1/3~1/5로 줄어든다. 또한 잡고체폐기물에 대해서는 소각로를 설치하여 가연성폐기물을 태워 발생량을 줄이고 있다. 쓰루가발전소와 같은 새 처리시설은 미하마발전소에서도 건설 중이며 다른 발전소에서도 계획 중이다.〉(같은 자료)

이 건물엔 창문이 하나도 없다. 겉모습이 마치 거대한 콘크리트 '상자' 같다. 3층 건물. 운전 개시 이후 관리구역으로 지정될 것이라는데 지금은 아직 건설 중이어서 터빈건물과 마찬가지로 일반 작업복 차림으로 출입이 허가되고 있다.

현장은 '지하 중1층[8]'에 위치한 3㎡의 통로다. 천장과 바닥의 거의 중간에 콘크리트로 된 선반이 튀어나왔고 그 위에 지름 약 50cm 정도의 관이 세 개. 이 통로는 300~400m 정도 꼬불꼬불 이어지고 쇠로 된 문에 이른다. 그 뒤는 1, 2호기 원자로 건물이라고 한다. 거기서 발생한 고체폐기물이 이 통로를 거쳐 처리건물 안으로 들어가 드럼통에 채워진다.

벽면을 칠할 때 흩날렸는지 흰 가루 같은 먼지가 곳곳에 쌓여 있다. 그것을 빗자루와 웨스로 치우는 것이 오늘의 작업이다. 멤버는 5명. 사람이 걷기만 해도 먼지가 날아올라 작업을 시작한 지 4, 5분 만에 좁은 통로 안이 온통 새하얘졌다. 꽉 찬 먼지 때문에 1m 앞조차 보이지 않는다. 순식간에 온몸이 새하얘졌다. 마스크를 쓰고 있었는데도 목이 따끔따끔하다. 숨이 막히고 덥다. 땀이 뻘뻘 난다. 그 땀에 흰 가루가 묻는다. 마치 얼굴에 분장용 분이라도 바른 것처럼 돼 버렸다.

오후에도 같은 작업. 3시경, 겨우 먼지를 치웠다. 야외에서 휴식. 거기에 발주기업 직원이 찾아와 바닥을 걸레질하란다.

"굳이 그렇게까지 안 해도 되잖아."

다들 투덜투덜.

끝날 시간이 코앞이다. 맹렬한 속도로 작업을 해치웠다. 야근 없음.

전면마스크 쓴 노동자

11월 1일(수) 3호기 관리구역 내 작업. 칠판엔 〈체커〉로만 적혀 있다.

---

[8] 지하1층과 1층 사이에 있는 층

"체커라고 하면 마치 깔끔한 일 같은데, 실제론 고물상이야. 쓰레기봉투 들고 왔다갔다…… 지겨운 일이야"라고 '투덜이 이시' 씨.

그는 이 업무를 약 일주일 전부터 했다. 일이 바뀌어도 그의 투정은 여전하다.

체커 요원은 5명 정도며 나를 빼고 다 50대다.

"정검도 한창 때가 지났으니까 요샌 꽤 한가로워. 하여튼 오늘은 구경 같은 거라 생각해"라며 함께 하게 된 하라 씨(54, 5세)는 웃는다. 뚱뚱한 몸집의 그는 항상 싱글벙글 웃고 있어서 '에비스'[9]라고 불린다.

그를 따라, 얼마 전 피닝 툴 반입 때에는 들어가지 않았던 에어록 안으로 들어간다. 한 사람이 간신히 들어갈 수 있는 통로와 계단. 주변엔 비닐로 싸놓은(양생) 계기류와 기계장치, 그리고 자재. 크고 작은 관들이 종횡으로 뻗어 있다. 어슴푸레하다. 그 와중에 작업현장을 찾아서 돌아다닌다. 작업 중에 나온 쓰레기와 고무장갑, 양말, 마스크 등의 수거와 새것 보충이 체커의 일이다.

한 아름이나 되는 폐기물을 담은 빨간 비닐봉지 두 개를 어깨 앞뒤로 나눠 메고 가파른 계단을 오르내리고 '베라실'(여기서 폐기물을 드럼통으로 채운다)에 옮긴다. 그리고 핸드풋모니터 옆 세탁실에 가서 다 빤 작업복이나 양말을 비닐봉지에 넣어 작업현장으로 간다. 이상의 작업을 반복한다. 맨살에 작업복 하나만 입었을 뿐인데 온몸에 땀이 밴다. 하라 씨는 새빨개진 얼굴로 "영차, 영차" 하며 계단을 올라온다.

때로 45밀리렘으로 설정된 개인방사선경보기가 짧게 "픽픽" 소리를 낸다. 그 때마다 내가 몸을 흠칫하니까 하라 씨가 "그리 걱정할 것 없어. 더 길게 '삐이익!' 해야지, 안 그러면 괜찮아" 하며 웃었다. 그렇다 해도 그다지 기분이 좋지 않다.

---

[9] 칠복신 중 하나. 어업, 상업 등의 신. 뚱뚱한 몸매, 미소 짓고 낚싯대를 손에 잡고 도미를 겨드랑이에 끼고 있는 모습이 일반적이다.

미하마발전소 ──────── 드디어 1차계통으로

우리가 캐비티라고 불리는 사용후핵연료 저장수조 가장자리를 걷고 있을 때였다. 물을 뺀 수조 바닥에서 일하던 노동자 둘이 쇠사다리를 타고 올라왔다.

모자가 달린 작업복 위에 노란 비닐우비를 입고 얼굴엔 전면마스크를 쓰고 있다. 그들은 부들부들 떨리는 손으로 마스크를 고정시킨 접착테이프를 필사적으로 떼어내려 한다. 그런데 뜻대로 되지 않는다. 한 노동자는 고무장갑을 벗기 시작했다. 맨손으로 마스크를 벗고 싶어서.

거기에 방관이 뛰어왔다.

"안 돼! 안 된다니까! 손이 오염되잖아!"

그가 노동자의 손을 뿌리치고 접착테이프를 떼어내기 시작했다.

마스크가 벗겨졌다. 두 노동자 모두 "마치 삶은 문어 같다"라는 표현이 과언이 아닐 정도로 새빨간 얼굴이다. 두 번, 세 번, 그들은 심호흡을 반복한다. 옆에서 보고 있는 나까지 그들에게 끌려서 심호흡하고 싶어질 정도로 그렇게 고통스럽게 얼굴을 찌푸리고 있다. 눈도 새빨갛다.

그들은 계속해서 옷 벗기에 나섰다. 벗는다기보다 뜯는 식이다. 겨우 흰 작업복만 입은 차림이 되자 둘은 그대로 바닥에 주저앉아 버렸다. 방관이 자꾸 말을 걸지만 대답할 기력도 이미 바닥난 듯하다. 한쪽 손을 맥없이 흔들 뿐이었다. 둘 다 50세 전후의 노동자였다.

캐비티 바닥에서 얼마동안 어떤 작업을 했는지 모르지만 전면마스크가 그렇게 고통스러운가 보다.

"전면마스크를 쓰고 가만히 서 있기만 해도 숨이 막히니까. 안타깝다. 저 두 사람……."

그렇게 중얼거린 '에비스'의 얼굴에선 늘 짓던 미소가 사라져 있었다.

11월 2일(목) 해수관 내 청소. 2차계통 작업이다. 이전에 흠뻑 젖으며 취수관 청소 작업을 해 본 적이 있는데, 오늘은 더 좁다. 네발걸음으로 기어 다닐 수도 없다. 양 팔꿈치에 몸무게를 번갈아 실어 조금씩 앞으로 나간다. 군대에서 말하는 '포복전진'이다. 물이 괴어 있지 않은 것이 그나마 다행이다.

관 안으로 함께 들어온 노무라 씨(55세)는 "오늘은 좋은 편이야. 지난번엔 물이 가득 괴어 있어서 가슴까지 올라오는 고무장화를 신었는데도 온몸이 흠뻑 젖어버렸어. 그 땐 죽을 뻔 했어"란다.

때로 앞서가는 노무라 씨의 모습이 갑자기 사라져 버린다. 관이 꼬불꼬불하기 때문이다. 컴컴한 어둠 속에서 헬멧 전등만이 한 점이 되어 벽면을 비춰낸다. 맹렬한 공포심이 솟는다. 이 청소를 시작하기 전에 노무라 씨가 농담인지 진담인지 알 수 없는 말투로 했던 말이 떠올랐기 때문이다.

"우리가 이 안에 들어간 걸 모르고 누가 밸브를 열어버리면 완전히 끝장이야."

작업은 점심시간을 끼고 오후 4시쯤에 끝났다.

'죽음의 그림자'

11월 6일(월) 3일이 '문화의 날'이고 5일이 일요일로 징검다리연휴였다. 4일 토요일에도 쉬고 말았다. 계속된 일로 피로가 쌓이기도 했고 일주일 전 취수구 녹 제거 작업 때 이상해진 왼쪽 귀가 아직도 낫지 않기도 했기 때문이다. 귀가 후 메모하는 것도 자꾸 밀린다. 육체적 피폐는 기억력과 판단력 같은 것까지 두드러지게 떨어뜨렸다.

〈극심한 피로 때문에 내가 왜 이렇게 공장에 몸을 뒀는가라는 진정한 이유를 그만 잃어버릴 때가 있다.〉(「공장일기工場日記」, 『노동과 인생에 대한 성찰労働と人生についての省察』 黒木義典・田辺保訳, 勁草書房)

시몬 베이유의 허덕임이 실감나게 떠올랐다.

원전으로 가는 버스 안에서 '스노타이어 예약 접수 중'이라고 적힌 주

유소 간판을 봤다. 마침내 호쿠리쿠 지방에 추운 겨울이 오고 있다.

　작업분담표에 따르면 나와 기요카와 씨(18, 9세며 피닝 툴 반입 때 함께 일했음)는 이전에 통로 청소 때문에 들어간 고체폐기물 처리건물에서 〈잡고체 소각보조〉 작업을 하는 것으로 돼 있다. 그러나 이 작업은 오후부터 하게 됐고 오전엔, 어쩌다 그랬는지 간전 본관의 비가 새는 데를 수리하게 됐다. 설마 이런 일까지 시킬 줄이야—.

　오후엔 기요카와 씨와 둘이서 고체폐기물 처리건물 지하1층에 있는 5평 크기의 방바닥을 비닐로 양생했다. 통로 청소 작업 때에 입퇴장은 아무런 체크도 없었고 작업복도 평소의 그것으로 괜찮았다. 그런데 오늘은 입구에 설치된 장치에 플라스틱으로 만든 카드를 꽂아야 문이 열린다. 작업복도 관리구역용이다. 필름배지, 개인방사선경보기, 개인피폭선량계로 된 원전용 '3종세트'를 지니고 다닌다.

　이미 시운전을 시작했는지 개인방사선경보기가 간혹 '인사'해 준다. 이 경보기는 22.5밀리렘으로 설정됐을 것이다. '것이다'라는 것은 이런 뜻이다. 입장할 때 체커카운터에서 경보기를 받을 때, 몇 밀리렘으로 설정한 경보기를 달라고 하지 않는 한, 그들은 있는 경보기를 그냥 그대로 건네줄 뿐이다. 그래서 내가 묻지 않는 한, 나 자신이 얼마에 설정된 경보기를 들었는지조차 알 수 없다. 또한 무엇을 기준으로 설정되는 것인지도 알 수 없다.

　작업 중 목이 아무래도 아릿하다. 마음 탓인지 공기가 탁한 것 같다. 혹시나 해서 옆방으로 가는 문을 열어 보고서 놀랐다. 하얀 연기가 꽉 차 있었다. 내가 기억하기엔 이 방은 방사능으로 오염된 것들을 소각한 재를 처리하는 곳이다. '엄청난 연기를 들이마셨을 수 있다.' 우리는 1층으로 뛰어올라가 체커카운터에서 전화로 방관을 불렀다.

　이제 건물 안의 다른 현장에서 일하던 노동자들도 연기를 알아차린 듯해 몇 사람이 출입구 앞으로 뛰어왔다. 다들 표정이 심각하다.

방관이 지하로 내려갔다. 곧바로 "이거 안 되겠다!" 하며 돌아와 어디론가 전화를 하고 있다.

3, 4분 후, 간전 직원(?) 4, 5명이 도착해 지하의 '현장'으로 내려갔다. 돌아오지 않는다.

"어떻게 된 거야, 그 사람들……."

기요카와 씨의 목소리가 떨리고 있다.

잠시 후, 그들이 1층으로 올라왔다. 웃고 있다.

"웬일인지 소화기가 쓰러져서 거기서 나온 거품이 연기가 된 거야."

"소화기 거품으로 허둥거리다니. 상황 자체가 거품이었구만."

이 농담에 모두 숨을 돌린 표정을 지었다.

이 때 나는 이전에 이시카와 씨가 했던 말을 떠올리고 있었다.

"방사능을 들이마셔서 죽을지 그 자리에서 질식해서 죽을지의 차이야."

무해한 연기라 다행이었다고 안심함과 동시에, 원전엔 늘 '죽음의 그림자'가 따라다닌다는 사실을 통감할 수밖에 없었다.

오후 4시 작업 종료. 사무실로 돌아가는 도중에 증기발생기 사고로 74년 이후 멈춰 있던 1호기가 굉음과 함께 회색 연기를 내뿜는 것이 보였다. 습기를 머금은 연기가 콘크리트 돔에 검은 무늬를 그리고 있었다.

스위치 누르는 작업

11월 7일(화) 흐림. 고체폐기물 처리건물에서의 〈잡고체 소각보조〉. 기요카와 씨와 나, 두 사람 담당이다. 소각기계 제조업체(니폰가이시日本碍子) 직원에게서 장치 구조와 조작 방법에 대해 설명을 들었다. 원전에서 일하면서 작업 내용을 가르쳐준 것은 이번이 처음이다.

장치 구조에 대하여. ①원자로 건물 내 베라실에서 가연물可燃物을 드럼통에 채운다. ②그 드럼통을 고체폐기물 처리건물 1층에 옮기고 컨베이어로 2층 잡고체 공급장치로 보낸다. ③이 장치가 자동으로 드럼통에서 가연물을 꺼낸다. ④중앙제어실이 조종하여 가연물이 들어간 너비 약 30㎝의 비닐봉지를 일정 간격마다 하나씩 떨어뜨린다. ⑤소각장치에서 소각한다. ⑥어제 소화기 소동이 일어난 지하 1층 방에서 소각재를 드럼통에 채운다. ― 이런 설명이었던 것으로 기억한다.

내일부터 본격적인 소각시험이 이루어지고, 오늘은 그 준비다. 헌 신문지를 채운 비닐봉지(약 200개)를 2층으로 나르기만 하고 작업이 끝났다.

작업 설명을 해준 직원은 "쓰레기를 단순히 태우면 되는 건 아니기 때문에, 이래 봬도 설계가 매우 어렵다"라며 이런 이야기를 해 줬다.

"이 장치의 제일 중요한 점은 사실 연기예요. '태울 때에 발생하는 연기를 어떻게 눈에 안 보이게 할 것인가'라는. 연기를 대기 중으로 방출할 땐 야외 공기랑 한 번 섞어요. 그 때 외기 온도랑 습도를 어떻게 계수화시키는지가 문제예요."

이 말을 들으면서 문득 취수구 옆 쓰레기 소각장에서 일하는 아저씨가 해준 이야기가 생각났다.

"쪼끔이라도 검은 연기를 내면 전력의 높은 사람이 뛰어와. '이상한 거 태우지 마!' 그러면서. 할 수 없으니까 검은 연기가 날 것 같으면 부지 바깥으로 가져가서 바닷가 같은 데서 몰래 태운다니까. 귀찮아 죽겠어."

원전이 깨끗함을 표방하는 간전답게 신경을 너무 쓴다. 그런데 눈에 보이지 않는 연기면 된다는 의식은 도대체 어떤 걸까.

11월 8일(수) 〈잡고체 소각보조〉. 멤버는 어제와 같은 기요카와 씨와 나다. 2층 잡고체 공급장치 옆에 설치된 조작반 앞에서 기계 제조업체 직업에게서 작업방법에 대해 설명을 들었다.

헌 신문지를 채운 비닐봉지를 두 번 연속으로, 그 다음에 이미 장치 안에 들어 있는 방사능 폐액을 뿌린 종이(킴타월) 한 묶음을, 스위치를 조작하여 각각 3분 간격으로 떨어뜨려서 태운다. 오늘 하루의 시험재료는 비닐봉지가 80, 킴타월이 40으로 총 120번 하게 된다. 조작반 스위치가 7개. 시험 종료까지 무려 840번이나 스위치를 누르게 됐다.

"아무래도 단순한 작업이니까 편하게 하세요."

제조업체 직원이 말한 것처럼 분명 '단순'한 일이긴 하다. 그러나 스톱워치랑 눈싸움하면서 3분마다 스위치를 눌러야 하는데다가, 조금이라도 간격이 틀리면 중앙제어실에서 트집을 잡기 때문에 계속 긴장하고 있어야 한다. 일이 단조로운 만큼 피로가 심하다. 점심과 휴식도 교대제다. 채플린의 '모던 타임즈' 그 자체다. 아이러니하게도 이 단조로움을 가끔씩 깨뜨려 준 것이 기계 고장이었다. 설계상으로는 한 번의 조작으로 한 봉지만 떨어져야 하는데, 왜 그런지 동시에 두 개나 떨어져서 어디에 걸려 버릴 때가 있다. 그 때마다 업체 직원이 뛰어와 확인한다.

"참, 믿을 수 없는 기계구만"라고, 기요카와 씨.

할당량이 정해져 있기 때문에 고장으로 정지된 만큼 마치는 시간이 늦어졌다. 오후 5시, 작업 종료. 시험은 모레도 한다고 한다.

11월 9일(목) 아침 추위가 정말 너무 심했다. 본관 앞 거리엔 주머니에 손을 넣고 몸을 웅크린 노동자들의 줄이 생겼다.

터빈건물 3층에 설치된 '고압급수가열기'의 핀홀검사. 또다시 열교작업이다. 호랑이 중사, 사와다 씨, 사쿠라이 씨. 그들과 함께 일하는 것은 오랜만이다.

두 대 있는 고압급수가열기 중 한 대는 여기서 일하기 시작한 지 얼마 안 됐을 때(10월 2일), '투덜이 이시' 씨랑, 그리고 마침내 회사를 그만둬 버린 가와하라 씨 등과 함께 이미 검사를 마쳤었다.

"그런데 아직도 증기가 샌다고 전력이 그래. 그래서 검사 안 했던 걸 검사해 보재"라는 '호랑이 중사'.

검사 방법은 이전에 했던 것과 똑같다. 둘이서 안으로 들어가서 상단에 있는 사람이 공기를 보내고 하단에 있는 사람이 그것을 받는다. 검사 시간만이 달랐다. 이전엔 구멍 하나에 10~13초 정도 들였지만 이번엔 그 네 배인 1분간이다. 검사개수는 2120. 구멍이 내뿜는 먼지 양은 여전히 심하다.

마치다 안전담당자가 희한하게도 순찰을 나왔다.
"이런 얇은 마스크로는 도움이 안 되겠군."
그렇게 말하기는 했지만 '도움이 되는' 마스크는 결국 오지 않았다.
발주기업 임원 몇 사람이 시찰하러 왔다. 말쑥한 양복을 입고 잘 닦은 구두를 신었다. 웨스를 얼굴에 감고 먼지로 시꺼메진 작업복 차림의 우리와는 완전히 대조적이다. 그들은 가열기 내부를 들여다보려 하지도 않고, 고작 2, 3분 멀찍이서 쳐다보기만 하고 다른 현장으로 줄줄 떠나 버렸다.

11월 10일(금) 〈잡고체 소각보조〉를 할 예정이었으나 기계 상태가 좋지 않다며 아무리 기다려도 일이 시작되지 않았다. 결국 "오후부터 합시다"라고 했다. 기요카와 씨와 본관 식당에서 커피를 마시며 시간을 때웠다.

오후 1시. 제조업체 사무실에 갔더니 오후 시험도 중지됐다고 한다. 그 때 "어쩌면 호리에 씨는 이제 소각재 시험하는 일을 못 할 수도 있어요"라는 말을 들었다.

간전에선 관리구역 내 각 작업마다 '계획선량'을 설정하고 그것을 넘은 자는 그 작업에서 제외한다 — 는 관리체계를 채택했다. '잡고체 소각보조'의 계획선량은 10밀리렘이다.

"호리에 씨의 경우, 이 데이터에 따르면 이미 9밀리렘이에요. 이걸로는 이제 안 돼요."
11월 7일 오전=0, 오후=0 (시험 준비)
11월 8일 오전=4, 오후=4 (시험 시작)

11월 10일 오전=1 (대기)
합계=9밀리렘

그런데 나랑 똑같은 작업을 하던 기요카와 씨는 4밀리렘이었다. 5밀리렘이나 차이가 있다. "개인피폭선량계의 판독 오차일 수도 있겠군"이라고 업체 직원이 말한다. 그의 말대로 '판독오차'일지도 모른다. 그러나 누가 판독 오차를 일으켰는지는 알 수 없다. 그런데도 기요카와 씨에겐 일을 계속 시킨단다. 만약에 기요카와 씨가 판독 오차를 일으켰고 정확히 나와 같은 9밀리렘이라면, 일을 계속하면 계획선량을 넘고 말 것이다.

그런데 이 의문도 "글쎄, 다시 검토해 볼게요"라는 식으로 질러 버렸다.

소각시험이 중지됐기 때문에 나는 고압급수가열기 핀홀검사로 돌려졌다. 어제와 같은 현장에, 같은 멤버다.

'호랑이 중사'의 안색이 몹시 안 좋다. 자꾸 콜록거린다. 평소엔 앞장서서 일하는 그가 오늘은 자꾸 "힘들다 힘들어"하며, 내가 교대하자니까 바로 가열기 안에서 나왔다. 제법 아픈 듯하다.

방호복과 마스크는 자기 식대로…

11월 11일(토) 어제 자꾸 "힘들다"는 말을 하던 '호랑이 중사' 모토카와 씨가 오늘 마침내 일을 쉬었다.

"저런. 그가 쉬다니……. 호랑이도 병에 걸리는 법."

'호랑이 중사'와 친한 사쿠라이 씨는 농담을 하면서도 좀 걱정된다는 표정이다.

3기 있는 미하마원전 중, 현재 유일하게 가동되고 있는 2호기의 〈사용후핵연료 피트 제거공사/ 부속품 제염 및 정리〉, 관리구역 내 작업이다. 3호기보다 4년 일찍 상업운전(72년 7월)을 시작했을 뿐인데도 2호기 내부는 심하게 지저분하다. 노출된 콘크리트벽은 이미 검은 빛을 띠며 물건이 부딪힌 자국이 곳곳에 나 있다. 통로도 3호기에 비해 꽤 좁다.

작업 현장은 2층이다. 큰 수조 두 개가 이 층의 절반을 차지했다. 한쪽 수조엔 물이 채워져 있지만 또 하나는 텅 비어 있다. 이 수조 가장자리에 밧줄로 둘러싸인 데가 있는데, 거기가 오늘 작업할 곳이다. 오늘 처음으로 함께하게 된 스즈키 씨(42, 3세)가 반장이고 멤버는 6명이다. 나를 빼고 다 4, 50대다.

작업 순서는 우선 스테인리스로 된 관을 '제염'하고 방관에게 검사를 받는다. 검사를 통과한 것들을 3층으로 옮기고, 검사에 걸린(제염이 완벽하지 못 한) 것들은 다시 제염한다 — 이런 단순노동이다. 지름 10cm 정도의 관이 12, 3개며 길이는 1m 정도부터 8m까지 갖가지다. 형태도 곧은 것과 'ㄱ'자로 구부러진 것이 있다. 밧줄 울타리엔 출입구가 하나 설치돼 있고 거기엔 '배리어'라고 불리는 직사각형 모양의 나무 상자(높이와 너비가 각각 40cm며 비닐로 양생됨)가 두 개 나란히 놓여 있다. 이 배리어 두 개 사이의 좁은 공간이 방사선 방호복을 입고 벗는 자리로 지정돼 있었다.

관리구역용 작업복(흰 점프수트와 연한 크림색 양말) 위에 노란 점프수트(흰 점프수트보다 두꺼움)를 입고 빨간 양말을 신는다. 목장갑 위에 얇은 고무장갑을 끼고 소맷부리를 접착테이프로 고정시킨다. 그리고 원형 필터가 두 개 달린 코와 입 부분만을 덮는 '반면마스크'를 쓴다 — 그렇게 스즈키 씨가 설명해 줬다. 그런데 방호복을 입는 것은 오늘이 난생 처음이다. 방관교육 때에 "이런 옷도 있어요" 하며, 실물도 아닌 8밀리 영화에서 슬쩍 보여줬을 뿐이었다 — 어떻게 입어야 할지 도통 알 수 없다. 일에 쫓겨서 어쩔 수 없지만 다른 사람들은 망설이는 나를 신경 쓰지도 않고 재빨리 옷을 입고 작업을 시작해 버린다. "관리구역에선 방관의 지시를 꼭 따르세요"라고 방관교육 때 들었지만 "지시를 따라"야 할 방관의 모습이 보이지도 않는다. 방호복은 그렇다 치고 마스크는 어떻게 해도 공기가 새 버린다.

방사능으로부터 내 몸을 지켜줘야 할 방호복과 마스크를 자기 식대로 착용하다니……. 방사능이 내 몸을 좀먹을지도 모른다는 불안감과 동시에 이러한 '엉터리'가 통하는 '방사능 관리'에 큰 분노를 느꼈다.

물에 적신 킴타월로 관 표면에 묻은 방사성물질(물론 눈에 보이지 않지만)을 닦아낸다. 이게 '제염' 작업이다.

"엇, 호리에! 타월은 바로바로 새것을 바꿔 써야지. 안 그러면 방사능이 여기저기 확산돼 버려." 계속 한 타월로 걸레질하는 내게 스즈키 씨가 주의를 준다. 관 표면에 묻은 방사성물질을 닦아내야 하는데, 난 오히려 오염된 타월을 사용하고 있어서 오염을 확산시키고 말았다.

"조금 닦고서 (사용한 킴타월을) 이 빨간 비닐봉지에 버리고 새것을 써야 해."

그렇게 말하며 스즈키 씨는 지금까지 내가 닦던 관을 다시 제염하기 시작했다. 몸을 그다지 쓰지도 않았는데 마스크 때문에 숨차다. 그리고 덥다. 콘크리트로 밀폐된 원자로 건물 안은 맨살에 흰 작업복 하나만 입었는데도 땀이 날 정도다. 게다가 그 위에 방호복을 입고 고무장갑을 끼고 마스크를 썼으니, 마치 사우나에라도 들어온 것 같다. 작업하다가도 맨살 위에 땀이 흘러 떨어지는 것을 느낄 수 있다.

방관이 서베이미터(휴대용 방사선 검출기)로 제염을 마친 관들을 검사하기 시작했다. 다시 제염이 필요한 것은 두세 개뿐이었다. 그것들도 킴타월로 몇 번만 다시 닦으니 합격했다.

오전 작업은 이것으로 끝났다. 배리어가 있는 곳에서 방호복을 벗었다. 마스크를 벗자마자 고였던 땀이 앞가슴으로 뚝뚝 떨어졌다. 고무장갑과 빨간 양말을 벗자 흰 작업복이 드러났다. 팬티가 땀 때문에 살에 달라붙어 있었다. 비치된 팬티로 갈아입기를 잘했다.

오후엔 제염을 다한 관들을 3층까지 날라 올렸다. 둘 내지 셋에서 어깨로 지고 가파른 계단을 올라간다. 스테인리스로 된 관이라, 참 무겁다.

미하마발전소 _____ 드디어 1차계통으로

관이 어깨를 누른다. 이 작업에선 방호복과 마스크를 착용하지 않고 일반 관리구역용 작업복(흰 점프수트)을 입었다.
 '만약 이 중노동 때 마스크를 썼다면.'
 이전에 목격했던 캐비티에서 올라온 두 명의 노동자가 숨이 차서 얼굴을 찌푸리던 모습이 언뜻 뇌리를 스쳤다.

 오후 4시 조금 전에 작업 종료. 체커카운터 뒤편 휴게실(3호기 것보다 꽤 좁음)에서 담배 한 대 꺼내자마자 발주기업의 방관이 뛰어 들어왔다.
 "1호기 지하에서 물이 새서 통로가 물바다가 됐어. 서둘러 닦아야 해."
 다들 가만히 고개를 숙여 버렸다. 땀투성이가 되어 마침내 작업을 방금 마쳤는데. 마치는 시간도 다가오고 있는데. '이제 와서 그런 일!'이라는 심정이었다.
 반장이라 형편상 "싫다"라는 말을 할 수 없는 스즈키 씨는 "우린 그 구역의 출입증도 없는데……" 하며 살며시 '저항' 했다.
 미하마원전에선 관리구역 내에서 작업할 경우, 간사이전력에 작업자 명단을 미리 제출하여 '관리구역출입표'를 받게 돼 있다. 스즈키 씨가 지적했듯이 그 출입표가 없으면 작업은 물론 그 구역에 들어갈 수도 없다.
 하지만 그 방관은 "상관없어, 그 따위……. 그것보다 어서 서둘러"라며 우리를 재촉한다.
 "나중에 전력한테서 잔소리 들어도 전 몰라요."
 스즈키 씨는 그렇게 내뱉고 방을 나갔다. 우리도 그를 따를 수밖에 없었다.
 누수 현장에선 이미 노동자 두세 명이 킴타월로 물을 빨아들이고 있었다. 40분 정도 만에 통로 위의 물은 대충 닦아낼 수 있었다.
 방관이 나머지 처리는 내일 하자고 말한 것은 이미 5시 15분이 지났을 때였다.

11월 12일(일) 모처럼 일요일인데도 발주기업 운동회에 '동원'돼 버렸다. 참가 희망자가 거의 없었던 야마다공업에선 "이걸로는 발주기업에게 체면이 안 선다"는 식으로 생각했을 것이다. 젊은이들을 반강제로 참가하게 했다.

'국가제창'과 '국기게양' 등, 아무튼 '엄숙'하다고 할까, 구식의 의식으로 개막했다. 비가 곧 올 것 같은 날씨 속에서 그럭저럭 성황을 이뤘다.

가족과 함께 온 이들이 많았다. 직장에선 단지 한 사람의 노동자로서의 '얼굴' 밖에 보이지 않는 그들도 일단 집으로 돌아가면 한 가정의 가장이자 좋은 할아버지다.

11월 13일(월) 비. 어제 운동회에서 오랜만에 몸을 격하게 썼더니 온몸이 아프다. 비도 내 마음을 우울하게 했다. 일을 쉬고 말았다.

오늘은 아버지의 스물두 번째 기일이다.

'계획선량'의 무계획성

11월 14일(화) 아침에 사무실에서 오늘의 작업 분담이 정해지는 것을 기다리고 있을 때, 모치다 씨가 다가와 "헌 옷인데, 괜찮으면 입어 볼래?" 하며 바구니를 상 위에 놓았다. 겨울용 작업복이 서너 벌 들어 있었다. 그가 말한 대로 새것은 아니었지만, 그래도 타진 데나 얇아진 데는 덧대서 꼼꼼하게 기워났다. 단추도 갈았다.

"이런 헌 것을 줘서 실례가 될지도 모르지만, 여름옷으론 이제 춥겠다 싶어서……. 아무튼 마음에 안 들면 버려."

난 여름용 작업복만 갖고 있었다. 이제 겨울용을 사려고 하던 참이었다. 생각지도 못한 선물이다.

쓰루가시에서 다니는 모치다 씨(37, 8세)와는 지금까지 한 번도 함께 일한 적이 없다. 출퇴근 시의 버스 안이라든가, 점심시간에 가끔씩 잡담을 나눈다든가 하는 정도의 사이였다. 그렇기 때문에 그의 선물은 더 의외였고 그 배려가 고마웠다.

작업은 선량 때문에 더 이상 할 수 없다던 〈잡고체 소각보조〉였다. 계획선량이 애초의 10밀리렘에서 3배인 30밀리렘으로 인상됐단다. 실제로 맞은 선량이 계획선량을 넘으려 하면, 그 노동자를 작업에서 빼는 것이 아니라 오히려 계획선량을 올려 버리다니······. 결국 '방사선 관리'라고 해봤자 이 정도다.

지금까지 함께 했던 기요카와 씨 대신에, 이 지역에서 농사를 짓는 55세의 쓰지무라 씨가 오늘의 짝이다. 그는 눈이 나빠 스톱워치 눈금을 못 읽어서 난처했다. 3분마다 스위치를 누르는 매우 단조로운 작업이 시작됐다. 3분이라는 시간은 생각하거나 잡담을 나누는 여유조차 주지 않는다.

시운전이 시작된 이 건물 내도 서서히 방사능 오염이 심해져서 그런지 작업 중에 자꾸 개인방사선경보기가 '인사'한다. 1시간 야근. 하루만의 작업으로 개인피폭선량계가 5밀리렘까지 올랐다.

11월 15일(수) 아침에 머리가 심하게 아팠다. 아무래도 감기에 걸린 것 같다. 일을 쉬었다.

11월 16일(목) 3호기 관리구역 안에서 〈이름표 설치〉 작업. 동그랗고 얇은 금속편(표면에 밸브 이름과 번호, 개폐방향을 가리키는 화살표 등이 새겨져 있음)을 발주기업 직원과 둘이서 정해진 밸브에 설치하는 일이다. 생각보다 밸브를 못 찾아서 직원을 따라 우왕좌왕, 계단을 오르락내리락. 결국 하루에 30장에도 못 미치는 이름표를 설치했을 뿐이다.

늦은 오후 핸드풋모니터 앞에서 니시노 씨를 봤다. 이전에 '습분분리가열기' 안에서 핀홀검사를 함께 했었다.

그가 기운이 없다. 녹초가 된 얼굴의 양쪽 볼이 긁힌 듯이 붉게 부르텄다. 반면마스크 자국이다.

"무슨 일을 했어요?"라는 내 물음에 그는 말할 힘도 없이 "피트 제염이야. 하루만에 40(밀리렘)이나 먹어 버렸어."

우리는 일을 마치면 항상 휴게실에서 담배 한 대 피우고 사무실에 돌아간다. 그러나 오늘 그는 휴게실 앞을 그냥 지나가고 그대로 출구로 가 버렸다. 어지간히 힘든 일을 했던 모양이다.

'파견근무'라는 이름 아래에 버림받는 노동자들

11월 17일(금) 〈잡고체 소각보조〉. 작업 전에 먹은 감기약 탓인지 자꾸 졸음이 온다. 의식이 몽롱했지만 겨우겨우 3분마다 스위치를 누르는 일만은 특별한 차질 없이 끝냈다.

점심시간. 커피를 마시려고 본관 식당에 들어갔더니 야마다공업 노동자 네댓이 잡담을 나누고 있었다. 그 중의 한 사람인 고야마 씨는 이번 주만 채우고 미하마원전을 떠나게 돼 있다. 여기서 1년 반 정도 일한 그는 도요보[10]의 파견사원이다. 30년 정도 근무해온 도요보를 이번 달 말에 정년퇴임한다.

"그래도 조금이나마 퇴직금이 들어오니까 당분간 아무것도 안 하고 앞으로 어떻게 살아갈지 천천히 생각해 볼 작정이야"라며 고야마 씨는 쓸쓸한 미소를 지었다.

야마다공업엔 도요보에서 파견 나온 직원이 대여섯 명 있다. 모두 50

---

10)   東洋紡績株式会社, 현 東洋紡株式会社

대이자 정년퇴임까지 4, 5년만 남은 이들이다.

"봉급의 70%를 야마다공업이 부담하고 나머지 30%를 도요보가 부담해. 그런데 이런 곳에 내팽개쳐 놓고서 달마다 200엔 정도 조합 회비는 떼가고 선거 땐 회사와 조합이 미는 놈한테 (표를) 던지라고 난리치는 거야. 조금 전엔 말이야, 도요보 주식을 사라며 신청용지를 보내왔어."

〈도요보가 '파견제도'를 시작한 것은 76년 2월이다. 노조와 협정을 맺어 지금까지 약 100명이 '파견'됐다고 한다.〉(『주간포스트週刊ポスト』 78년 11월 17일)

〈도요보 쓰루가공장 노무과장의 말—도요보는 1947년과 48년에 채용한 사람이 많아 연령구성이 고령화되고 있습니다. 이 사람들은 정년퇴임 후의 문제도 있어서 적극적으로 '파견'을 권하고 있는데 76년 이후 특히 늘어났습니다. 회사는 원칙적으로 '파견'처에서 정년퇴임까지 근무하게 하는 방침입니다.〉(위 잡지)

〈섬유업계 관계자에 의하면 도요보는 77년 10월 중간결산에서 72억 엔의 적자를 냈으나 (중략) 78년 10월엔 오히려 20억 엔의 경상이익을 낼 전망이 설 만큼 회복됐다고 한다.〉(위 잡지)

고야마 씨의 이야기를 가만히 듣던 한 노동자가 내뱉듯이 말했다.

"뭐야, 파견이라고 해봤자 허울 좋게 자르는 거잖아. 몇 십 년이나 회사를 위해 일했는데⋯⋯. 꼭 킴타월 같이, 다 쓰면 홱 내던져버리니. 회사라는 게 냉정하구나."

11월 18일(토) 아무래도 감기에 된통 걸려버린 것 같다. 머리가 아프고 온몸이 나른하다. 일을 쉬었다.

'구세주'와 '죽음의 신'

11월 20일(월) 3호기 관리구역 내 〈청소업무〉. 담당자는 모두 4명이다. 나를 빼고 모두 50대였다.

복도와 휴게실을 청소했다. 대걸레와 양동이를 손에 들고 왔다 갔다 한다. 그다지 격한 육체노동이 아니다. 여성도 충분히 가능하다. 그러나 여성은 관리구역 출입이 금지돼 있다. 여성해방의 시대지만 '금녀' 직장은 아직도 남아 있다.

베라실 앞에선 각 업체 담당자를 모아서 가연물 처리에 대한 강습회를 하고 있었다. 고체폐기물 처리건물이 가까운 시일 안에 본격적으로 가동을 시작하기 때문에 폐기물 취급 방법이 이전과 달라진다. 그래서 설명을 하는가 보다. '강사'는 소각장치 제작업체 직원이다.

"우선, 방사능 오염물을 태울 수 있는 것과 태울 수 없는 것으로 분리합니다. 문제가 되는 것은 가연물인데요. 비닐류와 웨스류로 분리하세요. 그것을 정해진 비닐봉지에 담으세요. 다만 소각기 입구가 작기 때문에 비닐 시트 등은 닿게 잘라서 담으세요……."

휴게실에서 담배를 피우고 있으니, 강습회를 마친 사람들이 몇 명 들어와 잡담을 나누기 시작했다. 주요 화제는 연소물 취급 방법에 대해서였다.

"지금까지는 현장에서 나온 쓰레기들을 모두 큰 봉투에 담아서 베라실에 던져 놓으면 됐었는데, 이건 너무 번거롭구만."

"맞아. 가연물이랑 불연물不燃物을 나누는 것만으로도 고생인데, 큰 건 잘게 잘라야 하다니……."

"점검이 한창일 때는 그럴 시간 없어."

"하여간, 우리 일이 늘어난 것은 확실해."

"아니, 수고의 문제도 문제지만, 무엇보다도 피폭의 위험성이 높아졌다는 게 문제예요. 방사능으로 오염된 걸 사람이 일부러 손으로 나눠야 하니까요."

원전에서 발생하는 대량의 방사성 폐기물을 어떻게 처리할지는 아직까지 해결책이 없다. 드럼통에 채워 저장시설에 처넣기만 하고 있는 것이 실상이다. 76년도만으로 무려 1만 7000개나 되는 드럼통이 발생했고 1985년경엔 총 100만 개에 이를 것으로 예상되고 있다. 이대로라면 탄광의 잡석더미도 아닌 방사능 드럼통더미가 각 원전 부지 내에 생겨날 것이다.

증가 일로를 걷는 폐기물. 막대한 관리 비용. 그래서 등장한 것이 '폐기물 소각시설'이다. 드럼통 발생량이 이전보다 30~50%나 줄어든다는 이 장치는 관리하는 쪽에겐 바로 **구세주**다. 그러나 노동자에겐 노동량과 피폭량을 늘리는 '죽음의 신'이다.

저녁 후, 집 근처의 스낵바에 나갔다. 커피를 한 잔 하고 있으니 옆자리에 앉은 남자(52, 3세로 보임)가 말을 걸어 왔다. 술기운이 제법 돈 것 같이 혀가 약간 꼬부라진다. 내 작업복을 보고 원전노동자로 판단한 듯, "너 그런 곳에서 일하다니 바보 아냐?" 하며 시비를 걸어왔다.

왜 바보냐고 되물었다.

"왜냐고? 그런 질문 하는 것 자체가 바보라니까. 너, 잘 들어봐. 원전의 안전성(그는 '안젠셩'이라고 발음했음)은 전혀 증명되지 않았어. 그 좋은 예가 가동률이야. 너, 원전 가동률이 어느 정도인지 알아?"

"40% 정도."

"허어, 뜻밖이네. 공부 열심히 하는가 봐. 좀 똑똑하군. 맞아, 40% 정도야. 다시 말해 요렇다 저렇다 해도 1년의 절반도 안 움직여, 원전이라는 건. 그리고 방사능이야. 이것도 진짜 무서워. 히로시마랑 나가사키를 안 꺼내도 그 정도는 너도 알지?"

"그래도 전력회사는 원전이 안전하다고 홍보하잖아요."

"이것 참 안 되겠다. 넌 역시 바보였군. 잘 들어봐. 딸을 시집보낼 때, 이 딸이 숫처녀가 아니라는 부모가 어디 있어. 똑같애, 원전도."

"하지만 원전이 없어지면 에너지원이 없어진다는데……."

"맞아, 그거야. 문제는. 나도 그 유류파동은 이제 지긋지긋해. 그래서 원전 그 자체를 반대하는 건 아냐. 다만, 잘 들어봐, 안전성도 보장받지 못한 곳에서 너 같은 젊은이가, 앞으로 이 세상을 짊어지고 자손을 남겨야 하는 이가 말이야, 그런 데서 방사능을 쐬면 안 된다는 거야, 나는. 어떻게 되든 상관없는 노인들만 일하면 돼."

"노인이면 일해도 된다는 말씀이세요?"

"이봐, 그렇게 시비 걸지 마. 만약에 내 딸이 너한테 시집가겠다 하면 난 꼭 반대한다. 창녀가 돼도 너한텐 안 줘. 아들이 원전에서 일하겠다 하면, 아니, 난 그런 바보 같은 아들이 없지만, 예를 들자면 말이야, 일하겠다고 하면 노가다든 거지든 되도 좋으니까, (원전에서) 일하지 말라고 말해 줄 거야."

"쓰루가 사람들이 다 선생님이랑 같은 생각일까요?"

"글쎄. 입 밖에 내진 않지만 아무래도 그러지 않을까. 그리고 아까 창녀 이야긴데, 역시 여자는 얼굴이 아니야. 뭐니뭐니해도……."

그 남자의 이야기는 갑자기 여자의 '하체'로 넘어가 버렸다.

집에 가려고 일어선 나의 등을 향해 그는 "너, 이것만은 기억해 둬. 달콤한 이야기엔 함정이 있단다!"라고 한 마디 던졌다.

점원의 말에 의하면 그는 쓰루가 사람이고 여관에 관련된 일을 한다고 한다.

—밖에 나가보니 진눈깨비가 섞인 비가 내리고 있었다.

빨간 불—오염

11월 21일(화) 비가 오락가락하는 찌뿌둥한 날씨다. "도시락 놓고 와도 우산 놓고 오지 마라"는 속담이 이 와카사 지방에 있다고 이시카와 씨에게 들은 적이 있다. 그만큼 비가 많은 지역이다.

아침, 사무실에서 발주기업 직원이 말했다.

미하마발전소 _____ 드디어 1차계통으로

"이번 달 20일에서 22일에 걸쳐 과학기술청 분들이 원전 출입조사 때문에 오십니다. 조사 때, 어쩌면 일하는 사람한테 직접 질문—예를 들어 '방관이 누구냐'라든가, '방관교육이 어떻게 돼 있느냐' 라는 정도겠지만—을 하실지도 모릅니다. 그 땐 방관의 지시대로 일하고 있다든가 방관교육을 제대로 받았다고 대답해 달라고 전력이 그러셨으니까 잘 부탁드립니다."

작업은 3호기 관리구역에서의 〈빨래〉. 발주기업 직원 둘과 야마다공업 쪽 다섯, 총 7명으로 체커가 현장에서 모아온, 사용된 양말과 작업복 등을 빠는 것이 오늘의 임무다.

체커가 현장에서 수거해 온 것들(흰 점프수트와 모자, 양말, 목장갑, 샤워실에서 쓴 목욕수건 등)을 우선 발주기업 직원이 서베이미터로 방사선량을 측정한다(흰 점프수트만은 별도). 검사에서 걸린 것들은 비닐봉지에 채워서 베라실로 옮긴다. 흰 점프수트는 손으로 안과 밖을 뒤집고 합격한 것들과 함께 종류별로 세탁기(3대)에 집어넣는다. 탈수기(1대)를 돌린 다음 동네 셀프빨래방에 있는 것과 같은 건조기(3대)로 옮긴다. 흰 점프수트를 제외하고는 말린 다음에 손으로 주름을 펴고 개수를 확인해서 정해진 선반에 놓는다.

흰 점프수트는 건조기를 돌린 다음에 방사선량을 검사한다. 검사를 통과한 것은 개서 선반에 놓고 통과 못 한 것은 비닐봉지에 넣어서 별실에 쌓아 놓는다.

흰 점프수트의 검사는 전용 측정장치를 사용한다. 점프수트를 너비가 50cm 정도의 컨베이어벨트에 올린다. 그것이 박스 모양의 기계 안으로 실려가서 측정된다. 방사선량을 어느 정도 넘어 버리면 경보기가 울린다. 이미 빨았는데도 이 검사에서 가려내게 되는 것이 의외로 많다. 점프수트를 컨베이어 위에 포개져 올린 경우에는 더 자주 울린다. 그 때엔 한 벌씩 다시 검사한다. 오늘 하루 만에 아마도 20~30벌에 한 벌 정도의 비율로 경보가 울렸다.

정검이 한창일 때엔 점프수트만으로 하루에 1000벌 가까운 양이 나와서 "그야말로 손이 열 개라도 모자랄 지경"이지만, 이번 달에 들어서면서 정검 피크도 지나서 "제법 편해졌다"고 한다. 그래도 오늘만으로 해도 250~300벌이나 빨았다.

건조기를 막 돌리기 때문에 세탁실 안의 공기도 건조해서 목이 자꾸 마른다. 흰 점프수트 차림으로 하는 작업이다. 오염된 의류를 다루는 일인데도 웬일인지 마스크를 쓰지 않는다.

오후의 작업을 마치고 핸드풋모니터로 들어간다. 15초 후—'빨간 불'이 켜지고 경보기가 울리기 시작했다. 왼쪽 위에 설치된 인체를 그린 오염표시판을 봤다. 뒤통수의 불이 켜져 있다. 입구가 열렸다. 머리가 오염됐다는 것은 알겠지만 아무튼 처음이라 무엇을 어떻게 하면 좋을지 짐작이 가지 않는다. 거기에 운이 좋게 이시카와 씨가 왔다.

"수돗물로 머리만 감아 봐. 그래도 안 되면 샤워실에서 샴푸로 열심히 씻어야 돼. 그렇게까지 해도 안 되면 바리캉으로 머리를 깎아. 그렇게까지 안 해도 될 거야, 아마."

그의 충고에 따라 우선 수돗물로 머리를 감았다.

다시 핸드풋모니터에 들어갔다. 이번엔, 통과했다. 한숨 돌린다.

"축하해!"

모니터 저쪽에서 이시카와 씨가 외쳤다.

사무실로 가는 길에서 이시카와 씨에게 물어봤다.

—작업할 때엔 모자를 썼는데 왜 머리가 오염됐을까요?

"오늘 너도 세탁실에서 일해서 알겠지만 빨기 전의 검사는 정말 대충대충 하잖아. 잔뜩 쌓아 놓고 그 위에서 마이크 같은 검사기 끝을 슬쩍슬쩍 움직일 뿐이지. 그래서 내가 보기엔 오염됐는데도 검사에 안 걸린 모자를 네가 재수 없이 쓴 게 아닐까?"

—아까 머리를 깎는다고 말하셨는데, 그런 사람이 있었어요?

"그래, 있었지. 얼굴이 오염되면 면도기로 얼굴 전체의 털을 깎기도 하고, 여자들이 하는 팩을 하기도 하고. 난리쳐야 한다니까."

그의 이야기를 들으면서 순간 등골이 오싹해지는 것을 느꼈다. 머리가 마르기 전에 11월 냉기를 쐬어서 감기가 도지지 않았으면 좋겠는데…….

"빨리 나가야지!"

11월 22일(수) 오늘도 비가 오락가락하는 날씨다. 이 일주일 동안 비 때문에 라디오체조를 계속 못 하고 있다.
1호기〈폐액증발장치 점검〉작업. 1, 2호기는 출입구가 같다. 핸드풋모니터 옆 통로를 가면 삼거리가 나오는데, 정면은 샤워실과 세탁실이다. 왼쪽이 2호기, 오른쪽이 1호기로 각각 이어진다. 1호기와 2호기의 바로 경계 부근에 '골짜기'라고 불리는 데가 있고 거기에 폐액증발장치가 2기 (지름 3m 정도의 원통형 탱크로 25m^{3}임)가 설치돼 있다. 2, 3일 후에 이 탱크 안 청소가 예정돼 있다고 해서 오늘은 그 준비 작업이다.

짝은 니시노 씨. 나보다 일주일[11] 일찍 이 원전에서 일하기 시작한 그는 관리구역 내 작업이 많았기 때문에 아주 솜씨 좋게 일한다. 탱크 주변의 바닥을 비닐시트로 양생해서 배리어를 짓는다. 세탁실에서 방호복과 고무장갑, 전면마스크, 에어라인마스크, 장화 등을 날라 온다.
10시 반 쯤 작업이 일단락돼서 우리는 휴게실에서 담배 한 대 피우기로 했다.
속옷 차림으로 핸드풋모니터에 들어갔다. 어제 '빨간 불'이 켜져서 그

---

11)   10월 7일 작업에서는 1달 전이라고 설명했음. 필자의 착각으로 보임.

런 꺼림칙한 예감이 든다.

경보기가 울리기 시작했다. 오염된 곳은, 어제와 같은 뒤통수다.

속셔츠를 벗고 목 뒤를 비누로 씻고 나서 다시 모니터로.

또 울린다. 감기기운이 있어서 머리를 적시기 싫었다. 하지만 모니터를 통과해야 밖으로 나갈 수 있다. 팬티 차림으로 허둥지둥 서둘러서 오줌까지 마렵다. '빨리 나가야지!' 큰마음 먹고 머리에 물을 끼얹어 비누로 씻었다.

세 번째 모니터. 또다시 울린다. 이번엔 웬일인지 뒤통수 외에도 앞머리와 왼쪽 넓적 허벅지, 총 세 개의 불이 켜졌다.

니시노 씨는 아무래도 한 번에 통과한 듯 이미 거기엔 없었다. 점심까지는 아직 시간이 있어 아무도 오지 않는다. 경보가 몇 번이나 울렸는데도 방관과 체커조차 나타나지 않는다. 너무 불안해졌다. 마음을 가라앉히고 어제 이시카와 씨가 했던 충고를 떠올렸다.

"머리를 씻어도 안 되면 샤워로"

맞아, 샤워다.

샤워실로 달려 들어간다. 긴장해서 그런지 오줌이 더 마렵다. 수도꼭지를 돌린다. 그러나 물이 나오지 않는다. 짜증난다. 알몸으로 샤워실을 뛰어나가 세탁실 쪽으로 소리 질렀다. "야! 샤워실 물이 안 나와!"

중년 노동자가 와서 여기저기 밸브를 돌리기 시작했다. 물이 나온다. 다만 그것은 '찬물'이지 '따뜻한 물'이 아니다. "샤워물이 안 나온다"고 들은 그는 꼼꼼하게도 진짜 '물'만 나오게 하고 갔다. 몹시 화가 난다. '될 대로 되라'며 찬물로 샤워를 했다.[12] 온몸에 비누를 바르고 수건으로 박박 문지른다.

네 번째 모니터. 만약 이번에도 안 되면 샤워실에서 오줌을 싸 버리기

---

12) 일본어로 물을 나타나는 '미즈みず'는 보통 차가운 물을 뜻하며 따뜻한 물을 표현하는 말은 따로 있다.

미하마발전소 _____ 드디어 1차계통으로

로 결심했다. 이 15초가 너무 길게 느껴졌다.

경보기가 울리지 않는다. 됐다. 겨우 출구 문짝이 열렸다. 체커카운터 앞을 그냥 지나쳐 화장실로 바로 달려 들어갔다.

그건 그렇고 왜 나만이 오염됐을까. 어제 이시카와 씨가 말했듯이 역시 이번에도 오염된 옷이 원인이었을까.

오후도 오전과 같은 작업을 계속했다. 이번엔 핸드풋모니터를 한 번에 통과할 수 있었다.

사무실에서 퇴근 준비를 하고 있는데, 사와다 씨가 다가왔다. 그는 낮은 목소리로 "좀 할 얘기가 있는데" 하며 먼저 사무실을 나갔다.

"후쿠시마원전 2호기 정검이 다음 달 초부터 시작돼. 아무래도 일손이 부족한 것 같애. 후쿠시마면 네 집에도 가깝고 무엇보다 엄청 벌 수 있어. 네가 괜찮으면 나랑 같이 안 갈래? 이런 데서 일해도 장가도 못 가잖아. 아는 사장님이 내 대답을 기다리고 계시거든."

생각지도 않은 이야기였다. 그와는 15, 6세 정도 나이 차이가 나지만 어쩐지 배짱이 맞았다. 그는 이전부터 "지금 사장님이랑은 손을 끊고 싶다", "그걸 위해서라도 어딘가 다른 현장으로 자리를 옮기고 싶다"고 나에게 말했었다.

그 "다른 현장"을 찾아낸 것이다. 그리고 나한테도 함께 가자고 말을 꺼내 줬다.

미하마 3호기 정검은 거의 끝나가고 있다. 원전 현장을 좀 더 알기를 원하던 참이었다. 그의 말대로 그 현장이 도쿄에 가깝다는 점도 디행이다.

"그 사장님을 꼭 뵙고 싶어요"라고 나는 바로 대답했다. 4, 5일 안에 만날 수 있을 것이란다.

찬물로 샤워해서 그런지 저녁을 먹기 전부터 머리가 아프기 시작했고 몸이 으슬으슬하다. 7시 반쯤에 이불 속에 기어들어 가 버렸다.

11월 23일(목) '근로감사의 날'로 휴무. 감기약을 먹고 하루 종일 이불 속에서 자는 둥 마는 둥 누워 있었다.

에어마스크

11월 24일(금) 원전으로 가는 버스 안에서 특이한 일기예보를 들었다.
"오늘은 흐리고 가끔 비, 때때로 개기도 합니다."
그 예보대로였다.

작업은 1호기 〈폐액증발장치 점검〉이다. 이틀 전에 바닥을 양생하고 배리어를 지었던 현장이다.
오전에는 물을 빼는 작업을 했다. 탱크 하부에 있는 노즐에 호스를 끼우고 물을 뺀다. 커피색을 띤 흐린 물이 흘러나왔다. 순찰온 발주기업 직원의 말에 의하면 이 탱크 속엔 방사능으로 오염된 세탁 폐액이 들어 있다고 한다.
오후에도 물 빼기 작업. 수위계가 고장 났다고 해서 탱크에 물이 얼마나 들어 있는지 알 수 없었다. 그래서 내가 혼자 노즐 옆에 앉아서 나오는 물을 감시하게 됐다.
오후 4시쯤이 되자 겨우 호스를 통과하는 물이 줄기 시작했다.
발주기업의 감독 두 사람이 찾아왔다. 작업방법을 둘러싸고 그들의 의견이 충돌했다.
"이제 슬슬 맨홀을 열죠."
"아니, 원자력이라는 건 생각지도 않은 일이 간혹 생겨. 열기엔 아직 일러."
"하지만 이제 시간이 없어요."

미하마발전소 _____ 드디어 1차계통으로

"나도 알아. 그런데 맨홀을 열어버리면 오늘 중에 안을 다 청소하고 다시 닫아야지. 그러려면 야근해야 해."

"글쎄, '10시간 규정'(미하마에선 하루에 한 노동자가 작업할 수 있는 시간을 10시간 이내로 정했음)에 걸리겠네요."

그들이 이야기하는 사이에 흘러나오는 물의 양이 꽤 줄었다. 그것을 보자 둘은 갑작스레 "(청소를) 해치우자"라고 말했다.

4시 반. 맨홀을 여는 작업 개시. 야마다공업 노동자 5명이 도와주러 왔다. 반면마스크와 노란 작업복을 입고 볼트를 조심스레 푼다. 어쩌면 탱크 안엔 아직 물이 고여 있어 그것이 맨홀에서 뿜어 나올 수 있기 때문이다. 다행히 물이 나오지 않는다. 뚜껑이 열렸다. 감독 한 사람이 투광기로 내부를 비췄다.

"이거 참 심하다!"

감독들이 한결같이 얼굴을 찡그렸다. 투광기에 희미하게 비친 것은, 바닥의 진흙 같은 액체다. 막대기를 꽂아보니 깊이는 십여cm다. 이 액체를 모두 퍼낸 다음 벽면을 걸레질해야 한다.

"자, 누가 들어가?"

감독이 우리 얼굴을 둘러본다. 아무도 나서지 않는다. 어두운 탱크 안에서 진흙투성이로 작업해야 하며 더군다나 때로 공기가 끊긴다는 에어라인마스크를 쓰고 해야 한다. 모두가 겁내는 것도 당연하다.

"자, 이제 시간이 없어. 그럼 내가 지명한다. 음, 너랑 너."

지명 받은 것은 이전에 나한테 겨울용 작업복을 갖다 준 모치다 씨, 그리고 나였다.

장비 장착에 나섰다. ①먼저 고무장갑을 양손에 끼고 손목부분을 접착테이프로 봉한다. ②노란 점프수트를 입고 빨간 양말을 신는다. ③비닐로 만든 멜빵바지(노란색)을 입고 어깨에서 끈으로 묶는다. ④천으로 만든 모자(노란색)을 쓰고 그 긴 자락을 어깨 위에 걸쳐서, 등에서 가슴에 걸쳐 접착테이프로 고정시킨다. ⑤공기조정밸브가 달린 벨트를 허리에 맨다.

⑥비닐로 만든 모자가 달린 파카(노란색)를 입는다. ⑦에어라인마스크(투명플라스틱이 앞부분에 달려 있음)를 쓴다. ⑧마스크의 턱 부분에서 나온 가는 호스를 벨트의 조정밸브에 연결한다. ⑨마스크 가장자리를 접착테이프로 고정시킨다. ⑩고무장갑을 하나 더 끼고 소매를 접착테이프로 고정시킨다. ⑪빨간 고무장화를 신는다.―내 기억으로는 이런 순서였다. ③ 이후는 모두 방관이 해 주고 나는 가만히 서 있었다. 마치 마네킹 같다. 장착하고 있는 중에 "만약에 공기가 막히면 어떻게 하면 돼요?"라고 방관에게 물어 봤다. 그는 쓴웃음을 지으며 "그런 거 걱정 안 해도 돼"라고 말하며 곧바로 마스크를 내 얼굴에 껴 버렸다. 허리에 맨 공기조정밸브의 취급 설명도 없다.

　턱 부분에서 차가운 공기가 힘차게 뿜어 나온다. 밖의 소리는 희미하게 들리는 정도다. 공기가 분출되는 소리만이 매우 크게 귀에 울린다. 마스크를 쓰기 때문에 안경은 벗었다. 시력 0.2 마스크 밖 세상이 흐려 보인다. 뚱뚱하게 껴입었고 게다가 생명선이라 할 수 있는 공기호스를 끌고 움직이니, 내가 봐도 답답할 정도로 느리다.

　노동자 두세 명이 나를 들어 올려 가슴 폭 정도의 맨홀에 발부터 들어간다. 내 뒤에서 모치다 씨가 들어왔다.

　발이 진흙 속으로 가라앉는다. 물깊이가 장화 높이만하다. 미끄럽다. 양동이와 비닐봉지가 들어왔다. 투광기 빛은 한 점만 비춰낼 뿐, 거기 말고는 깜깜하다. 내가 양동이로 진흙을 퍼 올려 모치다 씨가 잡고 있는 비닐봉지에 부어넣는다. 봉지가 반 정도 차면 밖에서 대기하는 사람에게 건네준다. 그들은 전면마스크를 썼다. 그들이 대신 새 비닐봉지를 건네준다. 진흙을 퍼 올린다. 비닐봉지에 부어넣고 밖으로 건네준다……. 이것을 반복한다.

　양동이를 드는 손이 서서히 무겁게 느껴지기 시작했다. 처음엔 퍼 올리는 횟수를 세다가, 피로가 쌓여서 그만뒀다. 아직 바닥이 보이지 않는다. 숨차다. 그만큼 '인공공기'를 더 들이마시게 된다. 점점 머리가 무거

미하마발전소 _____ 드디어 1차계통으로

워진다. 목마르다. 이제 침도 안 나온다. 마음 탓인지 때로는 순간적으로 의식을 잃어버린다.

"쉬엄쉬엄 (일을) 해!"

밖에서 감독의 목소리가 날아온다. "나와"도 "교대해"도 아니다. 순간 화가 났으나 그것도 잠깐이었다. 이미 화낼 기력조차 떨어지고 있었다.

진흙을 퍼 올리고 비닐봉지에 부어넣고 바깥으로 건네주고 새 봉지를 받고……

겨우 탱크 바닥이 보이기 시작했다. 모치다 씨와 교대해서 내가 비닐봉지를 들게 됐다. 의사소통은 모두 몸짓으로 한다. 마주봐도 목소리가 들리지 않고 마스크의 플라스틱판이 빛을 반사해서 얼굴도 보이지 않는다. 가끔씩 어깨를 서로 두드려 주는 것 말고는 상대를 격려할 수 없다.

이 작업을 시작한 지 얼마나 됐을까. 탱크와 마스크로 바깥세상과 격리돼 있기에 통 짐작이 가질 않는다.

진흙 양이 적어져서 이제 양동이로는 퍼 올릴 수 없다. 자루를 뗀 대걸레가 투입됐다. 봉지 입구를 바닥에 벌리고 거기에 대걸레로 밀어 넣는다.

맨홀 밖에서 감독이 나오라고 손으로 신호를 보냈다. ─ 끝났다!

모치다 씨가 내게 "먼저 나가"라고 출구를 가리킨다. 누가 먼저 나가든 기껏 해야 1분밖에 차이가 나지 않을 것이다. 그러나 완전히 지쳐서 문자 그대로 "한시"라도 빨리 나가서 마스크를 벗고 싶어 죽겠을 때의 "1분"은 1시간에도 2시간에도 맞먹는다. 그런데도 나에게 양보해 준 것이다. 그 배려가 결코 과장이 아니라 눈물이 날 정도로 기뻤다.

발부터 먼저 맨홀에서 나간다. 바깥에 있던 사람들이 큰 비닐봉지를 벌리고 기다린다. 거기에 양쪽 다리를 질러 넣는다. 오염된 신발로 바닥을 걷지 않게 하기 위해서다.

형광등의 희미한 빛을 보자마자 갑자기 가벼운 현기증이 났다. 동료들에게 좌우에서 부축되는 듯, 배리어까지 갔다. 겨우겨우 서 있다. 방관이 테이프를 떼기 시작했다. 생각보다 떨어지지 않는다. "빨리 해!" 하고 싶은 것을 꾹 참았다. 마스크가 떼어졌다. 그 순간, 아마도 착각이겠지만, 온몸에서 땀이 막 솟아나는 것을 느꼈다. 심호흡. 공기가 정말 맛있다. 흰 점프수트까지 땀으로 흠뻑 젖었다.

  작업은 아직 남아 있었으나 우선 무엇보다도 한숨 돌리고 싶었다. 감독에게 "담배 한 대 피우고 올게요" 하며 모치다 씨와 함께 현장을 떠났다. 샤워실에서 땀을 씻어내고 핸드풋모니터 검사(한 번에 통과)를 해야 겨우 물을 마실 수 있다(관리구역 내는 물 마시는 곳이 이곳 한 곳 뿐이다). 완전 말라 버린 목에 이 물은 뭐라고 말할 수 없는 달콤함을 느끼게 했다.

  휴게실 소파에 누워서 담배에 불을 붙였다. 이 때서야 일 한 가지 해냈다는 실감이 났다. 그와 동시에 극심한 피로감과 두통에 사로잡혔다.

  이미 7시를 넘었다. 한숨을 돌린 다음, "이제 현장도 끝날 무렵이니까 우린 이대로 사무실로 들어가자"고 모치다 씨가 제안해서 둘이서 먼저 관리구역을 나와 버렸다.

  밖엔 11월 말의 살을 에는 듯한 찬바람이 거세게 불고 있었다. 둘 다 아무 말없이 그 바람 속에서 사무실로 향했다.

11월 25일(토) 어제의 피로가 아직 풀리지 않았다. 일어나자마자 눈 소변이 시뻘겠다. 온몸이 움직일 수 없을 만큼 나른하고 무겁다. 일을 쉼.

11월 26일(일) 오후부터 일주일치 빨래하고 메모 정리. 오후부터 미열이 남.

11월 27일(월) 몸은 제법 회복됐다. 그러나 신중을 기하여 오늘도 쉬었다.

  만약에 내가 '진짜' 일용직 노동자였다면 생활이 완전이 파탄날 것이

미하마발전소 _____ 드디어 1차계통으로

다. 아무런 보장도 없이 '맨몸'으로 살아간다는 것이 얼마나 고통스럽고 어려운가를 몸으로 실감했다.

파괴되는 바다

11월 28일(화) 아침 추위가 매서워 겨우겨우 잠자리에서 나왔다.

1호기 〈빨래〉 작업. 이 세탁기는 1, 2호기에서 같이 사용하고 있다. 작업 내용은 3호기와 똑같다. 신경 쓰이는 것이 하나 있다. 빨 때, '독성'이 문제가 되는 합성세제를 대량으로 사용하고 있다는 점이다. 세탁기 옆에는 합성세제가 들어 있는 박스(20kg입)가 산더미처럼 쌓여 있다. 동료의 말에 의하면 한 달에 3, 4박스는 소비한단다. 여기엔 3호기 몫은 포함되지 않는다. 1~3호기에서 달마다 6박스 쓴다고 치면 한 달에 합성세제를 무려 120kg이나 쓰고 있는 셈이다.

그럼 이 세탁폐액은 어떻게 처리되고 있는가?

〈액체이고 세탁폐액 등 방사능 준위가 매우 낮은 것들은 방사능을 측정하여 안전을 확인한 다음에 냉각용 바닷물로 희석해서 바다로 배출됩니다.〉(『원자력발전原子力発電』통산성 편집)

아마 미하마원전에서도 이와 같은 처리를 하고 있을 터이다. 세탁폐액은 "안전을 확인"하고 나서 바다로 흘려보낸다지만, 여기서 말하는 "안전"이란 방사능에 대한 것뿐이지 합성세제의 '독'은 완전히 무시되고 있다. 취수관 등에 바르는 조개 부착 방지제도 마찬가지다. — 원전은 방사성물질 (75년에 쓰루가원전 주변에서 잡힌 가리비 등에서 자연계에 존재하지 않는 요오드131과 코발트60이 검출됨)과 합성세제 등을 환경으로 방출하여 자연생태계를 확실히 파괴하고 있다.

퇴근길에 버스에서 본 와카사만은 큰 파도가 거세게 일고 있었다. 높은 파도가 방파제를 넘어 도로까지 넘어온다. 자동차 라디오가 내일 날씨를 "흐리고 때때로 눈"이라 전했다.

25일 이후 계속 쉬었기 때문에 오늘 월급을 받았다.
△기본급 12만1000엔
△야근수당 5154엔(6시간)
△소득세(320엔)
△선불금 1만엔
△합계 11만5834엔

11월 29일(수) 오전 5시 반쯤, 두 번 정도 천둥소리가 나서 그 소리 때문에 잠이 깨어 버렸다. 참으로 철에 맞지 않는 천둥이다. 이 지역 사람들은 이 천둥을 "유키오코시(눈일으킴)"라고 부르며 이것으로 본격적인 겨울이 왔음을 알게 된다고 한다.

아침부터 비가 세차게 오기 시작했고 때론 진눈깨비가 섞인다. 쓰루가 반도에서 가장 높은 '사이호가타케'(해발 764m)는 벌써 얇게 눈이 쌓이기 시작했다.

3호기 〈빨래〉 작업. 야근 없음.

'휴직권고'를 받은 노인

11월 30일(목) 오늘도 비가 내린다. 작업은 어제와 마찬가지로 3호기 〈빨래〉다. 휴게실에서 다구치 씨라는 나이가 지긋한(62, 3세인 듯) 노동자가 모두에게 불만을 터뜨리고 있었다. 아무래도 불만의 원인은 오늘 아침에 사무실 안에서 조례(라고 해도 '안전표어'를 외쳤을 뿐임)가 끝난 다음에 다구치 씨를 비롯해 6, 7명이 우메모토 사무실 책임자에게 불려간 것에 있는 것 같았다.

그들(모두 60~70대)은 거기서 "3호기 정검도 거의 끝났다. 내년 2월쯤까지 일이 없어지니 쉬라"고 들었다고 한다. 소위 말하는 '휴직권고'다.

"내가 아무리 나이 들었다 해도 남이랑 똑같이 일하는데. 안 그래도 말이야, 정검이 시작될 무렵엔 회사 사람이 술병 들고 찾아와서 우리를 꼬셔 가는 주제에. 그랬던 사람들이 정작 정검이 끝났다 그러면 바로 이거야."

다구치 씨는 오른손으로 목을 베는 시늉을 했다.

그 말을 듣던 한 노동자가 다구치 씨를 위로하듯이 이렇게 말했다.

"그러게, 네 말이 맞았어. 만약에 미하마에 원전이 하나만이라도 더 있었으면 끊임없이 정검이 있을 텐데……. 아무래도 여긴 불안정한 직장이야."

원전노동자들—이라 해도 미하마의 경우 그 대부분은 지역 농어민이지만—이 원전의 '안전성'이라든가 '에너지 위기' 등과는 아무런 상관없이 원전 건설에 '찬성'하고 마는(해야만 하는) 배경의 일단이 그들이 하는 이야기 속에서 보인 것 같았다.

줄어드는 발주량

12월 1일(금) 올해도 드디어 이번 달을 채우면 끝난다. 3호기 정검이 끝나가서 작업 발주량이 줄어들기 시작한 것 같더니, 사무실에서 '대기'하는 사람들이 늘었다. 나 또한 그 한 사람이다.

아침, 사와다 씨에게 후쿠시마원전 건을 물어봤다. "3일 저녁에 사장이랑 약속을 잡았어. 그쪽에서는 하루라도 빨리 현장에 들어갔으면 좋겠대. 후쿠시마 가는 거, 확실해"라고 했다.

미하마원전에선 앞으로 더욱 '대기'가 늘어날 것이다. 그렇다면 오히려 하루빨리 후쿠시마원전으로 가는 것이 좋겠다—그렇게 판단하여 점심시간에 책임자에게 "내일부로 그만두겠다"고 전했다. 그는 "그렇군요" 하고는 말이 없다. 아마도 그는 나를 붙들어도 내년 2월 정검까지 과연 작업을 얼마나 받을 수 있을까라는 계산을 하고 있지 않았을까. 결국 "어쨌든, 할 수 없겠군요"라는 한 마디로 내 퇴직이 결정됐다.

미하마원전과 헤어지다

12월 2일(토) 아침에 가랑비이던 것이 점심 가까이 와서 호우로 변했다. 9월 28일부터 일하기 시작한 미하마원전도 오늘이 마지막이다.

조례가 끝나고 동료들에게 작별 인사를 했다. 갑작스런 일이라 모두 놀라는 것 같았다.

"다음 일은 찾았어?", "후쿠이에 올 일이 있으면 언제든지 우리 집에 들러", "빨리 색시 찾아" 등등, 따뜻한 격려가 돌아왔다. "오늘 저녁에 우리 집에서 환송회 하자"고 말해준 사람도 있었다. 함께 했던 시간은 짧았지만 헤어지자니 역시 아쉽다. 전신방사선측정기로 검사받고 나서 나를 이 현장에 소개해 준 이시카와 씨 차로 시내의 국립 쓰루가병원을 간다. 퇴직 시 건강검진을 위해서다. 검진 받고 바로 귀가해도 된다고 우메모토 씨가 그랬다.

"이제서야 말하는데" 하고 말을 꺼내며 운전석의 이시카와 씨가 흰 이를 내보이며 나를 흘끗 본다.

"아니, 사실, 처음에 널 봤을 때, 그렇게 연약한 몸으론 일주일도 못 버틸 거라고 생각했거든. 그런데 진짜 열심히 해 줬어. 그리고 우메모토 씨가 전해 달랬는데, 쫓아낸 것 같아 정말 미안하대. 정검만 있으면 훨씬 오래 더 일할 수 있었을 텐데……. 아쉽다. 정말 수고했어."

그는 그렇게 말하고 고개를 꾸벅 숙였다.

한때 가늘어졌던 빗발이 다시 본격적으로 내리기 시작했다. 그는 와

미하마발전소 _____ 드디어 1차계통으로

이퍼 속도를 올렸다. 와카사의 바닷물이 하얀 물보라를 치며 차도로 덮쳐든다.

다시 한 번, 지금까지 일했던 원전을 봐 두어야겠다는 생각이 문득 들었다. 돌아봤다. 그러나 그것은 이미 세차게 내리는 비의 베일 뒤로 그 모습을 감추고 말았다.

II 후쿠시마 제1원자력발전소

도쿄전력 후쿠시마제1원자력발전소 전경. 왼쪽부터 4~1호기, 5~6호기
출처: 후쿠시마현원자력홍보협회 팸플릿

방사선 속에서의 노동 — 그리고 사고

'인부파견업체' 사장

12월 19일(화) 우에노역 오전 10시 발 특급열차 '히타치2호'를 타고 후쿠시마로 향했다. 오늘부터 내 '사장'이 되는 가미야마 씨와 함께 간다. 그는 45, 6세며 평소엔 말이 거의 없다가 가끔씩 나직한 목소리로 소곤소곤 농담을 한다. 눈을 실처럼 가느다랗게 하며 웃는 모습은 제법 애교가 있어 사람 좋게 보인다. 그는 각지에서 노동자를 모아 원전 등 작업현장으로 보내는 소위 '인부파견'을 생업으로 하고 있다.

이 사장을 소개해 줬고 나와 함께 후쿠시마원전에서 일하기로 약속했던 사와다 씨는 이 열차에 타지 않았다. 건강검진을 통과하지 못 했기 때문이다.

미하마원전을 그만두고 얼마 되지 않아 우리는 가미야마 사장을 만났다. 만났다고 해봤자 고작 4~5분이다. 그는 내 경력과 프로필을 물어보지도 않고 바로 임금 이야기를 꺼냈다.

"이걸로 어때? 물론 밥 세 끼랑 숙박비랑 교통비는 내가 다 내 줄게."

그는 테이블 위에 손가락으로 '7'이라고 적었다. 일당 7000엔. 고임금이다. 5500엔에서 전신값과 **숙박**비를 빼앗겨 나에게는 얼마 남지 않았던 미하마원전 때와 도저히 비교가 되지 않는다. 식대와 숙박비도 사장이 내준다니. 더군다나 쉬는 날의 몫(아침저녁은 숙소에서 제공되며 점심은 외식해야 되지만 그 대신 6000엔이 지급되며, 숙박비는 전액 지급됨)까지 "내가 다 내 줄게"란다. 이 '고액 제시'에 사와다 씨도 만족한 것 같았다.

"됐어!"

사와다 씨의 미소를 보고 사장님은 '협상 성립'으로 판단한 듯하다.

"그건 그렇고, 후쿠시마 쪽에서 하루라도 빨리 와 달래. 그래서 지금 나랑 같이 건강검진 받으러 갔으면 해."

우리 사정은 물어보지도 않고 거절할 수 없는 말투로 말하고서는 의자에서 일어서버렸다.

고바야시 외과병원. 대기실에 들어가자마자 사장은 주머니에서 돈다발을 천천히 꺼내서 "자, 이거 받아" 하며 우리에게 2만 엔씩을 건넸다. 제법 통이 큰 사장이다―그 땐 그렇게 생각해서 고맙게 받았다. 그러나 사장이 방을 나간 다음에 사와다 씨가 귀엣말로 말했다.

"호리에, 이 돈, 용돈이라 생각하면 안 된다. 빚이라 생각하는 게 안전해. 아마 선불금이라 해서 월급에서 떼 갈 거야."

그리고 이것이 '인부파견업자'들이 자주 쓰는 수법이고, 그것도 모르고 받아서 "죽을 뻔" 했던 적이 있다는 이야기를 해 줬다.

"그래도 가미야마 사장은 그 점에선 어느 정도 믿을 수 있지만."

그는 그렇게 말해서 날 안심시키려 했지만 돈을 받아버린 것이 후회됐다. 그렇다고 이제 와서 되돌려 줄 수도 없어서 가미야마라는 사람을 믿을 수밖에 없었다.

건강검진이 시작됐다. 흉부 엑스레이 촬영과 시력, 체중, 키, 채혈, 혈압. 마지막 혈압검사에서 사와다 씨가 걸리고 말았다. 내 기억으론 최고 혈압이 220이었다. 너무 높다.

"글쎄, 좀 어렵겠는데요" 라고 간호사.

"어떻게 좀 봐 주세요, 제발 부탁합니다."

애원하는 듯한 말투로 사와다 씨는 간호사에게 고개를 숙였다. 이 검사를 통과 못 하면 후쿠시마행은 단념해야 한다. "다른 사장 밑에서 돈 더 벌고 싶다"는 바람이 이 검사 결과에 달려 있었다.

"알았어요. 그럼 얼마면 돼요?"

맥 빠지도록 쉽게 그 간호사는 사와다 씨에게 '희망치'를 물어왔다.

"글쎄, 170 정도면······."

"그럼, 180으로 해 놓죠."

둘의 대화를 옆에서 들으면서 사와다 씨가 혈압검사를 통과할 수 있어서 다행이라는 생각이 드는 한편, 너무나도 쉽게 '진단서'가 '조작'된다는 것에 어이없음과 동시에 공포심을 느꼈다.

백혈구 등의 결과는 나중에 나온다고 했다.

그런데 병원측의 '호의'에도 불구하고, 사와다 씨는 결국 건강검진 때문에 떨어지고 말았다. 사장의 말에 의하면, '백혈구 수가 아무래도······'라는 것이었다.

하나 더 차질이 생겼다. 도쿄전력에선 최근에 '방사선 관리수첩'(방사선종사자중앙등록센터 발행)이 없는 노동자를 고용하지 않는다는 방침을 세웠다. 난 그 수첩이 없었다. "하루라도 빨리 '현장'으로 들어가 줬으면 해"라는 말을 들었지만 이건 어떻게 해 볼 수가 없었다. 수첩을 발행받기 위해 사장이 애써 줬다. 그러나 "자, 내일 후쿠시마로 가자"는 연락이 온 것은 예정보다 2주일이나 늦은 12월 18일이었다.

오후 1시 24분, 나미에역 도착. 눈이 약간 흩날리고 있다. 역 앞에서 택시를 탔다. 도쿄와 센다이를 잇는 '6번국도'를 타고 도쿄 쪽으로 간다. 길가에는 미하마원전으로 가는 해안도로와 달리 넓은 논밭이 펼쳐져 있다. 열차 안에서도, 이 택시를 타고 나서도 사장은 말을 거의 걸어오지 않는다. 내 경력에 대해 이깃저깃 물어올 것으로 생각했던 나로서는 그의 과묵한 성격이 고마웠다.

20분 정도 달리니 택시는 후타바마치를 빠져나와 오오쿠마마치에 들어섰다. 제법 긴 언덕길을 끝까지 내려가 국도에서 빠져나와 좌회전한다. '도쿄전력 후쿠시마제1원자력발전소'라고 적힌 도로표지가 눈에 들어왔다. 5분 정도 더 달리니 정면에 후쿠시마제1원전 정문이 나타났다. 차는 그 바로 앞을 좌회전하여 소나무숲에 둘러싸인 좁은 자갈길에 접어들었다.

조립식으로 지어진 사무실 앞에서 차가 섰다.

'우치다밸브' — 입구의 간판에 그렇게 써 있다. 오늘부터 나는 이 회사에서 일하게 됐다.

조립식 건물이 두 개 있다. 하나는 회사 사무실, 또 하나는 하청노동자들의 대기실이라고 사장이 가르쳐 준다.

사무실에서 소장에게 인사했다. "어, 수고해!"라는 한 마디로 끝. 대기실에서 기다리게 됐다.

10명 정도의 노동자들이 책상 앞에 앉아서 젊은 남자(사원?)의 이야기에 귀를 기울이고 있었다. 방관교육 같다. 칠판과 자료를 사용하고 내용 또한 제법 전문적이다. 8밀리 영화를 보고 "이제 끝"이었던 미하마원전의 그것보다는 꽤 상세하다. 원폭과의 차이 운운하는 홍보 티도 별로 나지 않았다. 다만 이야기 속에 영문자가 막 나온다. FB, PD, TLD, RWP…….

교재는 문고판 41쪽짜리 책자다. 「도급업체의 안전수칙(원자력 관련)/도쿄전력주식회사 후쿠시마제1원자력발전소」라고 표지에 적혀 있다. '관리구역 입퇴장 절차', '노동자 수칙', '방사선 기초지식' 등의 항목이 있고 페이지마다 작은 활자가 꽉 차 있다.

교재도 훌륭하고 '강사'도 열심히 한다. 그러나 가장 중요한 '수강생'(노동자)들은, 할 수 없이 듣고 있는 이들이 대부분이고 책상에 엎드려 자는 이까지 있다. 방사선의 개념부터 시작해서 입퇴장 절차와 작업 수칙 등을 짧은 시간 안에 주입시키려는 것이 오히려 잘못이다. 조는 것도 당연하다.

오후 4시, 방관교육이 끝났다. 이 때쯤이 되니 일을 마친 노동자들이 속속 들어왔다. 대기실 안이 갑자기 시끌벅적해졌다. 미하마원전과 달리 고령자가 전혀 없다. 많아 봤자 45, 6세다. 머리에 파마를 한 18세 정도의 젊은이들이 눈에 띈다.

그들이 비치된 용지에 뭔가 적기 시작했다. '작업일보' — '오늘의 피폭선량' 칸에는 '30'이라든가 '50'과 같은 숫자가 적혀 있다. 놀랐다. 내가 미하마원전에서 쐰 1일당 최고치는, 저선량구역에서 작업해서이기도 하지만 불과 10밀리렘 전후였다. 그것보다 몇 배나 높다. 불안을 느낀다.

오후 5시, 모두 퇴근 준비를 시작했다. 이제 마치는 시간 같다. 그 때까지 사무실에서 회의하던 사장이 들어왔다.

"난 이제 간다. 숙소는 사무실에서 준비했다니까……. 그럼."

그렇게만 말하고 대기실을 나가 버렸다.

중년 직원(?)이 차로 숙소까지 데려다줬다. '민박'이라고 들어서 미하마원전 때가 떠올라 해변가의 숙소를 상상했다. 그러나 숙소는 낮에 우리가 기차를 내린 나미에역 근처의 거리에 있었다.

저녁 후, 산책에 나섰다.

작은 마을이다. 고작 10분 정도만 걸으면 상가가 끝나고 달빛만이 비추는 어둡고 적적한 전원풍경이 펼쳐진다. 아직 7시도 안 됐는데 문을 닫아 버린 가게들이 많다. 사람의 왕래도 적다. 가끔씩 스쳐지나가는 사람들은 한결같이 작업복 차림이다. 'OO공업', 'OO전공'과 같은 회사 이름이 붙은 옷―원전노동자들이다.

생선가게 앞엔 말린 연어가 매달려 있다. 곧 설날이다.

전국에서 긁어모은 노동자들

12월 20일(수) 오전 7시, 어제 숙소까지 데리다준 사람이 다시 데리러 와줬다. 추위가 극심하다. 차 유리창이 새하얗게 얼어붙어서 열 수도 없다.

"일이 8시부터라 좀 더 (숙소를) 늦게 나와도 되는데 8시쯤이 되면 업체 차들 때문에 길이 너무 막히거든."

그런데 6번국도엔 이미 차들이 쭉 늘어서 있다. 그것도 원전으로 가는 상행선만, 하행선은 텅 비어 있다.

오전 8시. 사무실 안뜰에서 라디오체조. 그리고 5분 정도 조례. 방관, 안전책임자, 그리고 소장이 작업 진행상의 주의사항을 말했다. 그것들 듣는 직원과 노동자는 약 60명이다. 찬바람이 휘몰아쳐 추위 때문에 온몸이 가늘게 떨린다. 조례가 끝나자마자 모두 대기실로 뛰어들어 와 순식간에 작은 석유난로 주변이 사람들로 바글거렸다.

8시 반쯤 직원 대여섯 명이 대기실에 와 노동자 이름을 불렀다. 불린 이들은 속속 안뜰의 소형버스에 올라탔다.

내 이름은 불리지 않았다. 별도의 지시도 없다. 10명 정도가 난로 둘레에 의자를 갖다놓고 잡담하기 시작했다. 어제 방관교육을 받았던 이들이다. 오늘은 아마 대기일 것 같다. 그들과 어울려 '난로 지킴이'로 나섰다.

잡담을 나누는 노동자들은 다 젊다. 스무 살 전후다. "-가여", "-있잖어", "-할겨?" 그들은 아마 이 지역 청년들일 것이다. 그렇다 해도 사투리가 심하다. 무슨 말을 하는지 통 못 알아듣겠다. 말을 걸어오지도 않는다. 그들의 '공통어'를 가만히 듣고 있을 수밖에 없었다.

11시 전후가 되니 벌써 현장에서 돌아오는 이들이 있다. 그들 중엔 "-하당께" 같은 말을 쓰는 이가 대여섯 사람 있다. 히로시마 사투리다. "-카노", "-갈끼가?"라는 이들도 있다. 이것은 간사이 사투리다. 아무래도 이 회사엔 전국 각지의 노동자가 모여 있는 듯하다.

오후가 되니 가랑눈이 내리기 시작했다. 사무실 대기반이 오전보다 몇 사람 더 늘었다. "개인경보기가 '터져' 버려서……"라는 말이 들린다. 오전 일에서 '선량관리치' 하루치를 다 써 버려서 오후부터 관리구역으로 들어갈 수 없다는 것이다.

어제 방관교육에 의하면 도쿄전력이 설정한 '선량관리치'는

1일당 — 100밀리렘 이하

1주일 — 300밀리렘 이하

3개월 — 3000밀리렘(3렘) 이하

오후부터 대기반에 들어온 이들은 아마 오전 작업만으로 100밀리렘

가까이 '피폭' 당했을 것이다. 이것은 일반인이 1년간 맞는 자연방사선량과 큰 차이가 없다.

3시쯤, 젊은 직원이 내게 용지 한 장을 가져왔다. 적으란다. '피폭 이력 조사표'—성명, 현주소, 본적지를 쓰는 칸 아래에 "예, 아니오 중 하나를 택하시오"라며 질문사항이 ①부터 ④까지 나열돼 있다.

이전에 방사선작업에 종사한 적이 있느냐, 어느 원전에서, 얼마 동안 등등의 질문 속에, 뜻밖에 가슴이 섬뜩해지는 것이 하나 있었다.

④ "당신은 원폭으로 피폭 당한 적이 있습니까?"

원전은 원폭처럼 터지지 않게 설계되어 있습니다. 그래서 원전과 원폭은……

전력회사와 행정은 그 '차이점'을 내걸어 이 두 개를 분리시키려 애쓰고 있다. 그러나 이 두 개는 비록 구조상의 차이가 있다 하더라도 '피폭'(=인체에 대한 방사능의 영향)이라는 결정적인 '공통점'이 있다—이 '조사표'는 그렇게 가르쳐 주는 것 같았다.

오늘은 '조사표' 한 장을 적었을 뿐, 하루 종일 난로 옆에서 깜박깜박. 소형버스로 퇴근. 내일부터 이 버스 편을 이용하게 됐다.

저녁 후, 집과 친구에게 보내는 편지를 우체통에 넣고 카페에 들어갔다. 옆 테이블에 앉은 작업복 차림의 남자들(모두 40세 전후였음)이 신문을 펼쳐 열심히 읽고 있었다.

"엇! 역시 방사능이 샜다는 게 사실이었어."

"응, 1호기지?"

"정검 때마다 여기저기서 고장이 나다니……"

아무래도 어딘가의 원전에서 고장이 발견된 것 같다. 그들이 카페를 나가는 것을 기다렸다가 신문을 훑어봤다.

이제 내 일터가 된 '후쿠시마1호기'가 그 원전이었다.

"연료봉에 균열 / 1호기 정검서 발견"

신문(「후쿠시마밍유福島民友」[13])은 4단에 이르는 큰 표제로 다음과 같이 보도했다.

"1호기는 지난 9월 1일부터 정기점검에 들어가 연료봉 400개 중 163개를 교체하는 작업이 진행 중이다. 이번에 발견된 균열은 모두 교체가 예정된 연료봉 중에 있던 것으로, 방사능 검사 결과 163개 중 22개에서 '방사성물질이 누출되고 있을 수 있다'는 사실이 발각돼, 추가적으로 외관검사를 실시한 결과 그 중 6개에 균열이 있었다. (후략)"

"또 그런다……"는 마음으로 이 기사를 읽었다. 정검 때마다 발견되는 고장—내가 기억하기로는 올해(1978년) 4월부터 9월까지 ①미하마3호기 지지핀 파손 ②다카하마1호기에서 1차 냉각기 펌프 축받이 이상 ③이카타1호기에서 1차 냉각기 밸브 두 개 고장이 잇달아 발견됐다(통상산업성이 발표한 것에 한정함). 이런 잦은 고장 때문은 아니겠지만, 상업용 원자로의 대명사로 '원전 추진' 측 사람들이 즐겨 쓰던 '실증로'라는 말을 요샌 거의 듣지 못 했다. 이렇게나 사고와 고장이 잦으면 바로 '위험성'을 '실증'하는 것과 같다.

12월 21일(목) 맑음. 오늘도 하루 종일 난로 '지킴이'. 이야기를 나눌 사람이 없다. 신문이나 잡지도 없다. 정말 지루한 하루였다.

"너, 너무 높아, 측정치가 말이야"

12월 22일(금) 맑음. 아침 추위가 참으로 매서웠다. 민박집 앞에서 버스를 기다리는 동안 추위 때문에 무릎이 덜덜.

---

13) 후쿠시마현에서 발행되는 지방신문의 하나.

오늘도 하루 종일 대기일 줄 알았더니 조례 후 전신방사선측정기 검사를 받으러 가란다. 2, 3일 전에 방관교육을 받던 젊은이들과 정기검진(도쿄전력에선 세 달에 한 번씩 전신방사선측정기로 내부피폭 측정을 실시함)을 받을 사람들 총 열 두세 명이 소형버스에 올라탔다.

원전 부지 안에 들어가는 것은 오늘이 처음이다. 미하마원전 때와 달리 버스를 탄 채로 구내로 들어간다. 출입증 제시도 요구하지 않고 운전기사가 경비 아저씨에게 "어~이!"라고 인사를 보낼 뿐이다. '핵잭'[14] 운운하는 것 치고는 개방적이다.

구내는 정말로 널찍하다. 메모에 의하면 미하마원전에 비해 약 6배인 320만㎡(100만 평)이다. 고라쿠엔 야구장을 무려 320개나 만들 수 있는 넓이다. 오오쿠마마치와 후타바마치에 걸쳐 있다.

경비실을 지나갔다. 길가엔 도시바, 가시마건설, 히타치제작소, 히타치플랜트 등 각 업체 사무실이 쭉 늘어서 있고 콘크리트공장까지 설치돼 있다. 바로 콤비나트 그 자체다.

신호기가 달린 사거리를 우회전한다. 가파른 내리막길에 접어든다. 정면에 바다, 태평양이 보이기 시작했다. 홍백줄무늬 굴뚝이 오른쪽에 두 개, 왼쪽에 하나. 그 주변에 네모진 기둥 모양의 콘크리트 건물. 이것이 아마 원자로 건물일 것이다. 언덕을 다 내려가 왼쪽에 도쿄전력 사무본관. 소형버스는 그 앞을 지나자 좌회전하여 10m 정도 달리고 섰다.

'보건안전센터'— 입구 주변엔 이미 몇 미터의 줄이 생겼다. 그 맨 뒤에 섰다. 접수 시작 시간인 9시까지 아직 30분이나 남았는데도 줄은 길어지기만 한다.

뒤쪽에서 이런 이야기가 들려왔다.

"점검이라니, 사람이 할 짓이 아니야."

---

14) 비행기 납치를 '하이잭'이라고 하는 것처럼, '핵잭'은 핵물질을 가로채는 것을 말함.

"맞아. 아무리 허용선량 이내라서 안전하다 그래도 이렇게나 많이 (방사선량을) 맨날 맞으면 이상이 안 생기는 게 이상하지."

"응, 곧 이상해지지 않아도 아이한테 유전될지도……. 충분히 그럴 수 있잖아."

"여기서 일하는 사람들 가족들한테 나중에, 10년이나 20년 뒤에 엄청난 일이 생길 수도……"

"맞아, 만약에 나한테 그런 아기가 나오면……"

"어떻게 할래?"

"나, 아마, 그 아기, 죽일 거야."

"그렇군. 그런데 말이야, 농담이 아니라, 어쩌면 그런 애를 낳으면 죽이라는 법이 생길지도 몰라. 왜냐면 우리 후손들이 자꾸 그러면 나라도 곤란하잖아."

"응."

"만약에 그런 법이 지금 있었으면 넌 바로 당할 걸."

"왜?"

"왜냐면 넌 못 생겼잖아. 푸하하."

이 대화의 주인공들은 둘 다 젊은 남자였다. 'IHI'(이시카와지마하리마중공石川島播磨重工)[15]의 로고를 새긴 짙은 감색 작업복. 노동자 같지 않다. 사원일 것이다.

이런 이야기는 미하마원전에서 일할 때에도 몇 번이나 들었다. 구체적인 내용은 가지가지였으나 공통점이 두 가지 있다. 하나는 원전에서 일하는 노동자(사원 포함) 중 많은 이들이 방사능을 무서워하고 '허용선량 이하면 안전하다'는 '교육'에 대해 적잖이 의문을 가짐과 동시에 방사능의 영향이 자신 또는 자손에게 나타날 것이라는 큰 불안감을 가지고 있다

---

15)   현재, 당시에 약칭이었던 'IHI'가 정식 명칭이 되어 있다.

는 것이며, 둘째는 이런 회화 끝엔 꼭 '농담'이 나온다는 것이다. "……만약 그렇게 되면 네 와이프 못 참아서 분명히 바람피운다", "…… 그럼 장의사랑 스님들이 많이 벌겠네", "…… 왜냐면 넌 못 생겼으니까" 등등.

본심을 드러내 버려서 생긴 멋쩍음을 감추려고. 어쩔 수 없는 불안감을 조금이나마 달래기 위해—'농담'의 이유는 얼마든지 달 수 있다. 하지만 한 가지만은 확실하다. '원전'은 방사능에 대한 불안감을 곧바로 말할 수 없는 직장 환경을 가지고 있다는 것이다. 그렇기 때문에 그 불안감은 해소되지 못하고 자기증식된다. 그런 의미에서 그들이 유전적 영향을 걱정하는 것을 쉽게 이해할 수 있는데, 그 불안이 "그런 아기가 태어난다"가 되고 "죽여 버린다"에까지 이르는 것은 '장애인' 차별과 말살로 이어질 수 있는 몹시 위험한 의식이다.

오전 9시, 접수 시작. 슬리퍼로 갈아 신고 대합실로 들어간다. 우리까지는 간신히 접수됐으나 나머지는 오후로 돌려지고 말았다.

전신방사선측정기는 모두 4대다. 그 중 2대엔 '고장'이라는 딱지가 붙었다. 나머지 두 대가 쉴 틈 없이 가동되고 있다.

도쿄전력 직원과 넥타이 차림의 간부들이 새치기한다. 측정치가 높아서 그러는지 샤워하고 다시 측정하는 사람이 두어 명 있다(그들이 "이 추위에 샤워기가 찬물밖에 안 나온다"며 투덜거리고 있었음). 그리고 측정기 고장—간신히 우리에게 차례가 돌아온 것은 낮 12시 반이었다. 고작 2분의 검사를 위해 장장 3시간 이상 기다린 셈이다. 동료 중에선 내가 마지막이었다.

측정실(각 방에 측정기가 한 대씩 설치됨) 입구에서 담당자의 지시에 따라 '입장시入場時' 버튼과 6자리의 숫자 '150872'를 누른다. 이 숫자가 후쿠시마원전에서의 내 '관리번호'라고 그 담당자가 가르쳐 줬다.

방에 들어간다. 방송이 나온다. "상체만 벗고 백의를 입으세요". 미하마원전에선 백의 속은 팬티 하나뿐이었다.

측정 완료. 대기실에 돌아가 보니 동료들의 모습이 보이지 않는다. 먼저 소형버스를 올라탔겠지, 그렇게 생각하며 밖으로 나가려는 순간, "호리에 씨, 접수처까지 좀 오세요"라는 방송이 들려왔다.

'혹, 선량이 높게 나왔을지도', 꺼림칙한 예감이 든다. 백의 차림의 34, 5세 담당자가 기다리고 있었다. 미간을 찌푸리며 엄한 시선으로 "호리에 씨, 맞죠?"

"예……."

"이전에 어느 원전에서 일했어요?"

"예, 간사이전력의……."

"아니, 호리에 씨, 너무 높아요. 측정치가."

보통 일이 아니라는 그의 표정을 보는 순간, 왠지 온몸이 뜨거워졌다.

"저, 높다는 게, 어느 정도……."

혀가 꼬부라지는 것이 느껴진다.

"6400이에요. 호리에 씨."

"높아요?"

"네, 높아요. 너무 높아요. 이거는."

"보통은요?"

"700에서 800 정도지요."

얼떨결에 둘이 동시에 "후" 하고 한숨을 쉬어 버렸다. 표준치보다 자릿수가 하나 높다니.

혼란스러운 머리로 열심히 생각해 봤다. 왜 이런 수치가 나왔을까? '가만……, 차분히 생각해봐 호리에.' 미하마원전을 퇴직할 때에도 전신측정기로 검사했다. 그게 이번 달 2일, 다시 말해 2주 전이다. 만약에 그 때 측정치에 이상이 있었으면 뭔가 주의사항이나 지시가 있었을 텐데, 아무런 말도 없었다. 그렇다면 무엇이 원인인가? 생각할 수 있는 것은 단 하나뿐이다.

"저, 장치가 고장 난 게 아닐까요?"

"딴말 하지 마세요. 저 기계로 다 재고 아무렇지도 않은데. 그것보다 호리에 씨, 미하마에서 무슨 일을 했는데요?"

장치 고장 탓이라 말해서 화가 났는지 그는 점점 말이 거칠어졌다.

"일이라 해봤자……."

무슨 일을 하며 선량을 얼마나 먹었는지를 꼬박꼬박 설명한다. 내 이야기를 다 들은 그는 팔짱을 끼며 잠시 입 다물고 있었다.

"그렇군요. 그런 일이면 이만한 수치는 나올 수 없겠네."

"그렇죠."

"네, 알았어요. 팬티 빼고 다 벗고 다시 재 봅시다."

다시 장치 위에 누웠다.

'혹시 이번에 또 그런 결과가 나오면…….' 뭐 때문인지는 모르지만 내 몸속에 심상치 않은 방사성물질을 갖고 있다는 것인데. 치료법이 있을까? 그리고 당연히 후쿠시마원전에서 일할 수도 없게 된다. 마음속에서 불안과 공포가 뒤섞인다. 결과를 알 수 없는 게 차라리 낫다고까지 생각했다.

─그리고, 2분이 지났다. 차임벨이 울리고 침대가 움직이기 시작했다. 난 팬티차림으로 서둘러 접수처 옆 사무실에 뛰어 들어갔다.

"이제 어때요?"

"잠깐만, 지금 (결과가) 나오니까."

우리가 지켜보는 가운데 프린터기가 경쾌한 소리를 내며 글을 친다.

"어때요?"

"글쎄요, 이상하네……."

"이봐요, 수치가 얼마가 나왔냐고요."

"그게, 800. 정상치네요."

그것을 듣고 기쁘다는 감정보다 먼저 온몸에 심한 피로감을 느꼈다. 볼 근육이 이상하게 경직돼 버려서 생각대로 웃을 수도 없다.

담당자는 납득이 가지 않는다는 표정으로 한 번만 더 검사하게 해 달란다. 그것도 몸이 아니라, 옷과 시계, 안경 등이란다. 침대 위에 담당자

지시대로 물건을 놓고 측정한다. 결과는 아마 2000 전후였을 것이다. 정확한 수치를 기억 못 하는 건, 몸만 오염되지 않았으면 괜찮다는 편한 마음으로 측정결과를 들었기 때문이다.

거기에 동료 한 사람이 아무리 기다려도 돌아오지 않은 나를 걱정해서 데리러 와 줬다. 담당자도 더 이상 원인규명을 포기한 듯, "그럼 가세요"라는 말을 남기고 사무실 안으로 들어가 버렸다.

내 몸속의 방사선량과 옷, 시계 등의 것을 합치면 3000 전후다. 이것은 처음 측정결과(6400)의 절반에도 미치지 않는다. 역시 장치에 뭔가 일시적인 차질이 생긴 것일까. 아무튼, '방사능의 공포'를 실컷 맛보고 말았다.

늦은 점심. 오후 1시 반. 오전에 전신방사선측정 검사를 함께 한 이들과 소형버스로 다시 '보건안전센터'로. 얼굴사진만 찍고 끝. 이후 또다시 '난로지킴이'.

사원과의 노골적인 '차별'

12월 23일(토) 맑음. 조례 후, 대기실에서 하마오카 방관(33, 4세, 우치다밸브 정직원)이 '종사자패스', '종사자입장카드', 필름배지, 그리고 작업복(위아래)을 줬다. 드디어 오늘부터 관리구역 내 작업을 맡게 되는 듯하다.

'종사자패스' ─ 세로 6cm, 가로 8cm의 플라스틱제 카드다. 왼쪽 절반은 어제 찍은 얼굴사진(컬러), 오른쪽에는 '성명', '번호'(150872), '회사이름'(우치다밸브)의 칸이 있다. 아래쪽엔 컴퓨터 입력카드처럼 3mm 정도의 작은 구멍이 여섯 개 뚫려 있다.

'종사자입장카드' ─ 세로 20cm, 가로 15cm로 '관리구역 출입허가증·개인방사선경보기 대여증'이라는 부제목이 붙었다. 개인피폭선량계 수치를 기록하기 위한 카드인 듯하다. '날짜', '선량계번호', '선량계 수치/ 사용 후A·사용 전B', '누적선량' 등의 칸이 앞뒤에 인쇄되어 있다. 칸 바깥에 '주의사항'으로 "(1)선량A - B의 수치가 100밀리뢴트겐을 넘었을 경우에는 감시원에게 보고할 것. (2)대여 받은 개인모니터 등은 책임지고 반납할 것."

덧붙이자면 19일 칸엔 '방사선교육 종료'라고 적혀 있었다. 19일은 사장을 따라 '현장'에 도착한 날이다. 그 날, 방관교육이 실시된 것은 사실이다. 그러나 난 그 옆에서 신문을 읽으면서 가끔씩 힐끔 쳐다보기만 했다. 방관교육을 받으라는 지시도 듣지 않았다. 게다가 '쳐다보기' 시작했을 때엔 거의 끝나가고 있었다.

필름배지는 미하마원전과 형태가 같다. 'TLD'(열 루미네선스 선량계)라 불리는 길이 4cm 정도의 계측기와 함께 비닐봉지에 들어 있었다.

두 종류의 카드와 필름배지가 들어 있는 봉투를 클립으로 끼우고 그것을 가는 끈으로 목에 매단다 — 이것으로 입장준비 완료다.

오전 8시 반. 44, 5세의 다시로 씨라는 노동자와 함께 현장으로 가는 소형버스에 올라탔다.

"작업은 1호기 제염이에요. 오늘은 (관리구역으로) 들어가는 방법을 배운다고 생각하고 편하게 해요."

버스 안에서 다시로 씨는 스스로, 히로시마에서 동료 몇 사람과 함께 왔다는 것, 다음 주 월요일에 반년 만에 귀향한다는 것, 내년에도 이 원전에서 일하게 될 것이라는 것 등을 이야기해 줬다. 사나운 생김새와 우람한 체격 — 보기만 해도 경력 몇 십 년이리는 풍모를 가진 그는 의외로 대도가 부드럽고 무엇보다도 수다스럽다.

도쿄전력 사무본관 앞을 지나 삼거리에 접어들었다. 왼쪽으로 가면 어제 전신검사를 받은 '보건안전센터'다. 버스는 거기를 우회전해 100m 정도 달리고 섰다.

다시로 씨를 뒤따라 차도를 사이에 끼고 바다와 반대쪽에 설치된 사

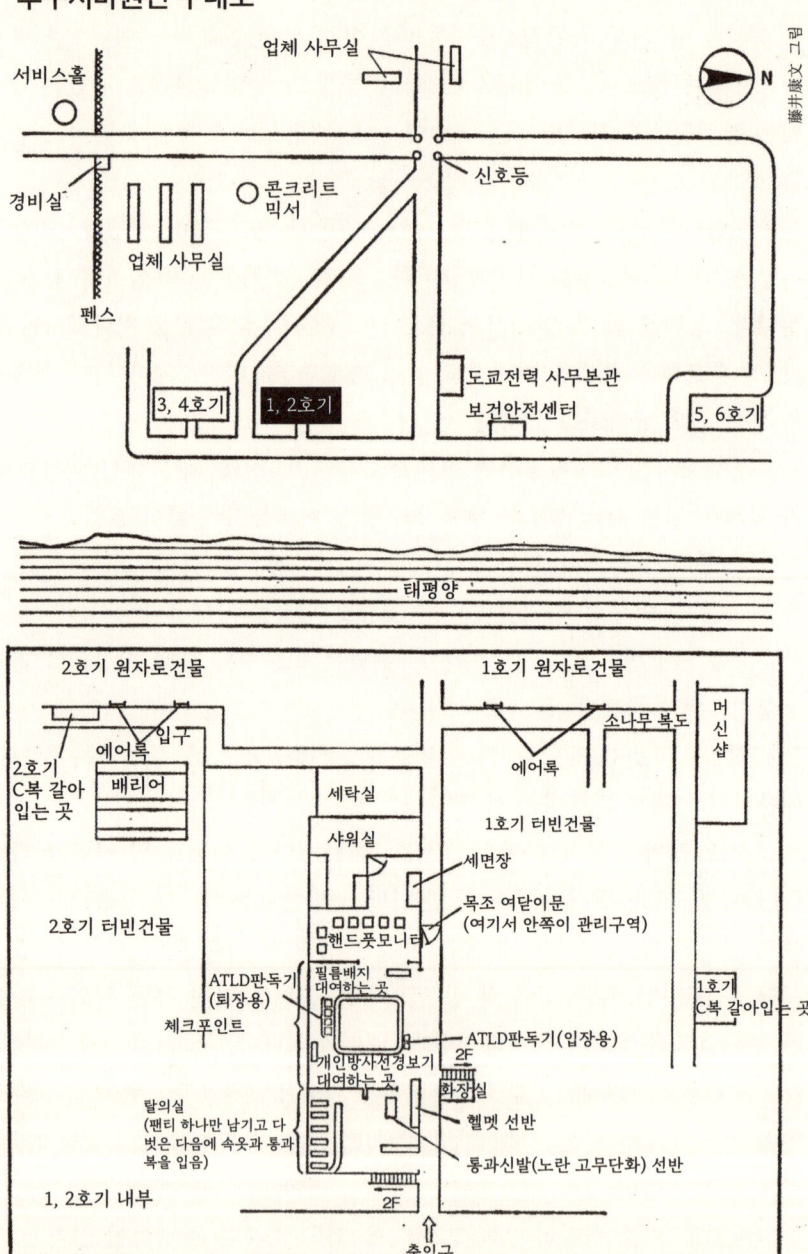

후쿠시마제1원자력발전소 _____ 방사선 속에서의 노동 — 그리고 사고

방이 콘크리트로 둘러싸인 건물에 들어갔다.

"여기 입구는 1호랑 2호 공용이야"라는 다시로 씨.

도쿄전력 후쿠시마제1원전 1호기는 9월 1일부터, 2호기는 이번 달(12월) 1일부터 각각 '정검'에 들어갔다.

입구엔 '도호쿠종합경비보장東北綜合警備保障'이라는 로고를 새긴 흰 헬멧차림의 젊은 경비원이 한 사람. 들어가서 바로 왼쪽 벽엔 여성의 반나체 '원자력의 날' 포스터와 전신거울. 그 포스터 앞이 탈의실이었다. 입구에 쌓인 플라스틱제 탈의 바구니에 옷과 신발을 담아서 방 안쪽에 설치된 접수대의 담당자에게 건넨다. 네댓 명 있는 담당자들 모두가 나이가 많고 가슴에 '빌대행代行'[16]이라고 새긴 작업복을 입었다.

팬티 하나만 입은 상태에서 비치된 속옷(상하)을 입는다. 위는 일반적인 긴팔 셔츠고 아래는 면바지다. 가슴과 아랫배에 각각 관리구역 표시(노란색)와 함께 '반출금지'라는 빨간 글씨가 찍혀 있다.

"이런 거 갖고 가라고 해도 아무도 안 가져가는데"라며 다시로 씨가 쓴웃음을 지었다.

그 다음에 노란 나일론 양말을 신고 등에 '통과복'이라고 유성펜으로 적힌, 의사가 입는 것과 같은 모양의 백의를 입는다. 헬멧을 쓰고 발가락 끝부분에 철판을 덮은 고무단화(노란색)를 신는다.

"자, 장비는 이제 다 됐어. 이번엔 체크포인트에서 (개인피폭)선량계 같은 것들을 받고 그래야 해. 여기저기 돌아다녀야 하니까 나랑 떨어지지 마."

다시로 씨를 따라 옆빙에 들어간다. 빙 가운데에 가슴 높이의 카운디가 정사각형으로 배치돼 있다.

여기서의 절차. ①개인방사선경보기를 받아 비닐봉지에 넣는다 ②카운

---

[16] 회사 이름이고 '빌'은 '빌딩'의 준말이다.

터 위에 있는 박스에서 'ATLD'(사방 4cm이고 뒤에 클립이 달려 있으며 필름배지 주머니에 들어 있는 'TLD'와 마찬가지로 열형광 특성을 이용한 방사선량측정기)를 하나 받고 ③플라스틱으로 된 '종사자패스'와 함께 'ATLD판독기'에 꽂는다 ④개인피폭선량계를 받고 '입장카드'에 선량계 번호와 현재 수치를 적는다 ⑤'종사자패스'와 '입장카드'를 업체별로 설치된 카드꽂이에 꽂는다.

"이걸로 제2단계 종료야. 아무래도 네다섯 번은 더 해 봐야 그럭저럭 외울 수 있을 거야."

복잡한 절차에 당황하는 나를 다시로 씨는 이렇게 '위로'해 줬다. 3대밖에 없는 'ATLD판독기' 앞에 순서를 기다리는 노동자들이 장사진을 이루기도 했지만 절차자체에 시간이 너무 걸린다. 옷을 벗기 시작했을 때부터 이 절차를 끝마칠 때까지 1시간 가까이 걸렸다.

체크포인트 옆 화장실에서 볼 일을 본 다음 목조 문을 열고 안으로 들어간다. 여기서부터 관리구역이다. 넓이 3m 정도의 통로를 지나간다. 양쪽이 콘크리트벽이고 어두침침하다.

"여기 별명이 '소나무 복도[17]'야. 우리 이제 'C복'을 입어."

다시로 씨의 설명에 의하면 도쿄전력에서는 구내를 세 가지로 구분했다. ①정문 내 부지는 모두 '주변감시구역'이고 ②체크포인트 내는 '방사선 관리구역'(통칭 'B구역')이다 ③그리고 ②구역 내에서 방사성물질에 의한 오염이 있는(또는 그 위험성이 있는) 곳을 '오염관리구역'(통칭 'C구역')으로 지정했다. 'C구역'에서 작업할 때는 'C복'을 착용해야 한다는 것이다.

"C구역이랑 B구역을 어떻게 구분해요?"

"글쎄, 그 부분은 난 잘 모르겠어. 그래도 배리어가 설치돼 있으면 그 안쪽을 C구역으로 보면 틀림없어."

---

17) '마츠노 로오까松の廊下'. 옛 에도성 내 복도로, 역사적 사건 때문에 일본에서 널리 알려진 이름이다.

후쿠시마제1원전의 작업복

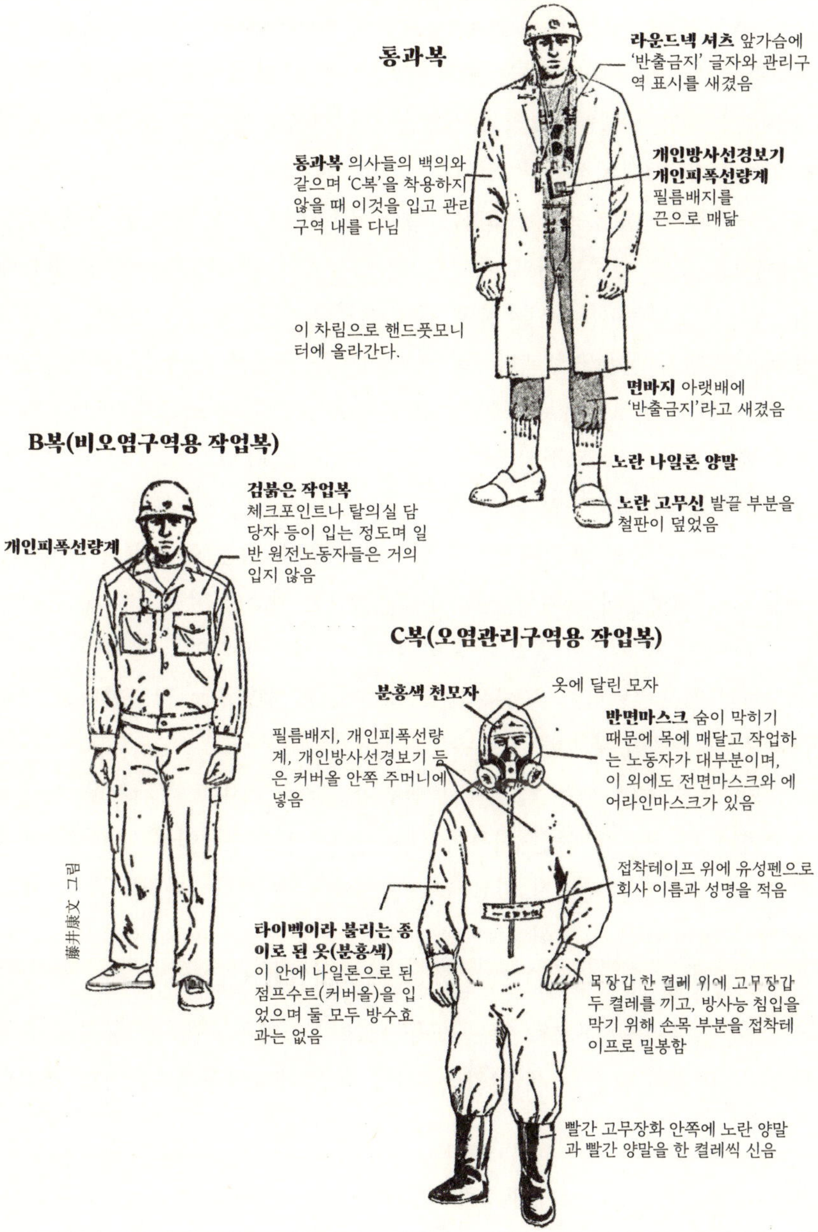

통과복

통과복 의사들의 백의와 같으며 'C복'을 착용하지 않을 때 이것을 입고 관리구역 내를 다님

이 차림으로 핸드풋모니터에 올라간다.

라운드넥 셔츠 앞가슴에 '반출금지' 글자와 관리구역 표시를 새겼음

개인방사선경보기 개인피폭선량계 필름배지를 끈으로 매닮

면바지 아랫배에 '반출금지'라고 새겼음

노란 나일론 양말

노란 고무신 발끝 부분을 철판이 덮었음

B복(비오염구역용 작업복)

검붉은 작업복 체크포인트나 탈의실 담당자 등이 입는 정도며 일반 원전노동자들은 거의 입지 않음

개인피폭선량계

藤井康文 그림

C복(오염관리구역용 작업복)

분홍색 천모자

옷에 달린 모자

반면마스크 숨이 막히기 때문에 목에 매달고 작업하는 노동자가 대부분이며, 이 외에도 전면마스크와 에어라인마스크가 있음

필름배지, 개인피폭선량계, 개인방사선경보기 등은 커버올 안쪽 주머니에 넣음

접착테이프 위에 유성펜으로 회사 이름과 성명을 적음

타이벡이라 불리는 종이로 된 옷(분홍색) 이 안에 나일론으로 된 점프수트(커버올)을 입었으며 둘 모두 방수효과는 없음

목장갑 한 켤레 위에 고무장갑 두 켤레를 끼고, 방사능 침입을 막기 위해 손목 부분을 접착테이프로 밀봉함

빨간 고무장화 안쪽에 노란 양말과 빨간 양말을 한 켤레씩 신음

꼬불꼬불한 '소나무 복도'를 300m 걸어가고 'C복 입는 곳'에 도착했다.

3면이 의류선반으로 둘러싸인 5평가량의 방 안에는 옷을 갈아입는 노동자들로 꽉 차 있다. 다시로 씨는 "쳇, 항상 이 모양이야"라며 혀를 차고 입구에 통과복과 헬멧, 그리고 신발을 벗어던지고 인파를 헤치며 방 안으로 들어갔다. 선반에서 넘쳐 떨어진 옷들이 널브러져 발 디딜 틈도 없다.

— 'C복' 착용 순서. ①모자가 달린 커버올(얇은 비닐로 된 분홍색 점프수트)을 입고 안주머니에 개인방사선경보기와 개인피폭선량계, 필름배지, ATLD를 넣는다 ②노란 양말 위에 빨간 나일론 양말을 신는다 ③목장갑 ④고무장갑 ⑤천으로 만든 모자 ⑥커버올 모자를 쓴다 ⑦타이벡(종이로 된 분홍색 점프수트로 모자는 없음)[18]을 입는다 ⑧또 고무장갑을 끼고 끝을 접착테이프로 고정시킨다 ⑨접착테이프에 유성펜으로 회사 이름과 성명을 적고 가슴에 붙인다.

좁고 사람들의 훈김이 찬 방 안. 선반 앞에 있는 이들을 밀어제치고 옷을 서로 빼앗듯이 하며 간신히 옷을 입는다. 평소에 땀을 그다지 흘리지 않는 나도 벌써 온몸이 땀으로 흠뻑 젖었다. 그렇지 않아도 양말이니 고무장갑이니 점프수트니, 각각 두 개씩 입었다. 이 차림으로 작업한다고 생각하니 몹시 마음이 무겁다.

방 밖에 놓여 있는 박스에서 반면마스크를 꺼내고 통과복을 어깨에 걸치며 오던 통로를 약간 되돌아간다. "여기가 머신샵이야. 간단한 가공 같은 건 선반기가 갖춰져 있으니까 여기서 하는 거야. 제염도구 좀 갖고 올 테니 여기서 쉬고 있어."

통과복을 내게 맡기고 다시로 씨는 그 머신샵으로 들어갔다.

C복 갈아입는 곳으로 가는 노동자들이 '소나무 복도'를 끊임없이 걸어온다. 여미지 않은 백의 앞가슴, 목에 매단 개인방사선경보기와 개인피

---

18) 타이벡은 미국 듀폰 사의 폴리에틸렌 섬유로 그 회사의 등록상표다. 일본 핵발전소에선 이 섬유로 만든 방호복 이름으로 사용된다.

폭선량계, 필름배지가 그 앞가슴에서 흔들거리고 있다. 면바지에다 노란 단화 차림의 행진이라니 매우 이상한 광경이다.

잠시 후, 다시로 씨가 돌아왔다. 그는 웨스 다발과 주방용 세제를 담은 콜라 캔을 손에 들었다.

'소나무 복도'를 반대방향으로 다시 걸어간다. 잠수함 출입구 같은 두꺼운 강철 이중문(에어록) 안으로 들어간다. 입구 문짝을 안쪽에서 동그란 핸들을 돌려 잠근다. 그 다음에 출구의 문짝을 역시 같은 모양의 핸들로 연다. 어느 한 쪽 문짝이 열려 있을 때엔 경보가 계속 울리며 나머지 한 쪽은 열리지 않는다. 이러한 구조를 '인터록' 방식이라고 부른다고 어떤 책에서 읽은 적이 있다. 예전에 미하마원전에서 양쪽 문이 다 열리지 않아 그 사이에 긴 시간 동안 갇혀버린 노동자가 있었다는 이야기가 생각이 났다.

이중문을 빠져 나왔다. 바로 전까지와는 완전히 다른 어수선한 세계다. 한 사람이 간신히 걸을 수 있을 통로. 이 공간을 꽉 채우도록 뻗어 있는 관들. 사람 키 높이에 둘러쳐진 비닐시트. 매달린 전선들. 여기저기에 산더미처럼 쌓인 공사용 자재들. 뜨뜻미지근한 공기. 어둡다. 그리고 소음. 이 속을 지나 엘리베이터로 간다.

4층. 텅 빈 실내. 있는 것은 비상용 복수기 두 기랑 가로로 길쭉한 배리어뿐이다. 경비원 제복을 입은 남자가 작은 책상 앞에 우두커니 앉아 있다. 그 말고는 한 사람도 없다.

"감독이 올 때까지 여기서 좀 기다리자."

다시로 씨와 나는 배리어에 앉았다. 경비원과 아는 사이인지, 다시로 씨는 그와 잡담히 시작했다. 이 경비원의 옷차림은 정말 위압감을 주지만 헬멧 아래 미소는 아직 많이 어려 보인다. 난 27, 8세 정도로 봤다. 도호쿠 사투리. 그도 아마 지역 사람일 것이다.

감독의 모습이 아직 보이지 않는다.

"제기랄."

짜증난 말투로 그렇게 말하며 다시로 씨는 페이징(호출용 전화)을 걸러 갔다.

4~5분 후, 그가 돌아왔다.

"내 참, 뒤통수 한 대 맞았네. 작업을 오후부터 해 달래. 젠장!"

고생 끝에 겨우 입은 C복을 그 자리에서 벗고 배리어 옆에 설치된 박스에 던져 넣는다. 셔츠와 면바지 위에 통과복을 입고 '소나무 복도'로 나간다. 체크포인트에 닿기 약간 전에 좌회전한다. 길쭉한 방 입구에서 목장갑을 벗는다. 오른쪽은 샤워실이다. 왼쪽 벽을 따라 설치된 수돗가에서 먼저 고무신발 바닥을 씻고 그 다음에 손과 얼굴.

길 끝이 핸드풋모니터로 검사하는 곳이다. 몇 대 설치된 그 모니터는 미하마원전에서 사용했던 것과는 많이 다르다. 미하마의 경우, 박스형으로 정확히는 '게이트모니터'라고 부른다고 했다. 전신(피부 표면)의 오염 상황을 한 번의 측정으로 알 수 있다.

그러나 후쿠시마원전 것은 바로 이름 그대로 손과 발(정확히는 손목에서 손가락 끝까지와 발바닥)밖에 잴 수 없다. 그 외의 부분은 비치된 방사선 검출기(옷용 GMT)의 끝(밥 푸는 부분이 길쭉한 밥주걱 모양)을 한손에 들어 몸을 쓰다듬는 듯이 움직여서 측정한다. 담당자는 없고 노동자 자신이 직접 한다. "1초에 3cm씩 움직이세요"라는 종이가 붙어 있다. 기계도 아닌 사람이 그런 '곡예'가 가능할까? 등과 같은 곳은 어떻게 측정하란 말인가?

"야! 얼른 해!"

종이에 적혀 있는 말을 '충실'히 실천하던 내게 순서를 기다리던 노동자가 성난 목소리를 던졌다. 기다리는 사람도 좀 생각하라고 말하는 듯한 표정이다. 아직 측정 도중이었으나 다음 사람에게 건네주고 말았다. 몸 어딘가에 방사성물질이 묻어 있는 것 같아 너무 불쾌하다.

무심코 실내를 둘러봤다. '어라?' 구석에 미하마원전과 같은 기계—한꺼번에 전신의 방사능을 검사할 수 있는 장치가 한 대 설치돼 있는 게 아닌가? 멍청하긴. 그런데 왠지 그 앞에는 아무도 줄서 있지 않다. 한 경비원에게 물어봤다.

"저 기계 쓸 수 없어?"

"아니, 특별히 고장난 것은 아닌데, 저건 사원 전용이거든."

"사원용이라고?"

"응, 도쿄전력 사원들이 사용하기 위해 설치해 놓은 거야."

— 이런 것을 '차별'이라고 하겠다. 너무 노골적인 차별이다.

같은 모양의 방사선검출기로 필름배지와 개인피폭선량계, 개인방사선경보기의 오염을 검사한다. 이상 없음.

체크포인트에서 다시로 씨가 내 '종사자패스'와 '종사자입장카드'를 손에 들고 기다려 주고 있었다.

ATLD판독기
출처: 西山明 지음,『원전증후군原発症候群』, 批評社, 1982, p97

"사실은 밖으로 나올 때마다 ATLD 측정을 해야 하는데 하나도 일 안 했고 오후에도 같은 곳으로 가니까 괜찮겠지, 뭐"

관리구역에 들어가기 전에 ATLD를 '종사자카드'와 함께 기계에 꽂았는데, 그것으로 판독장치와 직결된 컴퓨터가 내 관리번호와 시각을 기억한다. 그리고 퇴장 시에 다시 ATLD랑 카드를 판독장치에 꽂으면 ATLD의 수치, 다시 말해 입장 시부터 퇴장까지 맞은 선량이 마트의 영수증 같은 종이에 찍혀 나온다—고 다시로 씨는 설명해 줬다.

개인피폭선량계와 개인방사선경보기를 꽂이에 꽂고 탈의실로 간다. 통과복과 '반출금지'라 적힌 속옷(상하)을 벗고 접수대에서 작업복과 신발을 담은 바구니를 받는다. 겨우 반나체의 여성과 재회했다.

오후에도 같은 작업 현장이다. 그런데 실제로 작업한 것은 다시로 씨 한 사람이었다. 나는 그 옆에서 '대기'였다. "호리에 씨는 아직 'RWP'에 등

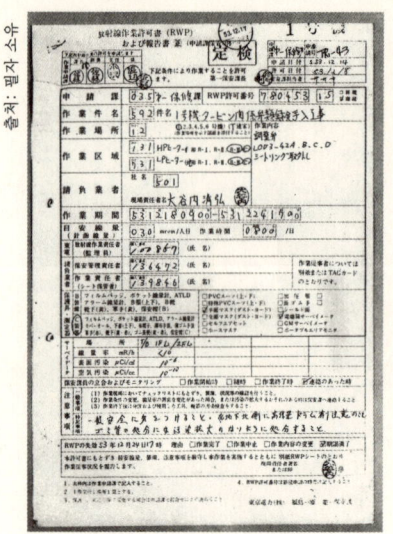

방사선작업허가증(RWP)

록이 안 돼 있어서 일할 수 없어요"라는 이유 때문이었다.

'RWP' — 방사선작업허가서(보고서). C구역에서 작업할 경우, 각 업체는 작업장소와 작업기간, 노동자 이름 등을 미리 이 보고서에 적어서 도쿄전력에 제출해서 허가를 받아야 한다. 그러나 이 서류에 내 이름을 아직 등록하지 않았다는 것이다.

2시간 정도로 작업 종료. 일하지도 않았는데 오늘 하루의 피폭선량(개인피폭선량계 수치)은 5밀리렘이었다. 방사선을 괜히 (강제로) 맞았다.

12월 24일(일) 쉬는 날. 정오 가까이까지 푹 잠.
오후부터 빨래와 장보기, 메모 정리. 가족과 떨어져 이야기 나눌 사람도 없는 도호쿠지방의 숙소에서 외로운 크리스마스이브를 맞았다.

12월 25일(월) 맑음. 종일 사무실 대기. 창문을 꼭 닫아 놓은 대기실 안에 담배 연기가 꽉 차 있다. 그래서 목이 아프다.

12월 26일(화) 맑음. 또다시 사무실 대기. 방관 말에 의하면 "네 이름을 등록한 'RWP'가 아직 안 나왔다. 아마 내일쯤부터 일을 시작하게 될 것 같다"라는 것이었다. 어젯밤에 구입한 추리소설을 읽고 시간을 때운다.
감기에 걸린 듯하다. 등에 한기가 든다. 오후 7시경에 이불 속으로 들어갔다.

"방사선이 나를 둘러쌌어!"

12월 27일(수) 맑음. 드디어 '지명' 받았다. 'RWP' 등록절차가 다 된 모양이다. 보싱[19](이 회사에선 '작업책임자'를 이렇게 부름) 사토 씨(62, 3세)에게 작업 설명을 듣는다.

"오늘의 작업은 1호로 클린업실에 있는 조정밸브 설치입니다. 선량이 높은 곳이니까 조심하시고. 마스크는 전면(마스크)을 착용하세요."

그 때까지 히죽거리며 사토 씨의 말을 듣던 이들은 "선량이 높은"이라는 대목에서 갑자기 정색했다.

멤버는 다섯이다. 그 중 네 명이 어제까지 나와 함께 사무실에 대기하던 '프레시맨'들이다. 나를 빼고 모두 20세 전후의 지역 청년들이다. 단 하나 있는 '고참' 오오타케 씨(22, 3세)도 지역 사람이다.

"그럼 이제 버스 타고 1호기 머신샵 앞에 집합. 무슨 질문 있는 사람?"

맨 앞에 서 있던 '프레시맨' 중 한 명이 그 때 "저요!" 하며 손들었다. 아직도 학생이라고 생각하나 보다. 이것에는 보싱도 뜻하지 않게 쓴웃음을 띠었다.

"저기, 뭔가 가져가야 할 거라든가, 준비할 거는?"

"특별히 없어. 몸 하나만 있으면 돼. 어, 잠깐, '종사자패스'랑 필름배지만은 꼭 챙겨야 해."

오전 9시 정각에 1, 2호기 건물 앞에 도착. 체크포인트에서 입장 절차를 밟고 나서 'C복'을 입는다. 다들 눈치껏 따라 입었다.

머신샵 앞에선 '고참' 오오타케 씨가 혼자 서 있었다. 그는 내 손에 있는 전면마스크를 보고 "그 마스크 좀 위험하네"란다.

---

[19] 일본 건설업계에서 작업책임자를 가리키는 말로 쓰이며 한자로 봉심棒芯으로 쓰기도 한다. 일설에는 영어의 boatswain에서 나온 말이라고도 한다.

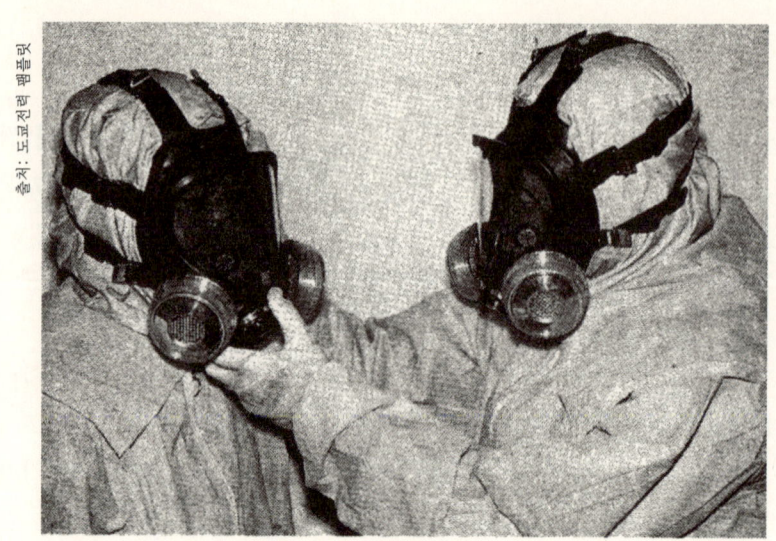

전면마스크

내가 챙긴 전면마스크는 얼굴에 고정시키기 위한 고무줄이 두 개지만 그의 것은 세 개 달려 있었다.

"고무줄이 많을수록 그만큼 (마스크가) 얼굴에 밀착되니까."

그의 충고에 따라 고무줄이 세 개 달린 전면마스크로 바꿨다.

"응, 그게 더 안전해. 그 다음에 공기가 안 새는지 테스트해야 해. 나 따라 해 봐."

오오타케 씨는 얼굴에 마스크를 대고 턱 부분에 튀어나온 필터 끝을 손바닥으로 눌렀다.

"그대로 숨을 들이쉬어 봐. 어때? 숨이 막혀?"

숨을 들이마시기는 했다. 그런데 내쉴 수가 없다. 질식 상태다. 갑갑하다.

"그래, 갑갑하면 마스크가 얼굴에 꼭 붙어 있는 거야. 수고했어."

마스크 착용방법을 배운 것은 원전노동가가 되고 나서 이번이 처음이었다.

내부피폭은 방사성물질이 각 종류마다 특정 조직에 달라붙기 때문에 국부적 장애를 일으키는 경우가 많다. 또한 일단 몸속에 들어가면 많은 경우 이를 몸 밖으로 배출하기 어렵다. (중략) 또한 혈구 감소를 일으켜 쇠약과 빈혈을 수반하기도 한다. 또 백혈병과 골종양을 일으킬 가능성이 크다. (「방사선과인간환경放射線と人間環境」 과학기술청 원자력국)

이 위험하고 무서운 '내부피폭'에서 육체를 지켜주는 것이 마스크다. 그 마스크의 착용방법을 왜 '방관교육'에서 가르쳐 주지 않는가? 원전과 원폭의 차이점이라든가 자연방사선이 무엇인가 등의 내용은 현장에서 늘 방사선을 맞고 있는 노동자에게 그다지 중요한 '지식'으로 보이지 않는다. 오히려 방사능(선)의 위험성과 철저한 방호방법이야말로 '방관교육'에서 가르쳐야 할 내용이다.

모두 모였다. 며칠 전에도 지났던 이중문을 빠져나오고 엘리베이터로 2층으로 간다. 문이 열렸다. 눈앞에 배리어. 그 앞에는 노란 고무신발과 통과복들이 어질러져 있다. 좁다. 오른쪽은 엘리베이터 문 가까이 콘크리트벽이 튀어나와 있다. 배리어 옆에 나무 책상이 하나. 그 위 서류에 보싱이 가타카나[20]로 무언가 적기 시작했다. 'RWP'—그 용지 마지막 페이지는 'RWP작업자명단'으로 작업자 이름이 가타카나로 타이핑돼 있다. 그 옆 칸엔 입장월일이 적혀 있고 각각 '오전'과 '오후'로 나눠져 있다. 보싱은 해당 칸을 연필로 칠해간다. 소위 말하는 '마크방식'이다. 이 리스트를 컴퓨터에 직접 입력하는 것 같다.

배리어 앞에서 헬멧과 노란 신발, 통과복을 벗은 다음에 전면마스크를 끼고 비치된 헬멧을 쓰며 빨간 고무장화를 신는다.

"자, 가자"라고 보싱이 손으로 신호를 보냈다.

---

20)　일본 문자의 하나로, 외래어, 의성어 등을 표현할 때 쓴다.

원자로 내 작업 풍경

 관과 각종 기계장치가 '무성한 숲'에서 조그마한 틈새를 찾으며 전진한다. 넘어가고 밑을 빠져나가며 또 뛰어넘고……. 도중에 한 번 장화를 갈아 신는다. 오른쪽에 콘크리트벽으로 둘러싸인 2평 남짓 정도의 방이 있다. 그 앞을 왼쪽으로 돌아가니 좁고 긴 공간이 나타났다. 여기는 관들이 없고 바닥도 평평하다. 중간까지 갔을 때, 보싱이 "서라!"고 신호를 보냈다.

 한쪽 콘크리트벽은 바닥과 수직이지만 또 한쪽은 우리 쪽으로 밀려나왔고 완만한 곡선이었다. 내가 기억하기엔 비등수형(BWR) 원자로 압력용기는 플라스크 모양이다. 우리는 아마 플라스크 하부의 동그스름한 부분에 서 있을 것이다. 가동 중에는 눈앞에 솟은 이 벽 안쪽에서 연료봉이 타며 동시에 대량의 방사성물질이 생겨난다. 우리는 방사능 오염 발생원과 마주 대하고 있는 셈이다.

 얇은 철판으로 만든 어른 키만 한 도구상자가 설치돼 있다. 보싱은 그 앞에 비닐시트를 깔고 도구들을 늘어놓기 시작했다.

 잠시 후, 보싱은 그 뒤에 서서 지시를 기다리는 우리를 둘러보고 전면마스크를 쓰는 법을 가르쳐 준 오오타케 씨와 나 둘을 가리키며 "같이 와"라고 신호를 보냈다.

그를 따라 여기에 올 때 봤던 좁은 방에 들어갔다.

텅 비어 있는 방 안. 구석의 바닥 위엔 길이가 1m에 가까운 밸브가 하나 놓여 있다. 셋이서 이 밸브를 들어 올려 벽에 설치된 밸브 본체에 연결한다. 무겁다. 생각대로 볼트와 구멍이 맞지 않는다. 겨우 맞췄다. 보싱이 우리 손을 당기고 턱으로 "빨리 나가"라고 신호를 보냈다. 아무래도 이 방이 고선량 구역인가 보다.

우리가 동료들에게 돌아가니 보싱은 공구를 한손에 들고, 대기하던 한 사람을 데리고 다시 방으로 들어갔다. 바로 보싱만이 돌아왔다.

6, 7분 후, 갑작스레 "삐이익!" 무거운 연속음이 울렸다. 50밀리렘에 설정된 개인방사선경보기가 '펑크' 났다. 보싱이 뛰어갔다. 경보소리와 함께 둘이 들어왔다. 방관이 경보기를 '펑크' 낸 청년의 앞가슴을 벌리고 개인피폭선량계를 꺼내며, 천장 형광등에 비추어 봤다. 처음으로 듣는 경보기 소리가 불안감을 키우고 신경을 초조하게 한다. 불쾌한 소리다. 방관이 피폭선량계의 수치를 손가락으로 보싱에게 전했다. 5와 1—51밀리렘이다. 그 청년에게 배리어 앞에서 대기하라고 지시한 다음에 보싱은 다른 청년과 함께 밸브 방으로 갔다. 2, 3분 지나자 그 청년이 들어왔다. 이번엔 경보가 울리지 않았다.

그 다음에 지명 받은 것은 나였다. 지름 1cm 정도의 패킹을 20개 정도 건네받았다. 보싱을 뒤따라 방에 들어간다. 그는 패킹 설치할 곳을 가리키고서 곧바로 나가 버렸다.

콘크리트벽에 둘러싸인 살풍경한 방에 나 홀로다. 방사선이 나를 둘러쌌다. 오감으론 못 느끼지만 틀림없이 그것은 내 육체를 꿰뚫고 있다. 심장 박동이 빨라진다. 패킹을 쥔 손이 떨린다. 밸브 가운데 동그란 구멍에 양손 엄지로 하나씩 밀어 넣는다. 여덟 개까지는 순조로웠으나 남은 두 개가 뜻대로 들어가지 않는다. '얼른 나가야지!' 하는 마음에 초조해진다.

손 떨림이 가라앉지 않아 더욱 초조해진다. 이마에서 흐른 땀이 눈으로 흘러들어온다. '이제 나가자, 아니 좀 더, 나가자……', 아홉 개째가 겨우 끼워졌다. 나머지 하나. 그러나 무의식적으로 다리가 출구를 향해 달리기 시작했다. 10분 이상이나 작업한 것 같았으나 실제론 고작 2, 3분이었다.

두 청년이 들어갔다. 5, 6분 후, 두 대의 경보기가 연달아 울리기 시작했다.

이것으로 남은 것은 보싱과 나, 그리고 오오타케 씨, 세 명뿐이다. 보싱은 약간 초조해하기 시작했다. 우리 둘에게 작업방법을 설명하려 하지만 전면마스크를 껴서 목소리가 밖으로 나오지 않아 잘 들리지 않는다. 생각다 못해 그는 마스크를 벗고 말했다.

옆에 서 있던 방관이 당황하며 "마스크 써!"라고 몸짓으로 지시한다. 그러나 보싱은 "가만히 있어 봐!" 하며 마스크를 쓰려 하지도 않고 계속 설명했다. 방관은 포기했는지 입 다물어 버렸다.

이 때쯤부터 양쪽 관자놀이 언저리에 바이스로 조이는 듯한 극심한 통증을 느끼기 시작했다. 신선한 공기가 부족해서인가? 아니면 안경을 쓰지 않아서 시신경에 과부하가 걸렸기 때문인가? 아프다. 참다못해 엉거주춤한 자세가 되고 말았다.

또 경보 소리가 들려왔다.

마침내 나와 보싱 둘만 남았다. 보싱이 혼자서 작업을 계속한다. 경보음이 울렸다. 그는 들어오자마자 방관에게 "조금만 더 작업하게 해 달라"고 빌었다.

양해를 받았다. 나와 보싱이 들어갔다. 지름 10cm 정도의 볼트(?)를 큰 파이프렌치로 조인다. 두통이 더 심해졌다. 빨리 전면마스크를 벗겨내고 싶다, 신선한 공기를 폐에 마음껏 채우고 싶다, 그 생각밖에 들지 않았다. 방사능을 무서워하는 정신적 여유는 이미 잃어버렸다. 차라리 한시라도 빨리 경보가 울려서 이 자리에서 도망가고 싶다고까지 생각했다.

─끝났다. 결국 내 경보기만 울리지 않았다. 공구 정리도 하는 둥 마

는 등 관들의 숲을 빠져나와 배리어에 도착했다. 전면마스크를 벗었다. 마치 머리에서 물을 뒤집어쓴 것처럼 머리카락이 흠뻑 젖었다. 기다리던 이들을 먼저 보내고 나와 보싱 둘은 배리어에 털썩 주저앉아 버렸다. 빨리 야외에 나가서 맛있는 공기를 들이쉬고 싶었다. 그런데 이미 그럴 기력도, 체력도 남지 않았다.

한숨 돌리니 두통이 제법 나아졌다. 보싱이 말을 걸어왔다.

"저런 선량이 높은 곳에서 작업하는 게 우리한텐 제일 힘들어. 내가 혼자서 척척 해 버리면 좋은데, 그렇게 하면 곧바로 '펑크' 나. 그래서 '인해전술'을 써야만 하는데, 그래도 내가 작업 중에 '펑크' 나면 다음 작업을 할 수가 없어. 일하면서도 내 선량을 항상 생각해 놓는 거야. 끝까지 '펑크' 안 나게. 근데 오늘은 좀 실수했네."

그는 이마의 땀을 닦으며 힘 빠진 미소를 내게 지었다.

작업 중 왜 그가 우리를 방에 남기고 가 버리는지 의문이었는데, 이 이야기를 듣고 수수께끼가 풀렸다.

샤워하고 싶었으나 입구에 "샤워는 찬물입니다"라는 종이가 붙어 있어 포기했다. 체크포인트에서 개인피폭선량계를 읽어 보니 45밀리렘이었다. '펑크' 날 뻔했다.

오후부터는 사무실 대기.

엉터리 '방사선 관리'의 실태

12월 28일(목) 우치다밸브는 내일이 종무다. 그런데 이번 주에 접어들어 귀향하는 노동자가 잇달아 약 절반인 20명 안짝만 남았다.

어제에 이어 '클린업실' 작업. '또…'라는 기분. 하지만 도구상자 정리라고 듣고 어느 정도 마음이 풀렸다. 그래도 그 전면마스크를 써야 한다.

오늘은 보싱이 함께 하지 않고 나와 지역 청년 둘뿐이다. 도구상자에 비닐시트를 치고 공구류를 다 꺼내서 늘어놓는다. 그리고 종류별로 나눈다. 일이 편하다.

그러나 작업을 시작한 지 10분 후에 갑자기 구역질이 났다. 마스크의 고무 냄새가 코를 찌른다. 머리도 아프기 시작했다. 배리어까지 돌아가 몸을 쉬기로 했다. 마스크를 벗고 15분가량 휴식. 두통은 아직 남았으나 구역질은 꽤 가라앉았다.

다시 현장으로. 10분도 걸리지 않아 일이 끝나 버렸다. 살았다.

핸드풋모니터에서 발 부분에 '오염등'이 켜졌다. '발'이라 해도 고무신발(노란색)을 신은 채로 모니터에 올라갔기 때문에 정확히는 고무신발의 오염이다.

관리구역 안엔 작업장소나 오염구역의 경계를 표시하기 위한 직사각형의 나무상자, 다시 말해 배리어가 설치돼 있다. 그 배리어를 통과할 때마다 신발을 갈아 신어야 하는데, 그 때 오염됐을 수 있는 바닥이나 비닐시트 위를 양말로 직접 밟고 다니게 된다. 또한 작업 중에 장화 속으로 방사성물질이 들어갈 수도 있다. 그런데도 맨발로 모니터 검사는 하지 않는다. 과연 고무나 발끝 철판으로 가려진 발의 오염상황을 정확히 검사할 수 있을까? '도쿄전력 소유물인 신발만 오염되지 않았다면 노동자 발 따위는'이라고 생각하는 게 아닌가 의심되는 엉터리 검사 방법이다.

오염된 고무신발을 물로 씻으려고 핸드풋모니터에서 내려갔을 때, 어제 마스크를 쓰는 법을 가르쳐 준 오오타케 씨를 만났다. 내가 "신발이 오염된 것 같아"라고 하니 그는 "그럼 이 모니터에 올라가 봐"라며 내가 올라간 것이 아닌 다른 모니터를 가리켰다.

"아니, 어느 거든 결과는 같지 않아?"

"일단 해 봐."

올라가 봤다. '오염등'이 켜지지 않는다.

"봤지? 같은 오염이라도 (등이) 켜지는 거랑 안 켜지는 게 있어. 또 하나 공부했지?"

후쿠시마제1원자력발전소 _____ 방사선 속에서의 노동 — 그리고 사고

자기 말대로 되지 않았느냐는 표정으로 그는 킥킥 웃었다.

오늘 함께 일했던 둘은 샤워를 하는지 아직 나오지 않는다. 체크포인트에서 기다리기로 했다.

그리고 이 때 또다시 방사선 관리의 '실태'를 똑똑히 보게 됐다.

핸드풋모니터 방 옆에 조그마한 자리가 마련돼 있다. 관리구역에서 사용한 물품을 가지고 밖으로 나갈 경우에 여기서 검사를 받게 돼 있다.

"이건 좀 안 되는데. 제염해야지 갖고 나갈 수 있어."

젊은 담당자가 테이블 위를 가리키고 있다. 멀어서 잘 보이지 않았으나 거기엔 스패너 같은 공구가 하나 놓여 있었다. 아무래도 그 공구가 오염된 것 같다. 42, 3세의 노동자가 떨떠름한 표정으로 담당자를 쳐다보고 있다.

잠시 후, 그 노동자는 공구를 손에 들고 핸드풋모니터를 올라간 그의 동료로 보이는 젊은 남자에게 다가가서 뭔가 귀엣말을 했다.

젊은 남자는 측정을 마치자 체크포인트 옆에 설치된 관리구역 입구를 이룬 나무문짝 앞에 섰다. 곧 그 문짝이 살짝 열리고 오염된 공구가 쑥 내밀어졌다. 젊은 남자는 그것을 통과복 속에 숨기고 탈의실로 사라졌다. 이렇게 오염된 공구는 아무렇지도 않게 밖으로 반출되고 말았다.

원전의 '안전대책'에 대해 각지의 원전 (예정)지역에 강사로 초빙될 정도로 풍부한 지식을 가진 아사히신문 오오쿠마 유키코 기자는 이렇게 말하고 있다.

"이 격납용기 바깥쪽에는 철근콘크리트로 두꺼운 '성벽'이 또 지어져 있다.

죽음의 재는 이렇듯 공들여 엄격하게 봉인되어 있다. 이러한 구조를 '다중방호'라고 한다. …(중략)… 이처럼 철저한 안전대책을 다른 산업이나 사람의 생명을 맡은 병원에서 과연 하고 있을까?"(『핵연核燃』 아사히신문사 발행)

―아무래도 "공들여 엄격하게 봉인되어 있는"것은 '죽음의 재'가 아니라 오히려 전력회사의 엉터리 '방사선 관리(안전대책)의 실태' 같다.

오후부터는 사무실 대기.

내일 귀경하기로 했다. 시무는 1월 5일이다.

'가마가사키'에서 온 노동자

1979년 1월 5일(금) 오후 4시 우에노발 특급 '히타치 5호'를 타고 나미에로 간다. 지난 연말에 든 감기가 아직 낫지 않아 몸 상태는 최악이다.

가미야마 사장이 두 명의 노동자를 데려왔다. 기시다 씨, 38세. 야노 씨 34세. 모두 오사카 '가마가사키'[21]의 노동자다.

그들은 말쑥한 양복차림에, 바닥에 바퀴가 달린 큰 여행가방을 끌고 우에노역 승강장에 나타났다. 마치 엘리트 회사원이 해외출장이라도 갈 것 같은, 그런 차림이다. 페인트가 묻은 방한복에 구깃구깃한 작업바지 차림의 나와는 큰 차이가 난다.

작년 말에 들었던 사장의 말로는 오사카에서 7명의 노동자를 데려온다고 했다. 그런데 출발 전에 7명이 함께 건강검진을 받았으나 합격한 사람은 오늘의 두 명뿐이었고 나머지 5명은 혈압이나 백혈구에 문제가 있어 퇴짜 맞았다고 한다.

"어떻게든 서너 명 더 찾아야 돼."

사장은 자꾸 "난처해"를 연발했다.

" '인부파견'이라는 건 회사에서 주문받은 노동자 머릿수를 어떻게 정확히, 또 어떻게 빨리 보내느냐에 따라 평가받아."

이전에 이 사장을 소개해 준 사와다 씨가 그렇게 말했던 것이 생각났다.

사장은 우리를 승강장에서 보내고 들어갔다. 그가 데려온 두 사람과

---

21) 일본에서 가장 큰 '인력시장'이자 주로 일용직 노동자들이 거주하는 마을이다.

는 열차 안에서 좌석이 서로 떨어져 있었기 때문에 이야기를 나눌 기회가 하나도 없었다.

오후 7시 29분, 나미에 도착. 도쿄에 비해 역시 후쿠시마의 기온이 낮다. 눈이라도 올 것 같은 찬바람이 휘몰아치고 있었다.

1월 6일(토) 우치다밸브의 시무가 어제여서 오늘은 아침부터 평소대로 작업했다.

작년에 나와 함께 난로 '지킴이'를 했던 지역 청년들도 현장에 나갔다. 그런데 왠지 나만이 사무실 대기였다. 어제 오사카에서 온 둘도 함께 했다.

뜻밖에도 그 둘은 직원이나 노동자들과 아주 친하게 농담을 주고받는다. 작년 여름 무렵까지 이 회사에서 일했다고 한다.

10시쯤 대기 멤버가 하나 더 늘었다. '신참' 나카지마 씨(32, 3세). 결혼반지를 꼈다. 지역 사람이다. 방관에게 건네받은 '피폭 이력 조사표'을 앞에 두고 그는 광고지 뒷면을 이용하여 열심히 선량을 집계한다. 아무래도 이 회사에 오기 전에 각지의 원전을 꽤 옮겨 다닌 듯하다.

저녁에 현장에서 돌아온 한 노동자에게서 오후 1시쯤에 1, 2호기 공용 탈의실에서 중년 남자가 바닥에 쓰러졌다는 이야기를 들었다.

"갑자기 '쿵' 쓰러져 버렸지. 그러고서 몸부림치기 시작했어. 간질병 환자인가. 옆에 있던 남자가 혀를 깨물지 않게 입에 천을 넣었어. ……만약에 그 발작이 관리구역 안에서 일어났다면 그야말로 큰일이 났을 거야. 선량이 높은 데라면 방사능 범벅이 돼 버려서 여간해선 내리고나올 수도 없으니까."

"그래서 구급차는 불렀어?"

옆에서 젊은 노동자가 물었다.

"글쎄, 의사는 불렀을 수도 있는데 구급차는 불렀을까? 도쿄전력은 구급차 함부로 안 부르거든."

"왜?"

"왜라니? 병들거나 다치거나 해서 구급차를 부르면 신문사 같은 데가 눈치 챌까봐 그러는 게 아닐까? 대부분 (병든 이나 다친 이를) 회사 차로 병원까지 데려가거든."

"저런! 무서운 이야기네!"

젊은 노동자는 내뱉듯이 그렇게 말하고 얼굴을 찡그렸다.

(1977년) 4월 22일, 후쿠시마 3호로에서 발생한 하청노동자 오기와라 유이치 씨 낙하 사망사고는 (중략) 원전에서 일하는 하청노동자가 몹시 나쁜 조건에서 일한다는 사실을 여실히 드러냈다. (중략) 사고 후 처리는, 그가 구출되어 병원으로 실려갈 때까지 많은 시간이 걸려(일설에 의하면 2시간 가까이 방치되어 있었다고 함) 나머지 하청노동자들이 불안을 호소할 정도였다. (중략) 떨어진 오기와라 씨는 온몸이 방사능으로 뒤덮여 도쿄전력 당국이 관리구역 외로 반출하기를 꺼렸으며 출혈이 심해서 제염도 잘못 한 채로 방치했다고 전해진다. (「원전투쟁정보原発闘争情報」 36호, 원자력정보자료실原子力資料情報室 편집발행)

이용할 수 있는 만큼 이용하고…

1월 8일(월) 여느 때처럼 아침 추위가 극심하다. 그런데 낮에는 봄처럼 따뜻했다. 6일자 「후쿠시마밍유」는 "'눈 없다' 이나와시로 10억 엔 손해"라며 예년에 없는 눈 부족이 스키장을 가진 이나와시로 지역에 큰 타격을 입히고 있음을 보도했다.

2호기 〈터빈건물(T/B) 1층 조정밸브(2대) 손질〉.

미하마원전에선 터빈건물이 2차계통으로 취급됐지만 후쿠시마원전의 경우엔 원자로 건물과 마찬가지로 관리구역으로 지정돼 있다. 원자로 구조가 다르기 때문이다.

미하마원전은 '가압수형(PWR)'이라 하며, 원자로에서 발생한 고온 고압의 물을 증기발생기에 보내고 거기서 증기를 만들어 터빈으로 보내는 방식이다. 그래서 (설계상으로는) 터빈이 방사능으로 오염되지 않아 작업도 평상복으로 해도 된다고 돼 있다.

한편, 후쿠시마원전의 경우엔 '비등수형(BWR)'이라는 형식으로, 원자로 안에서 증기를 발생시키고 그것을 직접 터빈으로 보내기 때문에 터빈 자체가 방사능으로 오염돼 있다. 작업은 'C복' 및 반면마스크를 착용한다.

터빈건물 내 작업에 종사하게 된 노동자는 모두 7, 8명이다. 보싱은 가와베 씨(41, 2세인 듯), 위세 좋은 사나이다. 작업 장소가 분산됐기 때문에 몇 개 조로 나뉘었고 나는 24, 5세의 지역 청년 우에다 씨와 함께 하게 됐다.

2호기는 체크포인트를 빠져나와 '소나무 복도'를 왼쪽으로 꺾어 200m 정도 걷는다. 탈의실과 체크포인트는 1, 2호기 공용이지만 C복으로 갈아입는 곳은 따로 설치돼 있다. 2호기 것은 터빈건물('건물'이라고 부르지만 원자로 건물과 같은 지붕 아래에 있고 둘이 하나의 복도로 연결돼 있기 때문에 건물이라기보다 오히려 '방'임) 입구 부근에 있다.

1호기 C복 갈아입는 곳은 좁으나마 그 용도 전용의 독립된 방이었지만 2호기의 경우엔 통로의 절반을 비닐시트로 칸막이했을 뿐이다. 내부는 뱀장어의 잠자리처럼 좁고 길며 옷을 갈아입는 노동자로 꽉 차 있었다.

터빈건물 입구를 들어가자마자 배리어가 있다. 원자로 건물과는 딜리 널찍한 공간이 펼쳐져 있고 조명도 환하다. 천장엔 지름 2m 정도의 관이 두 개 보인다. 원자로 안에서 만들어진 증기가 이 관을 통과해 터빈 날개를 돌린다. 배리어 옆 책상에 경비원이 둘. 거기서 'RWP'에 적는다. 빨간 고무장화를 신고 비치된 헬멧을 쓴다. 왼쪽에 급수가열기가 6대. 그 사이를 빠져나온 곳에 우치다밸브 전용 도구상자가 설치돼 있었다.

가와베 보싱의 지시에 따라 도구상자 앞에서 지름 약 50cm의 밸브(조정판) 두 대를 손질한다. 와이어브러시와 사포로 분해한 부품과 볼트의 녹을 지우고 표면을 닦는다. 고무장갑을 두 겹이나 껴서 손가락 끝과 손바닥에 땀이 밴다. 게다가 반면마스크까지. 숨이 몹시 막힌다.

1시간 정도 일하고 쉬는 시간. 바닥이 오염됐기에 앉을 수도 없고 담배 피워도 안 된다. 마스크를 느슨하게 하고 선 채로 '휴식'을 취한다. 미하마원전과 달리 휴게실도 없다.

오후. 오전에 하다 남은 녹 지우기를 1시간 정도로 마쳤다. 우에다 씨는 현장을 후딱 떠나 버렸다. 그런데 나는 다구치 씨(22, 3세로 역시 지역 청년임) 지원으로 돌려졌다. 배리어 바로 앞의 철사다리를 올라가서 발판 위에서 밸브 내부의 녹을 지우고 청소한다. 지름 40cm, 길이 30cm 정도의 밸브 벽면을 위에서 손을 넣어서 사포로 닦는다. 엉거주춤 서 있어서 허리가 아프다. 좁은 데서 게다가 손전등만을 믿고 하는 일이라 녹이 뜻대로 지워지지 않는다.

"내일도 있으니까 그리 안 서둘러도……."

다구치 씨의 이 '의견'을 존중하여 3시 반쯤에 터빈건물을 나와 버렸다.

오늘의 '피폭선량'(개인피폭선량계의 수치)은 오전 3, 오후 5의 총 8밀리렘이었다.

1월 9일(화) 맑음. 어제에 이어 오늘도 1월 초순이라 믿기 어려울 정도로 이상하게 따뜻하다. 일기예보에 의하면 4월 상순의 날씨라고 한다.

작업장소는 어제와 마찬가지로 2호기 터빈건물 1층이다. 사원의 '데모토'(조수)다. 도구를 나르거나 비닐시트를 치거나 한 게 전부다. 장갑을 여러 겹 꼈기에(목장갑 한 켤레, 고무장갑 두 켤레) 손가락이 불어 피부가 벗겨지기 시작했다. 맨손으로 물건을 쥐곤 하면 따끔따끔 아프다.

오늘의 '피폭선량'=5밀리렘(오전 0, 오후 5).

지난 5일에 나와 함께 현장으로 들어간 야노 씨가 내일 아침 열차로 오사카로 돌아간다고 한다. 종사자 등록에 필요한 주민등록등본을 "좀 사정이 있어서 뗄 수 없어서"라는 이유 때문이었다.

"히타치 등에 정체를 알 수 없는 노동자가 많이 있대. 그래서 최근에 도쿄전력이 그걸 문제 삼기 시작했어. 주민등록이 없는 놈은 원전에서 일 안 시키겠다고. 작년에 왔을 땐 아무 말도 없었는데."

결국 야노 씨는 대기실에서 사흘 동안 기다리기만 하고 아무런 일도 하지 않고 돌아가게 된다.

"나를 이용할 수 있는 만큼 이용하고……."

이제 와서 투덜거려도 소용이 없다고 생각해서 그런지 그는 말끝을 흐렸다.

갑자기 뿜어져 나온 '방사능 오염수'

1월 10일(수) 맑음. 2호기 터빈건물 내 작업. 밸브 4대에서 글랜드 패킹 교환. 오전 10시경, 보싱에게 용건이 있어서 그가 작업하고 있는 지하1층으로 내려갔다. 그는 급수가열기 옆 밸브(높이 약 1m) 분해를 감독하고 있었다. 노동자 대여섯이 천장에 달린 관에서 체인블록을 내려서 밸브를 매달아 올리려 하고 있다.

보싱에게 말을 걸려고 두세 걸음 앞에 나갔다. 그 순간이었다. 분해하던 밸브에서 물이 무서운 기세로 솟아올랐다.

"으아악!"

노동자들이 날카로운 비명소리를 지르며 흩어졌다.

"가지 마, 새끼야!"

무시무시한 표정으로 보싱이 도망 다니는 노동자들에게 고함을 쳤다.

솟아오른 물은 순식간에 바닥을 물바다로 만들어 간다.

30초 정도 지나 겨우 그 물은 멈췄다. 그것을 보고 어느 정도 안심했는지 노동자들이 보싱에게 달려왔다.

"뭘 꾸물거리고 있어! 어서 치워!"

보싱은 그렇게 말하면서 바닥에 깐 비닐시트를 드라이버 끝으로 찢기 시작했다. 그 밑에 배수구가 있어서다. 노동자들은 웨스를 포개어 바닥을 채운 물을 배수구로 보낸다. 걸레질이 시작됐다.

그들과 함께 걸레질할지 말지, 난 솔직히 망설였다. 방사능으로 오염됐을 염려가 있는 이 물을 비록 고무장갑을 꼈다 하더라도 만지는 것은 너무 무모하다. 이런 중요한 순간에 방관도 없다(터빈 내 작업에는 오늘이 아니어도 한 번도 방관이 있어 본 적이 없었음). 이 물이 얼마나 오염됐는지도 알 수 없었다. 그런데 다른 노동자들이 열심히 작업하는데, 옆에서 아무것도 하지 않고 쳐다보기만 할 수도 없었다. 고무장갑을 두 켤레 더 끼고 되도록 물이 몸에 묻지 않게 해서 주뼛주뼛 작업에 꼈다.

"밸브 안에 물이 고여 있을 수 있으니까 볼트를 천천히 풀라고 그렇게 말했는데."

바닥을 닦으며 보싱은 자꾸 투덜거렸다.

배수작업은 11시쯤이 돼서야 겨우 끝났다. 2시간 가까이를 이 작업에 허비한 셈이다. 때문에 오전에 끝낼 요량이었던 내 일은 손도 못 댔다.

점심시간. 동료들의 화제는 오전의 '유출사고'로 집중됐다.

"아무래도 갑자기 물이 막 나와서 깜짝 놀랐어."

"맞아. 그건 그렇고 속옷까지 흠뻑 젖어 버려서 난처했어."

"왜? C복 입은 거 아냐?"

"응, 그런데 커버올이든 타이벡이든 물을 통과시키거든. 만약의 경우엔 도움이 안 돼."

"나도 팬티까지 젖어 버렸어. (관리구역에서) 나올 때 샤워했는데 핸드풋모니터에 걸릴까 봐 걱정됐어."

"불이 켜졌어?"

"아니, 괜찮았어. 그런데 솔직히 거시기가 오염됐으면 어떻게 제염하면 되는지 생각하니까 너무 무서웠어."

그는 쓴웃음을 지으며 자신의 아랫배를 가리켰다.

"그건 그렇고 호리에, 네가 도망치는 발걸음이 얼마나 빠른지. 안색까지 싹 변했더라."

"그런 너도 호리에보다 더 빨리 뛰어서 없어져 버리던데."

농담을 하는 그들의 얼굴에선 한결같이 '무사해서 다행이다!'라는 안도감이 느껴졌다.

오늘의 '피폭선량'=2밀리렘(오전 2, 오후 0)

어제 파견업 사장에게 "두 사람 보냈으니 잘 돌봐줘"라는 말을 들었다. 그 노동자들이 저녁에 도착했다. 하시모토 씨(42세)와 가와시마 씨(24세) 두 사람이다. 친하던 야노 씨가 가 버려서 어쩐지 기운이 없던 모리타 씨는 둘의 얼굴을 보자, "어! 잘 왔어. 우리 친하게 지내자고"하며 자못 반가워하는 미소를 지었다.

실종자의 발자취

1월 11일(목) 2호기 터빈건물 내에서 〈체크밸브 설치〉 작업. 사원의 '데모토'. 길이 40cm 정도의 밸브에 패킹을 끼고 볼트로 죄고 개스킷을 교환하는 등. 사원이 조립하는 것을 옆에서 보고 있었을 뿐이었는데, 그래도 같은 유형의 밸브 5개를 설치해서 일의 순서나 방법을 제법 외웠다.

'피폭선량'=0

저녁. 어제 온 둘을 위해 환영잔치를 열자고 모리타 씨가 말해서 숙소 식당에서 환영회.

그런데 정작 시작해 보니 술을 마실 수 있는 것은 나와 하시모토 씨뿐, 제안자인 모리타 씨나 가와시마 씨는 음료수다. 그들은 저녁식사를 마치자 부랴부랴 방으로 들어가 버려서 모처럼의 환영잔치도 고작 1시간 정도로 끝나고 말았다.

그 자리에 남은 나와 하시모토 씨, 둘이서 술잔을 주고받으며 잡담을 나눴다. 그러다 하시모토 씨는 취기가 돌아서 그런지 "아니, 이런 얘기 좀 챙피해서 남한테 한 적이 없는데, 하여간, 좀 들어 줘요"하며 묻지도 않았는데 나직이 말하기 시작했다. 그가 '가마가사키' 주민이 될 때까지의 '발자취'였다.

—내 고향은 규슈 XX예요. 집사람이랑 두 아이가 아마 지금도 거기에 살고 있을 거예요. 아버지가 이것저것 장사하고 있어서 난 그 일을 도와드리고 있었지요. 회계도 맡고 영업도 하고. 그래서 그럭저럭 살았어요. 그런데 뭐랄까, 쉽게 말하면 말이죠, 내가 유흥에 눈뜨게 돼서 가족이랑 사이가 점점 벌어졌어요. 그래서 5년인가 전에 집을 나와 버렸어요. 집사람이랑 아이들을 두고. 처음엔 돈이 있어서 아무 생각 없이 지냈는데, 그 돈도 바닥나서……. 그래서 말이죠, 거기에 살게 됐어요. 그야, 집에 가고 싶지요. 그런데, 무슨 낯짝으로 가겠어요? 그렇죠? 시집간 누나에게 전화해 본 적이 있는데요. 그랬더니 전화 저쪽에서 우는 거예요. 듣기로는 몇 년 동안 집이랑 연락이 끊어지면, 호적 상에는 남겨 놓되 실종 취급이 된대요. 뭐라 해도 거기에 살고 있으면 사람이 못쓰게 돼요. 돈이 좀 들어왔다 싶으면 경륜이니 경마니 다 써 버리고. 빨리 빠져나오려고 하는데 잘 안 돼요……. 저, 호리에 씨, 역시 남자는 결혼하기 전에 놀아둬야지요.

그의 이야기를 듣고 그 때까지의 들뜬 기분뿐만 아니라 취기까지 확 깨 버렸다. 왠지 그의 얼굴을 똑바로 못 보겠다. 자작으로 묵묵히 술을 입으로 갖다 넣는 그. 방 분위기가 싹 바뀌어 몹시 무거워져 버렸다.

"오늘은 어쩐지 과음한 것 같다."

올해 42세라는 하시모토 씨는 술병이 비자 다른 음식에는 손도 대지 않고 식당을 나갔다.

1월 12일(금) 추위가 도로 기승을 부린다. 아침에 버스를 기다리는 동안, 찬바람에 귀가 찢어질 듯이 아프다.

2호기 터빈건물 내 작업. 오전엔 어제와 마찬가지로 〈체크밸브 설치〉. 2대 완료.

오후. 지하 1층에 있는 급수가열기 옆 '조정밸브' 분해. 사원인 다니오카 씨(38, 9세)와 나카무라 씨(20세 전후, 지역 청년), 그리고 나, 총 세 명이다.

우선 밸브를 덮은 보온재(석면)를 큰 해머로 깨뜨린다. 그 다음에 체인블록으로 밸브를 매달아 올리면서 밸브 받침과 밸브 본체를 고정한 볼트를 푼다. 이틀 전에 이와 같은 작업을 하면서 볼트를 푸는 것이 너무 빨라서 물이 뿜어져 나왔다. 그래서 오늘은 유난히 신중하다.

볼트를 다 뺐다. 밸브를 천천히 들어올린다. 물은 새지 않았다. 다만 예상대로 밸브 안에 물이 고여 있었다. 이 물을 퍼내야 한다. 그러나 그러기 위한 비닐제 펌프가 어디를 찾아도 없다.

"할 수 없군. 그럼 웨스 가져와"라는 다니오카 씨. 밸브 안에 고인 물을 웨스로 빨아들이고 그것을 양동이에 짜내자는 것이다.

하지만 이 방법은 비효율적인 것은 둘째 치고 뻔히 방사능 오염이 염려되는 밸브 내 물에 직접 손을 대야 한다. 나이 어린 나카무라 씨는 그런 건 하나도 신경 쓰지 않고 작업에 나섰다. 보스격인 다니오카 씨가 "어서 빨리 해리"라고 히듯 나를 쩨려봤다. 그런데 내키지 않는다. 지금 입고 있는 작업복은 지난 유출사고 때에 확실히 증명된 것처럼 방수가 되지 않는다. 고무장갑이 혹시라도 찢어지면? 아니, 찢어지지 않아도 틀림없이 소맷부리로 들어올 것이다. 물이 얼굴에 튈지도 모른다. 눈에라도 들어가면······.

망설이고 있는 나를 두고 볼 수 없다는 듯, 다니오카 씨는 내 손에서 웨스를 빼앗아 스스로 일을 시작했다.
　이러한 내 태도 때문에 다니오카 씨는 아무래도 기분이 상한 것 같다. 이 날 종일, 그렇게 봐서 그런지 내게 거는 말이 거칠었다. 4시 반 경, 작업 종료.
　'피폭선량'=5밀리렘(오전 2, 오후 3)

생리적 욕구를 무시한 노동

　1월 13일(토) 2호기 터빈건물 내 작업. 오전에는 어제 물을 빨아들인 밸브를 분해하고 부품과 볼트들을 손질한다. 나와 다니오카 씨, 이 두 명.
　10시쯤, 오줌이 마렵다. 콘크리트와 강철재에 둘러싸이고 온기가 전혀 없는 공간. 몸을 움직이고 있을 때엔 그다지 추위를 못 느끼지만, 오늘 작업처럼 바닥에 비닐시트를 깔고 앉아서 볼트를 닦고 있으면 온몸이 얼어 버린다. 한 시간 남짓 더 있으면 오전 작업이 끝난다. 그러면 화장실에 갈 수도 있다. 그렇게 생각하는데 도저히 참을 수 없다. 내가 빠져 버리면 다니오카 씨 혼자 남게 된다. 관리구역 안에 화장실은 없으니 볼 일을 보고 돌아오려면 15분에서 20분은 걸린다. 그 동안 그의 작업은 하나도 진도가 나가지 않을 것이다. 그리고 어제 '물빼기' 작업 건도 있다. 더 이상 그의 눈을 벗어나고 싶지 않다.
　―그러나 생리적 욕구는 '한계'에 다다랐다.
　"화장실 좀 갔다 오겠습니다."
　그의 대답도 듣지 않고 나는 공구를 내던지며 종종걸음으로 계단을 올라가 배리어로. 빨간 고무장화를 벗고 헬멧을 벗고 마스크를 벗는다. 커버올과 타이벡을 벗어던진다. 고무장갑과 모자와 양말을 벗는다. 개인피폭선량계를 읽는다. 그 수치를 'RWP'에 적는다. 노란 단화를 신고 통과복을 입고 헬멧을 쓴다.

터빈건물을 나가고 복도를 달려 핸드풋모니터실로 뛰어든다. 이곳을 통과해야지 화장실에 갈 수 있다. 아직 10시인데도 작업을 마친 노동자들이 모니터 앞에 줄서 있다.

차마 못 기다리고 난 샤워실로 뛰어들었다. 운이 좋게 아무도 없다. 발가벗고 샤워 물을 흘리며 방출. '간발의 차이'였다. 무의식중에 심호흡을 두세 번.

'다니오카 씨가 기다리고 있다!' 방금 지나왔던 복도를 돌아가 C복을 입고 배리어로. 그러나 혼자서는 일이 안 된다고 판단했는지 다니오카 씨는 배리어에서 옷을 벗기 시작하고 있었다. 나도 그대로 밖으로 나왔다.

오후엔 터빈건물 내 각 현장에서 생긴 쓰레기와 폐기물 등을 반출하고 분해 도중에 있는 밸브를 양생했다. 3시 반쯤 종료.

'피폭선량'=5밀리렘(오전 0, 오후 5)

이 1주일은 참으로 길게 느껴졌다. 그리고 지쳤다. 설 연휴 뒤 첫째 주라는 것도 있겠다. 하지만 피로의 원인은 오히려 반면마스크에 있는 것 같았다. 원자로 건물과 비교해 터빈건물 안은 선량이 그리 높지 않다. 그래서 개인방사선경보기도 울리지 않는다. 그만큼 작업시간이 길어진다. 그 동안 반면마스크를 쓴 채로 있어야 한다. 숨이 막히고 머리도 아프다.

초기엔 부지런히 마스크를 썼었다. 그런데 대부분의 노동자들은 마스크를 목에 매달고 있을 뿐이다. 나도 결국 그들처럼 하는 경우가 늘었다. '내부피폭'에 대한 불안감보다도 그곳에서의 육체적 고통을 피하고 싶다는 마음이 더 강해서이다.

1월 14일(일) 내일이 '성인의 날'이라 오늘부터 연휴다. 오전에 눈이 조금씩 날렸다.

같은 숙소에서 자는 모리타 씨 등 셋은 이른 아침부터 거리에 나갔다가 1시간도 채 안 돼서 돌아왔다.

"아니, 아무것도 없는 동네구만!"이라는 젊은 가와시마 씨.

나미에마치엔 영화관도 없고 오락시설이라 하면 "알이 잘 안 나온다"고 소문이 난 파친코점이 세 개 있을 뿐이다.

"그렇다면, 남은 건 다이라 경륜이지. 다 같이 가자!"

이렇게 말한 것은 평소엔 과묵한 모리타 씨였다. 도박을 좋아하는 것 같다. 어떤 선수가 와 있고 배당이 어느 정도일 것이라며 빠른 말로 지껄여댄다. 나머지 두 사람도 솔깃하다.

그런데 나는 모처럼 맞이한 휴일을 숙소에서 푹 쉬는 일에 쓰고 싶었다. 그리고 경륜에 가 본 적도 없다.

"경륜은 본 적도 없어서……"라고 내가 말했더니 하시모토 씨는 "그렇다면 더 가야 해요. 이것도 인생 공부예요."

결국 나도 '인생 공부'에 참여하게 됐다.

나미에역 구내는 스포츠신문을 손에 쥔 작업복 차림의 남자들로 꽉 차 있었다. 타지에서 온 '원전노동자'들에게 경륜은 몇 안 되는 즐길거리 중 하나다.

오후 6시 반쯤, 숙소에 돌아왔다. 넷이 모두 '패배'. 모리타 씨는 오늘 하루 만에 "4만 엔이나 다이라 마을에 세금으로 기부해 버렸네."

저녁식사 후, 그들은 바로 사장에게 전화해서 가불 요청.

돌아가 버린 일용직 노동자

1월 15일(월) 성인의 날. 어제보다 눈이 심하게 더 많이 내린다. 10시쯤, 나와 모리타 씨가 자는 방에 가와시마 씨가 찾아왔다.

"내일 오사카로 돌아가……"라는 말을 꺼냈다.

갑작스런 말에 나와 모리타 씨는 얼떨결에 서로 얼굴을 마주 봤다.

"농담이지?"

우리 넷의 대표 노릇을 하는 모리타 씨가 그렇게 물었다.

그러나 결심을 굳힌 듯, 고개를 가로저었다. 왜 돌아가는지 확실히 말하진 않았지만, 아무래도 이전에 주민등록 때문에 오사카로 되돌아간 야노 씨와 비슷한 것 같다.

"내가 회사에 주민등록등본을 냈을 때, 한 직원이 '이게 진짜 네 거야'고 하는 거야. 정말 열 받더라구. 용서가 안 돼······."

"근데 그건 농담 삼아 말한 거겠지?"라는 모리타 씨.

"그럴 수도 있지. 아마 그럴 거야. 하지만 난 못 참겠어."

말투가 점점 거칠어졌다.

"왜 내가 못 참는지 모리타 형, 형도 알잖아! 우린 '가마'[22]의 주소를 쓰기만 해도, 단지 그것 때문에, 사람들이 우릴 안 믿어! 이전에 '앙꼬'(일용직 노동자)에서 손 떼려고 어떤 회사에 원서 냈어. 통과하면 정직원이 될 수 있었어. 주소 칸에 뭐라고 쓸까 많이 고민하다가 거짓말 쓰면 안 된다고 생각해서 진실을 썼어. 그랬더니······."

"안 됐어?"라고 모리타 씨.

"그래, 날아갔어. 아무리 우리가 제대로 일하고 싶다고 해도 이 사회는 안 받아들이잖아."

가와시마 씨는 보스턴백 하나를 들고 오후 열차로 돌아갔다.

"무슨 일이 있어도 '가마'만은 안 오는 게 좋아."

그는 내 귓전에 그렇게 중얼거리며 개찰구 안으로 사라졌다.

가와시마 씨를 보내고 거리를 어슬렁어슬렁 산책한다. 어쩐지 숙소로 들어갈 엄두가 나지 않았다.

'성인의 날'. 화려하게 차려입은 젊은 여성들의 모습 때문에 나미에 거리가 갑자기 환해진 것 같다. 이렇게나 많은 아가씨들이 지금까지 어디에 '숨

---

22)   '가마가사키'의 약칭.

어' 있었나 할 정도로 그 수가 많았다.

늦은 점심을 먹으려고 들어간 라면집 아주머니는 "다 도쿄에 나가 있는 색시들이에요. 내일부터 다시 한적해져요"라며 작게 웃었다.

1월 16일(화) 2호기 터빈건물 내 작업. 〈벤트밸브(3대) 설치 데모토〉. '피폭선량' =1밀리렘(오전 1)

저녁식사 후 혼자서 카페에 들어갔다.

"이제 정말 후쿠시마원전에서 일하기 싫어요"라는 소리가 들려왔다.

내 옆 테이블에 앉은 두 사람 중 한 명이 아무래도 '목소리의 임자' 같다. 작업복 차림. 그런데 머리를 산뜻하게 7대 3으로 가르마를 타고 태도도 어쩐지 침착하다. 도쿄전력에 드나드는 업체 사장 같다. 마주보는 남자는 양복 차림에 테가 가는 안경을 썼다. 둘이 모두 40대다.

"아니, XX씨, 그렇게 약한 소리 하지 마세요"라고 양복남.

"간사이전력의 원전이면 1차계통과 2차계통이 나뉘어 있어서 선량이 초과된 노동자를 2차계통인 터빈 같은 곳으로 돌릴 수가 있는데요, 후쿠시마에선 어딜 가나 관리구역이잖아요?"

"맞습니다. 방사선 관리도 어렵겠군요."

"예. 방사선량에 대한 제한이 있어서 아무래도 머릿수를 많이 확보해야 해서요."

"……"

"그렇게 확보한다 해도 지역 사람만으로는 한계가 있어서 (후쿠시마)현 밖에서 끌어와야 해요."

"지금 현 밖에서 얼마나?"

"현 외 노동자요? 약 70%를 차지해요. 나머지 30%가 지역이죠. 그리고 노동자를 위해서 1년 계약제를 채택했는데 정검이 없는 달이면 그만큼 통째로 적자니까요."

"글쎄요. 그 부분은 어느 업체나 똑같이 힘들 것 같네요."

"그렇죠. 아무래도 후쿠시마에선 6호기까지 관리하는 것만으로도 벅찰 거예요. 제2원전도 예정돼 있지만 그만큼 사람을 모을 수 있을지……."

둘은 동시에 짧게 한숨을 쉬었다. 처음으로 듣는 원전 출입 업체의 '본심'이었다.

2, 3일 전부터 침에 피가 섞인다. 이가 썩어서 그런지. 원전에서 작업하기 시작한 이후, 사소한 일에도 신경이 쓰인다. 정말 불쾌하다.

속출하는 선량계 최대치 초과

1월 17일(수) 아침에 대기실 벽에 '청소당번표'가 붙여졌다. 지금까지 대기실 청소는 대기하는 사람이 자발적으로 했다. "하지만 앞으론 각 하청업체가 각각 정해진 날에 (청소를) 해 주세요"란다.

그 당번표에는 요일(월~토) 아래에 7개 하청업체 이름이 적혔다. 노동자는 불과 50명 전후다. 그것이 이만큼이나 많은 하청업체의 집합체였다니 정말 의외였다. 업체명은 압도적으로 'OO공업'이라는 것이 많다. 'OO'에는 사장의 성이 들어간다. 예를 들어 내가 사장이라면 '호리에공업'이라는 식이다.

오늘의 작업현장도 2호기 터빈건물 안이다. 〈밸브 분해 및 조립〉. '데모도'라시 일은 편하다. 보싱의 지시대로 공구도 나르고 부품과 긱종 볼드의 녹도 지우고 청소도 하고 비닐로 양생하고 등등.

오전에도 오후에도 핸드풋모니터 앞엔 장사진. 작년 12월 1일부터 시작된 2호기 정검이 본격화되기도 해서 갈수록 노동자가 늘어난다. C복 갈아입는 곳이나 체크포인트 주변이 항상 북적거린다.

특히 심한 것이 체크포인트의 'ATLD판독기' 앞이다. 입장용 3대와 퇴장용 5대가 설치됐으나 고장이 잦아 갑갑할 때가 종종 있다.

점심시간. 이번 달 10일에 현장에 들어온 이후 계속 대기만 하고 있는 하시모토 씨와 둘이서 원전 경비실 옆(구외)에 있는 '도쿄전력 서비스홀'을 구경했다. 원전 홍보시설이다.

"오랫동안 노동판을 전전했지만, 원전은 난생처음이에요. 오사카에 돌아갈 때 좋은 경험담이 되기도 하니까……."

하시모토 씨는 팸플릿도 받고 기념스탬프도 찍고 모형의 스위치도 눌러보고 어린애처럼 떠들고 다녔다.

미하마원전 홍보관과 비교해 공간은 여기가 훨씬 넓다. 그런데 내용은 비슷비슷하다. 원전 외관과 건설당시의 사진, 모형, 외국에 원전이 얼마나 있으며 원전이 얼마나 안전한가를 설명하는 글 등등.

"허어, 나도 곧 이런 일 하는 건가?"

하시모토 씨는 갑자기 걸음을 멈추고 거기에 전시된 10장 정도의 패널을 열심히 보기 시작했다. "원자력발전소에서 일하는 사람들의 안전은 이렇게 지켜지고 있습니다"라는 코너였다. 젊은 남자가 개인피폭선량계의 수치를 읽고 핸드풋모니터에 올라가는 사진들이 늘어서 있다.

그런데 그 모델이 입은 옷은 모두 'B복'이었다(오염관리구역 밖에서 입는 검붉은, 이른바 보통 작업복임). 왜 평상시에 원전 내 작업에서 입는 그 어마어마한 'C복'이나 '반출금지' 표시가 있는 속옷 위에 구깃구깃한 백의를 입은 모습(모니터에 올라갈 때에 이 차림임)의 사진을 전시하지 않는가? 전면마스크 차림으로 분 단위로 작업하는 장면을 일반인들에게 소개해야 진정한 '홍보'일 텐데.

'피폭선량' =1밀리렘(오후 1).

1월 18일(목) 아침, 어쩐지 몸이 나른해서 일어나기 힘들었다. 여전히 침에 피가 섞인다. 게다가 오늘은 코를 풀었을 때 휴지에 피가 번져 있었다. 설마라고 생각하지만 신경이 쓰인다.

조례. 방관이 "개인피폭선량계 최대치 초과가 이번 주에 우리 회사만 해도 4건이나 발생했다. 각별히 조심하도록"이라고 주의했다.

개인피폭선량계는 사소한 충격을 주기만 해도 눈금 밖으로 돌아 버린다. 통과복과 속옷에는 그것을 방지하기 위한 수납주머니가 달려있지 않았다. 세수하는 곳에도 선량계를 놓을 수 있는 선반이 설치되지 않았다. 어쩔 수 없이 앞가슴에서 대롱거리게 된다. 그러다가 어디에 부딪쳐서 눈금 밖으로 돌아 버린다. 방관은 우리에게 "취급을 조심하도록" 하라고 하는데 이것은 '책임전가'다. 초과하지 않게 하는 옷과 설비 비치를 소홀히 하고 있는 도쿄전력이야말로 "조심하도록".

작업장소는 오늘도 2호기 터빈건물 안이다. 〈밸브 분해의 데모토〉. 사원이 작업하는 것을 옆에서 쳐다보기만 했다.

오후 5시. 일을 끝내고 사무실에 들어가니 야근해 달란다.

'1호기 원자로 건물 내 1층 질소가스통 반출'.

이중문을 들어가 1층 안쪽에 설치된 배리어 밖에서 5명이 대기한다.

배리어 내부는 가운데에 원자로 격납용기의 콘크리트벽이 솟아 있고 그 주변엔 전깃줄 다발이 천장과 벽에 뻗어 있다. 바닥은 빨간 비닐봉지가 여기저기 널려 있고 납으로 된 판자들이 쌓여 있어서 발 디딜 틈도 없을 만큼 어지럽다.

잠시 후, 3, 4명의 노동자들(동료인 모리타 씨도 있었음)이 가스통을 둘러메고 왔다. 기다리던 우리 다섯이 그것을 비닐로 양생한다. 첫째 가스통을 양생하기 시작한 지 얼마 안 되어 후지이 씨(23, 4세)의 경보기가 울리기 시작했다. "저런, 30(밀리렘)에 설정해 놓았는데 벌써 '빵꾸' 나다니."

후지이 씨가 그렇게 말을 꺼내려는 순간에 그 옆에 있던 나카무라 씨도 '빵꾸' 났다.

"나머지 두 개니까 다 해 버리자."

'빵꾸' 난 둘은 그대로 계속 작업했다. 가스통 3개를 다 양생한 다음에 둘이서 머신샵으로 옮긴다.

둘이서 겨우겨우 들어올릴 수 있는 무게의 가스통을 두 손으로 껴안고 콘크리트벽과 'CRD'(제어봉구동기구)라 불리는 장치 사이의 좁은 공간을 간신히 빠져나와 구부러진 통로를 지나 이중문에서 '소나무 복도'로 나온다.

작업이 끝나고 나니 온몸이 흠뻑 젖어 있었다. 샤워하려 했으나 찬물이었다. 매번 이래서 이제 화낼 기력도 없다. 2시간 야근함.

'피폭선량'=5밀리렘.

다섯 번이나 켜진 '오염등'

1월 19일(금) 2호기 터빈건물 1층 〈체크밸브〉 분해.

바닥에서, 6m 높이, 천장에 닿을락 말락 하는 발판 위에서의 작업이다. 밸브를 덮은 두께 5cm 정도의 보온재를 큰 해머로 부순다. 석면이 흩날려서 온몸이 순식간에 새하얘져 버렸다. 투광기를 켰는데도 공기 중에 흩날리는 먼지가 안개처럼 껴서 시야를 가려 버린다. 어슴푸레한 곳에서의 작업.

보온재를 다 제거한 다음에 뚜껑을 연다.

큰 해머로 볼트를 푼다. 녹슬어서 그런지 생각보다 볼트가 돌지 않아서 악전고투한다. 그래도 오늘 하루만에 4대를 마쳤다.

작업을 끝내고 핸드풋모니터에 올라갔다. 발에 '오염등'이 켜졌다. 신발을 물로 씻는다. '오염등'. 물로 씻는다……. 무려 5번이나 '오염등'과 물로 씻기를 반복한다. 사무실로 돌아가는 버스의 출발시간이 다가온다.

모니터 옆에 서 있던 젊은 경비원을 불러 "내 몸이 오염됐으면 몰라도, 왜 이런 신발 때문에 내가 시간을 낭비해야 해!"

후쿠시마제1원자력발전소 _____ 방사선 속에서의 노동 — 그리고 사고

그는 내 서슬에 질린 듯 "네, 조, 좀, 기다리세요"라고 말을 남기고 서둘러 방을 나갔다.

2, 3분 기다리니 그가 양손에 새 신발을 들고 돌아왔다.

이번엔 한 번에 통과.

걱정스런 얼굴로 결과를 지켜보던 경비원은 '오염등'이 켜지지 않자 "다행이군요" 하며 많이 어려 보이는 얼굴에 순진한 미소를 지으며 내 얼굴을 들여다봤다.

'피폭선량'=1밀리렘(오전 1).

1월 20일(토) 우치다밸브에선 셋째 토요일을 쉬는 날로 정했다. 그런데 오늘은 "일정이 빡빡하다"며 노동자만 모두 출근했다.

현장은 오늘도 2호기 터빈건물 1층이다. 다케이 씨(32, 3세, 지바현 출신)와 오카무라 씨(26, 7세, 지역), 그리고 나, 이 셋이서 〈밸브 설치〉.

머리가 천장에 닿는다. 주변엔 두 아름은 될 법한 관들이 사방팔방으로 뻗어 있다. 그 가운데서 체인블록 두 대를 사용해서 작업한다. 공구 하나를 잡는 것도 관 밑으로 빠져나오거나 위로 넘어와야 해서 생각보다 일이 잘 진척되지 않는다. 매주 토요일엔 늦어도 4시에 일을 끝내도록 하지만 오늘은 4시 40분경까지 걸렸다.

'피폭선량'=10밀리렘(오전 2, 오후 8).

1월 21일(일) 드디어 맞이한 일요일.

모리타 씨와 하시모토 씨는 어제부터 약속을 잡았는지, 아침 일찍부터 같은 회사에서 일하는 동료 집에 마작을 하러 가 버렸다. 오랜만에 느긋하게 책을 읽었다.

"맨홀에 빠졌어!"

1월 22일(월) 맑음. 동숙하는 하시모토 씨가 몸이 아프다고 해서 일을 쉬었다. 이번 달 10일에 '현장 투입' 된 이후 아직도 입장 절차가 끝나지 않아서 연일 사무실 대기였다.

"일도 잘 안 하는데 오늘은 쉬기까지 해서, 어쩐지 미안하네."

이불 속에서 나와 기시다 씨가 일하러 나가는 것을 보면서 성실한 그는 자꾸 그렇게 말했다.

조례. 안전책임자가 "요새 고공작업이 많다. 아무쪼록 물건을 떨어뜨리는 일이 없도록"이라고 주의를 줬다. 터빈건물에선 지난 일주일 동안 천장에 닿을락 말락 하는 위치에서의 작업이 계속되고 있다. 그리고 내 작업장소는 오늘도 그 건물 안이다.

탈의실. 정말 불쾌한 방이다. 양말이 물큰 냄새와 체취, 난로에서 나오는 뜨뜻미지근한 바람이 뒤섞여 가슴이 메슥거린다. 환기장치가 고장이라도 났는지 오늘은 유난히 심하다.

입구 앞에 접수대가 있고 그 뒤에 선반이 늘어서 있다. 접수대 담당자에게 탈의 바구니를 건네며 그 때 바구니를 놓은 선반 번호를 듣고 비치된 공책에 소속, 성명과 함께 적는다. 퇴장할 때 그 번호를 담당자에게 말해서 내 바구니를 받게 돼 있다.

"자, 넌 4번이다. 어, '죽을 사' 번이네. 안 다치게 조심해."

내게서 바구니를 받은 중년 담당자는 장난스런 말투로 말했다.

"에이, 나쁜 농담을."

그렇게 말을 꺼냈다가 나도 모르게 입을 다물어 버렸다.

아침에 현장으로 오는 버스 안에서 작업복 가슴에 늘 달고 다녔던 동그란 명찰을 잃어버렸다는 것을 알았다. 안전핀으로 꽂아 놓아서 여간해서는 빠지지 않는다. 그래서 '사무실에서나 떨어졌겠지'라고 가볍게 생각하고 있었다.

이 명찰 분실이 담당자의 "'죽을 사' 번이네"라는 한 마디로 생각났다. 평소엔 '그런 미신!' 하며 일소에 부치는 나지만, 오늘은 괜히 신경 쓰였다.

2호기 터빈건물 1층. 입구 앞에서 30m 정도 들어간 오른쪽에 너비 50cm, 다시 말해 한 번에 한 사람씩만 올라갈 수 있는 쇠사다리가 있다. 그것을 다 올라가면 발판을 깐 한 평 반 정도 크기의 공간이 나온다. 바닥에서 5, 6m 높이다. 발판 위엔 지름 60cm 정도의 관이 약 2m 간격으로 두 개 가로놓여 있다. 각각 밸브가 한 개씩 달렸다. 지난주 금요일에 보온재를 떼어내고 분해하는 데 고생한 그 밸브다. 밸브의 개스킷은 고열에 노출돼서 그런지 부식이 돼서 탄 듯 내벽에 달라붙었다. 이것을 떼어내는 것이 오늘의 작업이다.

투광기를 설치한다. 발판 위에 서면 천장에 닿을락 말락 한다. 삼면이 콘크리트벽이고 쇠사다리가 있는 쪽만 난간이며 빛이 거기서만 들어온다. 투광기는 단 하나뿐이라 거의 소용이 없다. 손전등으로 손 주변을 비추며 작업한다. 쇠사다리에 가까운 쪽의 밸브를 혼다 씨(19세)가, 안쪽 콘크리트벽에 가까운 밸브를 내가 맡았다. 해머로 일자드라이버 머리를 가볍게 치며 개스킷을 조금씩 깨뜨린다. 밸브 내벽에 흠집을 내지 말라고 보싱에게 미리 주의 받아서 드라이버 끝에 신경을 집중시킨다. 생각대로 떼어지지 않는다.

'뾰족한 공구를 갖고 오자', 그렇게 생각해서 쇠사다리로 간다. 일하고 있는 혼다 씨 뒤를 돌아 관을 넘고 한두 걸음.

그 순간—한쪽 발이 공중에서 헤맸다. 그 다음 순간, 명치에 극심한 통증이. 한순간 정신을 잃었다가 아픔 때문에 정신이 들었다. 이 때, 겨우 내게 무슨 일이 일이났는지 알았다.

'맨홀에 빠졌어!'

아무래도 빠지다가 맨홀 테두리에 가슴을 부딪쳐서 일시적으로 낙하가 멈췄기 때문에 양 팔꿈치로 몸을 지탱할 수 있었던 것 같다. 혼다 씨가 안아 올려 주고 발판 위에 눕혀 줬다. 또 정신을 잃었다.

나를 부르는 목소리가 들렸다. 눈떠 보니 혼다 씨 얼굴이 있었다.

"지금 보싱한테 연락했으니까…….."

가슴이, 아프다. 호흡 못 할 정도로 아프다. 목소리도 못 낸다.

보싱이 왔다.

"허 참! 이게 뭐 하는 짓이야! 잠깐 거기 있어."

얼마나 다쳤는지 물어보지도 않고 그런 말을 남기고 바로 사라져 버렸다.

가슴 전체가 꽉 죄는 듯한 통증으로 바뀌었다. 간간이 구역질이 난다. 보싱은 아직도 돌아오지 않는다.

'설마, 난 이대로…….' 그런 생각이 몽롱해진 머리를 스쳐 지나간다. 극심한 구역질 때문에 숨도 못 쉬겠다. 외롭고 불안하다. 문득 동료인 모리타 씨가 생각났다. 같은 숙소에 머물고 있는 그러면 속속들이 아는 사이다. 내가 알기론 그는 같은 터빈건물 안에서 작업하고 있을 터다. 내 옆에 그냥 서서 안절부절 어찌할 바 모르는 혼다 씨에게 그를 불러와 달라고 했다.

나 홀로 남게 됐다. 아프다. 발판을 긁어대고 두드리며 반면마스크를 뜯어낸다.

모리타 씨가 와 줬다!

몸부림치는 내 모습을 본 그는 "큰일 났어! 얼른 병원 가야지. 보싱 좀 불러올 테니까, 알겠지? 호리에, 좀 더 참아 봐!"

그는 서둘러 쇠사다리를 내려갔다.

가슴의 통증이 더더욱 심해졌다. 다만 신기하게도 의식은 뚜렷했다. 코앞에 지름 50cm 정도의 맨홀이 컴컴한 입을 벌렸다. 여기에 내가 빠진 것이다. 3일 전(1월 19일) 작업했을 때엔 모두 이 위를 걷고 있었던 것이 생각난다. 뚜껑이 덮여 있었단 말이다. 그 위에 비닐시트도 깔려 있었다. 그런데 어찌된 일인지 오늘은 그 뚜껑이 사라지고 없었다. 게다가 정중하게도 비닐시트만은 이전과 똑같이 그 위에 깔려 있었다. 그리고 그것도 모르고 난 그 위에 발을 올려서 빠졌다…….

후쿠시마제1원자력발전소 _____ 방사선 속에서의 노동 — 그리고 사고

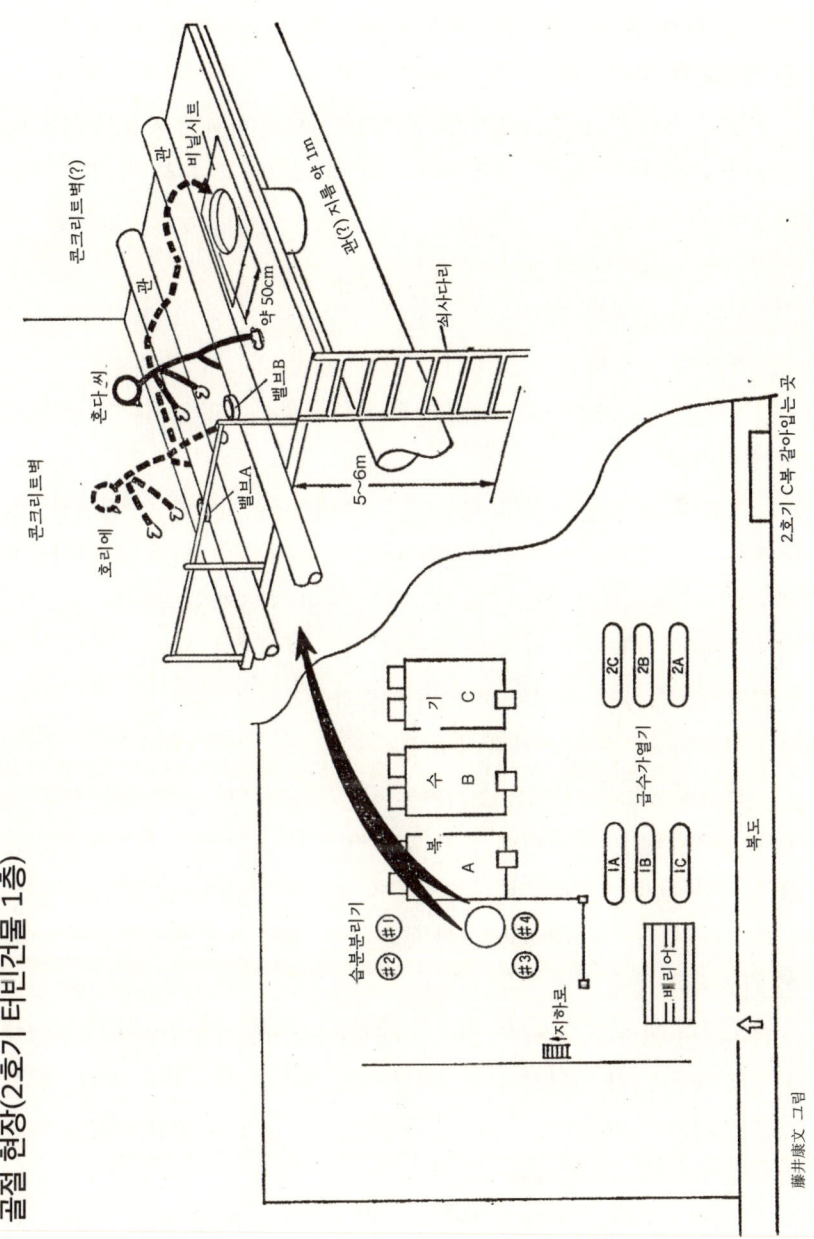

모리타 씨가 돌아왔다. 늘 온화하던 그가 험상궂은 표정을 지었다.

"그 새끼! 소장이랑 사무실 애들한테 다쳤다는 거 안 들키게 살짝 병원 데려가래. 젠장!"

빨리 병원 가자고 나를 안아 일으키려 한다. 하지만 통증이 심해서 못 일어나겠다. 비록 일어난다고 하더라도 쇠사다리를 혼자 내려갈 자신이 없었다.

"좀만 더 여기서 쉬게 해 주세요."

나는 다시 발판 위에 누워 버렸다.

보싱이 찾아왔다.

"밑에서 도쿄전력 직원이 순찰 와서 어슬렁거리고 있으니까 좀 일어나서 일하는 척 해."

처음엔 그가 무슨 말을 하는지 그 의미를 잘 파악할 수 없었다. 어슴푸레한 곳에서 아파서 몸부림치는 나에게 그는 "일어나라"고 한다. 아무래도 그는 내가 다친 것보다도 도쿄전력에 이 사고가 들키는 것을 더 걱정하는 듯했다. 내 옆에 서 있던 모리타 씨는 보싱에게 곧 덤비려는 기색을 보였다. 꼭 쥔 양쪽 주먹이 분노 때문에 파들거리고 있다.

"모리타 씨, 날 일으켜 주세요."

보싱의 "일어나라"는 한 마디에 난 정말 '이대로라면 죽겠다'고 생각했다. 또 만약에 이 자리에서 모리타 씨와 보싱 사이에 싸움이라도 붙게 되면 '고용된 측'인 모리타 씨가 나중에 어떤 취급을 당할지, 그 결과는 불을 보듯 뻔하다. 이곳을 떠났어야 했다. —어쨌든 간에 한시라도 빨리 여기를 떠났어야 했다.

모리타 씨와 혼다 씨가 둘이 양쪽에서 부축해 줘서 간신히 일어섰다.

그 다음 내가 어떻게 쇠사다리를 내려가고 배리어에서 C복을 벗고 긴 복도를 걸으며 핸드풋모니터에 올라갔는지……. 그 동안의 기억을 완전히 잃어버렸다. 실신상태였던 것이다.

이시이 안전책임자(32, 3세)가 운전하는 회사 차로 병원을 향한다. 이

차를 언제 어디서 탔는지, 왜 모리타 씨가 같이 가지 않았는지, 이런 기억도 없다.

'후타바후생병원' — 휠체어에 실려 엑스레이 촬영실로.

"왼쪽 갈비뼈 골절, 왼쪽 아래가슴 및 옆구리 타박". 왼쪽 위에서 일곱째 갈비뼈가 부러졌다.

"그래도 불행 중 다행이에요. 만약에 이게 복합골절이 돼서 부러진 뼈가 내장을 찌르기라도 했으면 그야말로 수술을 해야 해요. 아무튼, 그래도 3주 정도는 가만히 누워 있는 게 좋겠네요."

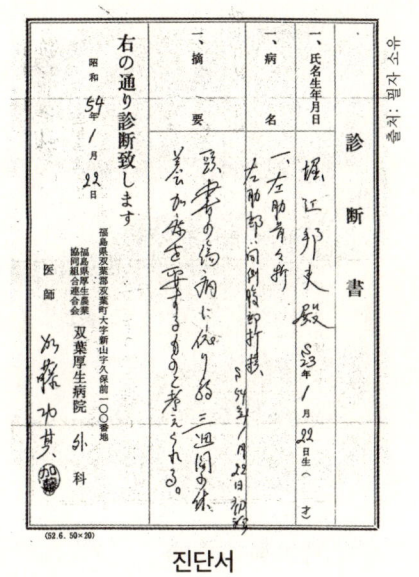

진단서

파스 위에 가슴지지대(천으로 만든 띠)를 감으며 의사가 이렇게 말했다. 진통제가 들기 시작해서인지 통증은 제법 가라앉았다.

'KIMOTAB'(흡수소염제)와 'LINCOCIN'(항생제), '글라패닌'(진통제), 위약, 그리고 파스를 처방받아 안전책임자가 운전하는 차로 나미에의 숙소로 돌아갔다.

오늘 일을 쉬던 하시모토 씨가 내 곁을 떠나지 않고 간호해 준다. 마음이 든든했다.

초저녁부터 열이 났다.

"조금이라도 먹어야지 빨리 낫지요."

하시모토 씨가 일부러 저녁식사를 방까지 가져와서 숟가락으로 먹여주려 했는데 입맛이 하나도 없다. 된장국을 한 숟가락 먹었을 뿐이다. 약 때문인지 너무 졸린다. 간헐적으로 통증이 오지만 참을만하다. 한밤중에 두세 번 극심한 통증이 왔다. 그 때마다 옆에서 자고 있는 하시모토 씨를 깨워 버렸다.

1월 22일—오늘은 내 31번째 생일이었다.

1월 23일(화) 종일 이불 속에서 잘 듯 말 듯 했다. 때때로 극심한 통증이 온다. 입맛이 하나도 없다.

하시모토 씨는 날 시중들기 위해 일부러 일을 쉬었다. 유급휴가 같은 제도와는 인연이 하나도 없는 '일용직 노동자'가 일을 하루 쉰다는 것은 그만큼 생활이 어려워진다는 것을 의미한다. 그래서 하시모토 씨의 마음엔 정말 고개가 숙여진다.

산재처리는 곤란해

1월 24일(수) 오전 9시쯤, 안전책임자인 이시이 씨가 자동차로 숙소를 찾아왔다. 오늘은 병원에 가서 진료 받는 날이다. 하시모토 씨(그는 오늘도 쉬었음)가 부축해 줘서 차를 탔다. 약 덕에 통증이 제법 가라앉았다. 그래도 몸을 약간 움직이기만 해도 극심한 통증이 찾아온다. 누워 있다가 몸을 뒤집기는커녕 상체를 일으키지도 못 한다.

병원으로 가는 차 안에서 안전책임자는 "치료비 말인데……"라며 다음과 같은 이야기를 시작했다.

"산재로 하면 노동기준감독국 출입조사가 있잖아. 그렇게 되면 도쿄전력에 사고가 있었다는 게 들켜 버리거든. 그게 좀 곤란해. 그래서 말인데, 어쨌든 치료비는 다 회사에서 부담하고 쉬는 동안에도 일당을 줘. 그러니까 그걸로 양해해 줬으면 좋겠는데, 어때?"

그리고 그는 2~3년 전에 후쿠시마원전 안에서 산소결핍사고가 발생해 "그 땐 신문에 크게 나와서 그야말로 큰일이 났었어"라고 덧붙였다.

그가 왜 그런 사례를 들려줬는지 이유는 분명하다. 만약에 네가 산재가 아니면 안 된다고 우기면 사고가 세상에 알려져서 도쿄전력에 폐를 끼치게 된다. 그렇게 되면 회사에 일이 들어오지 않게 되며 최종적으로는 너 자신이 일자리를 잃어버리게 된다—는 것을 넌지시 비추는 것이다. 일을 복잡하게 만들지 마, 조용히 내버려 둬, 그럼 모두 원만히 해결되잖아……. 여기에 원전의 '폐쇄성'이 생기는 토양이 있는 것 같다.

"아무튼, 자세한 건 소장님이랑 잘 이야기해 봐."

안전책임자는 내가 묵묵부답인 것을 보고, 이렇게 말하며 입 다물어 버렸다.

다친 이후 처음으로 저녁식사에 손을 댔다. 밥그릇에 반 정도의 밥과 된장국, 그리고 반찬을 조금. 그러나 먹고 잠시 후에 구역질이 났다. 진통제 때문에 위가 상해서 그랬을 것이다. 통증은 여전하다.

1월 25일(목) 가슴의 부기가 제법 빠졌다. 약 때문에 그런지 너무 졸린다. 하시모토 씨는 오늘도 내 곁을 떠나지 않고 돌봐줬다.

1월 26일(금) 하시모토 씨가 부르는 소리에 잠이 깼다. 내가 신음소리를 내고 있었단다. 온몸이 땀으로 흠뻑 젖었다. 하시모토 씨의 도움을 받으며 속옷을 갈아입었다. 시계를 보니 새벽 4시를 좀 지났을 뿐이었다.

상 차리고 치우며 파스를 교환하고 화장실에 데려다주며 약과 물을 먹여주고 몸을 뒤집어주고. 이 4일 동안 내 곁을 떠나지 않고 간호해 준 하시모토 씨도 역시 피로가 쌓인 것 같아 낮에 고타쓰[23]에서 조는 일이 늘 있다. 그의 호의에 더 이상 의지힐 순 없다. 입원하든기 도쿄의 자택으로 돌아가든가 해야겠다.

몸을 안 움직이면 통증은 거의 없다. 입맛도 제법 돌아왔다.

---

23)   일본인들이 즐겨 쓰는 좌탁식 난로.

재해는 은폐돼 있을 뿐

　1월 27일(토) 오전 9시 반, 안전책임자가 운전하는 차로 병원으로. 하시모토 씨는 1주일 만에 출근했다.
　진찰 결과, "경과는 양호"함.
　엑스레이 사진을 빌렸다. 도쿄에 돌아가서 집에서 통원하기로 했기 때문이다. 입원이라는 방법도 있지만 낯선 땅에서 치료받는 것보다는 자유롭게 굴 수 있는 곳이 정신적으로도 더 좋다고 판단했기 때문이다. 다만 돌아가기 위해선 3시간 이상이나 열차에 흔들려야 한다. 현재 체력으로 그것이 가능한가, 증상이 악화되는 일이 없는가, 그 점만이 걱정이다.
　"그다지 바람직하진 않아요. 하지만 본인이 집에서 지내는 게 치료에 더 전념할 수 있다면 그렇게 하세요. 무거운 짐을 들거나 오랜 시간 동안 서 있는 것은 금물입니다. 열차 안에서 누워 있으면, 아무래도, 3시간 정도니까, 환부에 그다지 영향은 없을 거예요."
　의사는 이러한 판단을 했다. 그래서 귀경을 결심했다.
　진료 후 회사에 들르기로 했다. 소장을 만나 자택요양에 대한 허가를 얻음과 함께 '산재' 건을 논의할 필요가 있기 때문이다.
　일하는 시간이라 사무실 안은 한산했다.
　소장과의 논의는 불과 20분도 안 되어 끝났다. 자택요양 건은 "그래, 알았어"라는 한 마디로 허락받았다. 치료비를 산재로 처리하느냐 어떠냐는 처음부터 끝까지 소장이 밀어붙였다. 결국 산재 적용은 받을 수 없게 됐다.
　그가 먼저 꺼낸 말은 '돈'에 대해서였다.
　"이봐, 호리에. 산재의 경우엔 일당의 60%밖에 받을 수 없어. 그런데 산재로 처리 안 하면 우리가 100% 다 해 줄게. 어느 게 더 좋은지 알겠지?" 돈을 많이 받는 것이랑 적게 받는 것이랑 어느 쪽이 더 좋냐—일용직 아니어도 "많은 것이 좋다"라고 대답할 것이다. 그렇지 않아도 안전책임자가 "산재로 하면 도쿄전력에 들켜서"라고 말했었다. 도쿄전력과 회사에 폐를 끼치기까지 해서 산재를 적용해 달라고 '고용되는 측'인 노동자가 과연 말할 수 있을까.

소장은 "산재면 일당의 60%"라고 했다. 그러나 정확히는 보험급부금으로 급부기초일 금액의 60%, 그리고 노동복지사업 휴업특별지급금으로 그 기초 금액의 20%로, 총 80%가 지급될 터이다. 또한 나머지 20%도 사업자가 보통 부담하게 돼 있다.

소장이 이러한 산재보상제도를 몰라서 "60%"라고 말했는지 어떤지는 알 수 없다. 그러나 비록 60%밖에 지급받을 수 없다 하더라도, 산재를 적용하지 않으면 "100% 다 해 줄 수" 있는데도, 산재의 경우엔 왜 나머지 40%를 "다 해 줄 수" 없는가?

내가 납득 못 하겠다는 표정으로 잠시 잠자코 있어서 그런지 소장은 "자, 그러니까 말이야, 산재가 아닌 걸로 하자고. 잘 해 줄 테니까."

그런 말을 남기고 그는 자리를 피해 버렸다.

―이렇게 '산재'와 그 '피해자'는 법 적용을 받지도 못하고 어둠 속에 묻혀 버린다.

"무재해 150만 시간 달성 기념". 이렇게 새긴 목제 탑이 후쿠시마원전 구내 어느 길가에 자랑스레 서 있다. 도쿄전력이 말하는 "무재해"라는 것은 재해가 발생하지 않았다는 것이 아니라 재해가 세상에 들키지 않았다는 것―이런 것이 아닌가.

나미에빌 15시 56분 특급 '히다치 7호'로 도쿄를 향한다. 가슴의 통증은 그다지 신경 쓰이지 않았다. 우에노역[24]에 도착하니 나도 모르게 한숨을 돌렸다.

---

24) 당시 도쿄에서 도후쿠 지방, 홋카이도, 니가타, 나가노, 호쿠리쿠 지방으로 가는 사람들이 이용하는 도쿄의 큰 터미널이었다.

다시 후쿠시마로

'사고 은폐'와 '산재 은폐'

    2월 13일(화) 오후 열차로 후쿠시마를 향했다. 지난달 27일에 귀경해 채 2주 정도밖에 되지 않았다. 일어나서 걸어 다닐 수 있는 정도까지 회복됐으나, 아침과 밤에는 아직 통증을 느낄 때가 종종 있다. 가슴지지대도 아직 뗄 수 없다. 아직 일할 수 없는 몸이다.
    그런데 사장에게서 "하루라도 빨리 현장으로 들어가라"는 전화가 자꾸 걸려와서, 그의 억지에 밀린 꼴로 오늘 후쿠시마로 가게 됐다.
    나미에역에서 하차해 숙소로 향했다. 이제 봄바람이 분다. 여기저기서 하얀 매화가 피기 시작했고 밭의 흙도 새까맣다.[25] 아이를 볼 겸 산책하는 것으로 보이는, 지팡이를 짚고 다니는 노인이 어린이 손을 잡고 논두렁을 간다. 소들이 풀밭에 방목돼 있다. 화창하다.
    저녁 6시 가까이에 하시모토 씨랑 모리타 씨 두 사람이 돌아왔다. 후쿠시마에 들어오는 날을 미리 알리지 않아서 내 얼굴을 보고 둘 다 놀랐다. 그 다음 순간 "이야, 돌아왔구나!"라며 오랜만의 만남을 기뻐했다.
    셋이서 상에 둘러앉았다. 상에는 하시모토 씨가 나를 위해 일부러 사온 생선회와 어묵이 차려졌다. 주스로 건배. 그들과 떨어져서 산 것은 불과 2주 정도였으나 이야기꽃이 피어 저녁상을 마무리했을 때엔 이미 10시가 넘어 있었다.
    "그나저나, 호리에. 네가 다친 지 1주일 만에 또 누가 다쳤어."

---

25)   일본 관동과 도후쿠 지역은 통상 밭의 토양이 새까만 경우가 많다.

히로시마에서 온 다시로 씨(내가 처음으로 후쿠시마원전 관리구역 안으로 들어갔을 때, 입장절차와 C복을 입는 방법을 가르쳐 줬음)가 해수계통 밸브 분해작업 중에 관에 가슴을 세게 부딪쳐서 나와 같은 왼쪽 옆구리 갈비뼈가 부러져 입원 중이란다.

"근데 그 사람은 산재로 처리해 줬대."

"회사 쪽이 잘도 인정했네요"라는 나.

"응, 내가 듣기로는 그가 회사에 꽤 따졌나봐. 법정에서 판가름 짓자 해서."

다시로 씨도 아마 나랑 같은 말을 들었을 것이다. 그러나 그는 그런 '압력'에 굴하지 않고 산재를 인정하게 했다. '산재 은폐'에 한몫 껴 버린 나 자신이 부끄러웠다.

"근데 산재 인정받았다 해도 진짜 산재가 아냐. 왜냐면 실제론 원전 구내에서 다쳤는데 '사무실 옆 도구실에서 넘어진 걸로 하라'고 회사가 그랬대. '그러면 산재 인정해 주겠다' 그래서."

도쿄전력에 대한 이상할 정도의 '충성심', 이 배경엔 무엇이 존재할까.

업체 입장에서는 일을 받지 못하게 될지도 모른다는 불안감이 있다. 그런데 그뿐이 아니다. 오히려 도쿄전력(전력회사)이 원전의 안전성을 주장하는 나머지, '이상'하다고 생각될 정도로 언론 및 주민을 '배려'해서, 업체들에게 유형무형의 압력이 되어 되돌아오는 것이 아닐까. '사고 및 고장 은폐'와 '산재 은폐'는 같은 뿌리에서 파생되어 나온 것이다.

"호리에, 이번엔 다시로 씨가 연달아 다쳤잖아. 회사가 '다치지 마라, 다치지 마라' 해대시 시끄리워 죽겠이."

모리타 씨는 소리 내어 웃었다.

한편에서 내 간호를 해 준 하시모토 씨에게도 작은 변화가 있었다. 이번 달 1일부터 관리구역에서 일하게 된 것이다.

"실제로 일해 본 소감은 어떠세요?"라는 나에게 그는 쓴웃음을 지으며 "진짜, 죽겠어요. 생각했던 것보다 힘들어서."

그는 첫날에 먼저 5호기에서 35밀리렘에 설정된 개인방사선경보기를 '펑크' 냈다.

"자, 이제 사무실 대기라고 기뻐하면서 돌아갔더니 말이에요. 너 80밀리렘까지 맞고 오라 그러는 거예요."

다시 관리구역으로 가서 거기서 50밀리렘의 경보기를 '펑크' 냈다. 하루만에 총 85밀리렘의 피폭을 당한 셈이다.

"일 자체는 바닥의 비닐 양생이니까 그리 힘들지 않았는데, 역시 방사능이 신경이 쓰여서. 아무래도 야외에서 맛있는 공기를 들이쉬면서 일하는 게 저한텐 맞는 것 같아요."

하시모토 씨는 수줍어하는 듯한 웃음을 보였다.

2월 14일(수) 비. 동틀 녘에 가슴에 극심한 고통이 있어서 눈떴다. 어제 장시간 열차 안에서 흔들렸기 때문일 것이다.

아침식사 후, 모두 함께 숙소를 나왔다. 그러나 통증이 심해져서 도중에 되돌아왔다. 하루종일 이불 속에서 오늘부터 시작된 중의원 예산위원회 '항공기 의혹·증인 소환심문' 텔레비전 중계를 '관람' 함. 일용직 노동자의 삶에 몸을 둬 보니 그러머니, 더글러스니 하는 것이 먼 나라의 일인 것 같다.[26]

2월 15일(목) 첫 출근.
오전 10시 반에 병원으로. 그 발길로 숙소에 들어갔다.

"회사가 도산했다!"

---

26) 전 총리(다나카 카쿠에이) 체포까지 이른 일본 패전 이후 최대 정치비리사건인 록히드사건과 관련된 항공제조 회사 등을 말함.

2월 16일(금) 아침 추위가 극심했다. 뼈가 부러진 부분이 다시 아프기 시작했다.

오전 8시. 조례. 눈이 내리기 시작했다.

조례를 마치고 잠시 후, 정전. 난로도 꺼졌다.

"바로 옆에 전기를 만드는 원전이 잔뜩 있는데······"라며 다들 투덜거린다. 정전은 오후 1시쯤까지 계속됐다.

불기가 없는 대기실에서 매우 심란한 이야기가 우리 사이를 맴돌았다.

"아무래도 우치다밸브가 망한 것 같아."

소장의 부재가 이 소문에 부채질하는 결과가 되어, 대기실 안은 하루 종일 도산 이야기로 자자했다. 그러한 술렁거림 속에서 나는 종일 사무실 대기였다.

2월 17일(토) 흐리고 가끔 비.

조례 때, 소장이 비통한 표정으로 "다들 들었겠지만, 도산했어. 일하면서 창피할지도 모르지만 부디 다치지 않도록"이라며 '도산선언'을 했다.

10시쯤이 되자 하청기업 직원들이 사무실로 속속 몰려와 소장과 협의. 대기실에서도 "XX공업은 500만의 부도어음을 갖고 있대", "OO공업이 다 철수시키겠대" 등의 소문이 퍼져서 모두 일이 손에 잡히지 않아 보였다.

오후. 사무기기 대여회사 직원들이 자동차를 타고와 복사기를 가져갔다.

"뭐야, 그 사람들! 처음에 (복사기를) 가져왔을 땐 우리가 '필요없습니다' 그랬는데도 억지로 놓고 간 주제에"라는 여자 사무원.

숙소까지 승용차로 보내 준 시바야마 씨(원전이 있는 후타바마치 주민, 34, 5세)는 가다가 자꾸 "우리 이제 어떻게 될까"라고 조수석에 앉은 나에게 불안을 호소했다.

"이봐요, 호리에. 네가 얼마나 (일당을) 받는지 모르지만 난 하루에 6000엔이야. 거기서 점심값 250엔을 빼 가. 그 나머지로 와이프랑 애 들을 먹여야 해. 안 그래도 이번 4월에 첫째가 초등학교에 들어가서 이것저것 돈이 필요할 땐데 회사가 망하다니……. 어떻게 해야 될지 난 모르겠어, 진짜."

2월 19일(월) 오늘은 24절기 중 '우수'다. 얼음과 눈이 녹기 시작하는 때라는 의미라고 한다. 그런데 오늘 날씨는 몹시 거칠다. 아침부터 강풍이 휘몰아치고 거기에다 가랑비도 가끔씩 온다. 정오쯤이 되자 무지개가 산 위에 화려한 아치를 그렸다.

오전에 진료 받으러 병원에 갔다. 대기실에서 내가 부러지고 나서 1주일 뒤에 갈비뼈가 부러진 다시로 씨를 봤다. 내일 동료 5명과 함께 히로시마로 돌아간단다. "회사가 그런 상태(도산)가 돼 버려서 사장이 하루라도 빨리 돌아오래. 일해도 돈이 안 되면 소용없으니까."

그의 말에 의하면 하청업체 중에는 부도어음을 1000만 엔 가까이 갖고 있어 연쇄도산 직전인 곳도 있다고 한다.

사무실 안은 여전히 난리법석이다. 하청업체와 거래업체들이 드나들고 있다.

오늘도 나는 대기.

저녁, 사장에게서 전화가 왔다. 내일 지급 예정이던 1월 봉급을 2주 정도 기다려 달란다.

"우치다밸브의 어음을 내가 많이 갖고 있어서 말이야. 완전 망했어. 그래도 좀 더 거기서 일하고 있어. 봉급은 제대로 줄 테니까 걱정 안 해도 돼."

"돈도 안 주면서 걱정 말라는 게 무슨 뜻이야? 나 이제 오사카로 들어간다."

우리 대표 노릇을 하는 모리타 씨에게서 통화 내용을 들은 하시모토 씨는 화난 얼굴로 말했다.

"들어가고 싶은 건 나도 마찬가지야. 그래도 그렇게 하면 오사카의 그가 곤란해지잖아"라는 모리타 씨.

바로 최근에 알게 된 일인데 그들 둘에겐, 내가 가미야마 씨라는 사장의 직속 노동자인 것과 달리, 오사카에 별도의 사장이 또 있었다. 그래서 그들의 봉급은 가미야마 씨에게서 오사카 사장이 우선 받고, 그 사장에게서 모리타 씨 등이 받게 돼 있다. 모리타 씨가 "오사카의 그가 곤란해진다"는 것은 "오사카 사장에게 폐를 끼친다"는 뜻이다.

"한 잔 하고 올게."

하시모토 씨는 혼자서 거리로 나갔다.

'도산' — 이 두 글자가 벌써 우리 일용직 노동자들에게 어두운 그림자를 비추기 시작했다.

태어날 아기에게 드리운 불안의 그림자

2월 20일(화) 맑음. 오늘도 이른 아침부터 하청업체 사장들과 소장이 협의. 대기실 창문에서 걱정스런 표정으로 지켜보는 노동자들. 그래도 9시 반쯤이 되자 직원들에게 내몰리듯이 마지못해 현장으로 나갔다.

소장과의 협의가 일단락 지어졌는지 사장들은 대기실에서 난로를 둘러싸며 '대책회의'를 시작했다. 모두 진지한 표정이다.

그들의 이야기를 요약하면—

①이번 달 14일에 우치다밸브의 발주기업(밸브메이커)의 자금변통이 악화돼 도산했다. 부채총액은 약 55억 엔. 때문에 자회사인 우치다밸브까지 연쇄도산 했다는 것이다.

②이미 회사정리법 적용을 지방재판소에 신청했다.

③우치다밸브 본사에선 "거물 변호사를 쓰건 통산성[27] 고위급을 움직

---

27) 통상산업성. 일본정부 기관 중 하나로 2001년 이후 경제산업성으로 이름이 바뀌었다.

이건"해서 사태 수습을 도모하고 있다.

　④도쿄전력 후쿠시마원전에선 "5월 말까지는 확실히 일을 발주해 준다".

　"그야 당연하지. 정검이 한창일 때에 작업이 멈춰 버리면 스케줄이 엉망이 되니까. 도쿄전력이 자신을 위해 '5월까지 일 시켜주겠다'고 한 거지"라는 목소리.

　⑤모든 하청기업이 수백만 엔의 부도어음을 갖고 있다.

　이 '대책회의'를 듣던 어느 노동자는, 대기실 한구석에서 방관에게 부탁받은 선량집계 작업 중이던 내 옆에 앉더니, 낮은 목소리로 "꼴좋다. 지금까지 우리 돈을 삥땅치다가 천벌 받은 거야." 그리고 "놈들 우치다밸브에서 얼마나 받는지 알아? 1만? 그런 농담을. 사실은"

　그는 내가 쓰던 집계용지를 뒤집더니 세 가지 숫자를 적어 늘어놓았다.

　1만 5000, 1만 3000, 1만 2000.

　1인 1일치 임금으로 이 3단계가 있으며, 나이, 경험, 면허증 유무에 따라 각 노동자의 단계가 정해진다고 그는 설명했다.

　"여기서 놈들이 삥땅쳐서 우리한테 돈을 건네는 거야."

　그렇게 말하며 그는 무언가 계산하기 시작했다.

　"지역 사장 중엔 노동자를 100명 정도 고용한 이도 있어. 1인당 하루에 6000엔 삥땅쳤다 치면 하루에 60만. 한 달에 1800만. 1년이면, 가만히 있어 봐, 2억 1600만 엔이야. 그것들이 일 하나도 안 하고 삥땅만 쳐서 연수입이 2억이라……. 이렇게 터무니없이 벌면서 50만 부도가 났다는 게 무슨. 웃기지 말라고, 진짜."

　타 지역에서 온 노동자의 숙박비와 식사비용, 그리고 교통비까지 임금과 별도로 지불되고 있으며, 사장들 중엔 그렇게 번 돈으로 미니버스나 노동자용 숙소를 구입해서 그것을 각 업체에 대여하는 이도 있다고 그는 덧붙였다.

　"자, 밥, 점심 먹자!"

　방 전체에 울릴 것 같은 큰 소리를 지르며 그는 '대책회의' 중인 사장들 한가운데를 가로질러 250엔짜리 도시락을 가지러 갔다.

점심시간. 낮잠이나 자려고 미니버스 출입문을 열었더니 승객 한 명이 운전석에서 라디오에 귀를 기울이고 있었다.

다치카와 씨. 23세, 지역 청년이다. 육상자위대에 3, 4년 있었다는 그는 몸집은 작지만 잘 단련된 몸을 가졌다. 여자친구랑 동거 중이다. 9월 초순에 아기가 태어날 예정이다.

"어때? 부인 잘 있어?"

인사 대신 가벼운 농담에 그는 얼굴 전체가 빨개졌다. 순진해서 그렇다.

"예, 아무래도 결혼식 올리기 전에 (아기가) 태어날 것 같아요."

그러면서도 어쩐지 기운이 없어서 평소 같지 않다.

"왜 그래, 아빠가 되는데, 더 기뻐해야지!"

굳은 표정을 나에게 보이고 "예" 하고 낮은 소리로 끄덕이며, 그는 바로 시선을 창밖으로 돌려 버렸다.

침묵이 잠시 흐른 뒤, 그는 낮은 목소리로 불쑥 중얼거렸다. 당장이라도 울음을 터뜨릴 것 같은 표정이다.

"아니, 사실, 저, 걱정이에요."

후쿠시마원전을 비롯해 그는 쓰루가 하마오카원전에서도 일해 왔다. 꽤 피폭당했다. 그 영향이 몇 달 후에 태어날 아기에게 어떤 형태로든 나타나지 않을까—그가 말하는 '걱정'이라는 것은 이런 것이었다.

"그리 걱정 안 해도……."

그는 나를 째려보며 내 말을 가로채 "그게 아니에요. 전 알아요……"라며 양손으로 머리를 움켜쥐었다.

그의 지인 중에 트럭 운전기사가 있다. 31, 2세로 아이가 둘. 첫째는 이전에 운전기사였을 때에 태어난 아이였다.

"그래서 그 사람, 원전에서 일하기 시작했어요. 그리고 그 때 태어난 게……. 그래서 그 사람, 겁나서 원전 바로 그만두고 원래 하던 운전 일을 다시 시작했어요."

　이전에 나미에마치의 어느 가게 주인이 나에게 "넌 아직 젊은데, 원전 같은 곳에서 일하면 안 된다. 왜냐면 내가 아는 원전에서 일하는 이들, 그것도 두 가구에서, 그러니까……, 애가 말이야……"라고 했다.

　그 가게 주인이나 다치가와 씨 이야기에 나오는 아이들에 관련된 것들이 꼭 방사능에 기인한다고는 싸잡아 말할 순 없다. 그런데 원전노동자들에게는 유전적 영향에 대한 공포가 따라다닌다는 것은 틀림없는 사실이다.

　첫아이가 태어난다―누구나 그 날을 기다리고 마음도 들뜰 때다. 그런 것이 23세의 다치가와 씨는 원전에서 일하고 있다는 단 하나의 이유 때문에 오히려 불안한 나날을 보내고 있다.

　그는 약혼자에게 "현장에서 일한다"고만 말하고 원전노동자라는 사실을 숨기고 있다고 한다.

　"(약혼자가) 괜한 걱정 하잖아요"라는 배려다.

'안전교육조사'라는 이름의 '사상검열'

　2월 21일(수) 어제와 마찬가지로 오늘도 따뜻하고 좋은 날씨다. 도쿄에선 19.9도까지 기온이 올랐다고 한다.

　최근 2, 3일 동안, 같은 숙소에서 지내는 모리타 씨 등 네댓 명은 2호기 고선량 구역에서 밸브 교환 작업에 종사해 연일 70, 80밀리렘을 맞고 있다. 10분도 되지 않아 50밀리렘에 설정된 개인방사선경보기가 '펑크' 난다고 한다. 작업은 예정된 분량의 절반을 소화했을 뿐이다. 젊은 보싱은 "이대로라면 일주일에 300(밀리렘) 규정에 걸리겠는데"라고 자꾸 투덜거렸는데, 그 어감으로 봤을 때, 그가 걱정하는 것은 노동자에게 일주일에 300밀리렘이나 '피폭'을 당하게 하는 일이 아니라, 오히려 규정

선량을 넘어버려서 노동자를 별도로 확보해야 하는 일인 듯하다.

오후, 오전 작업에서 경보기를 '펑크' 내서 오후부터 대기하게 된 야마카와 씨(21, 2세. 지역 청년)가 "어떻게 하면 좋을까요?"하며 내 앞에 한 장의 용지를 펼쳤다.

그는 우치다밸브가 도산했다는 사실을 알자마자 "봉급 못 받을 수 있다"며 후쿠시마원전에 드나드는 다른 하청업체에 취직하기로 결심했다. 이틀 정도 전에 '고만한 곳'을 찾아서 조만간 거기 사장에게 면접을 보게 돼 있다. 그 때 이 서류를 제출한다고 했다.

'고용 시 안전교육조사표'—성명, 현주소, 가족구성, 면허증, 건강상태 등의 칸들이 주간지 크기의 용지에 꽉 채워져 있다.

"봐요. 여기."

야마카와 씨가 가리킨 곳엔 세 가지 질문사항이 나열돼 있다.

'원자력의 안전성' 1. 안전하다고 생각한다 2. 모른다

'원자력발전소의 필요성' 1. 만드는 것이 좋다 2. 모른다

'원자력발전소는 지역에 유익한가?' 1. 유익하다고 생각한다 2. 모른다

—이 질문들은 분명히 '사상검열'이다. '회사 이름' 칸이 비어 있다. 그리고 '본 발전소 관계…'라는 기술이 있다. 아무래도 이 '조사표'는 후쿠시마원전에서 일하는 노동자 전용으로, 그것도 각 업체에서 같이 사용할 것을 고려해서 만든 것인 듯하다.

"원자력이 안전하냐고? 그런 질문 받아도……."

당황하고 있는 그에게 약간 심술궂다고 생각했지만 "안전하다고 생각 안 해?"라고 물어봤다.

"아니……. 정말 안전한가 하면, 역시 그렇진 않은 것 같고, 그래도 '안전하다고 생각한다'고 해야지 고용해 줄 것 같고……."

"'모른다'에 동그라미 쳐 놓는 게 어때?"

"그럴까?"

납득할 수 없다는 표정을 지으며 그는 세 질문 모두 "모른다"에 동그

라미를 쳤다.

그나저나 이 '사상검열' 말인데, 왜 "위험하다고 생각한다", "만들지 않는 것이 좋다", "무익하다고 생각한다"라는 답이 마련되지 않았는가? '위험'이라든가 '무익'이라는 말은 원전 관계자들의 사전엔 존재하지 않는가? 정말 이해할 수 없는 설문이다.

종일, 사무실 대기.

2월 22일(목) 맑음. 하루 종일 대기실에서 선량 집계 및 'RWP' 정리.

갈비뼈가 부러진 게 1월 22일이었으니 오늘이 딱 한 달째다. 그냥 걷기만 하면 그리 통증을 느끼지 않게 됐다. 그래도 아침과 밤에는 아프다. 특히 비가 오는 날엔 이불에서 상체를 일으키는 것이 고작이다.

저녁 식사 전에 "골절 한 달 기념 잔치라도 벌여요"라는 하시모토 씨의 권유에 따라 닭꼬치집에서 한잔했다. 한 달 만에 마시는 술이다. 그래서 바로 취했다. 평소엔 2홉 정도만 마시고 꾹 참는 하시모토 씨가 오늘은 어쩐지 막무가내로 마신다. 왠지 기운도 없다. 말을 걸어도 "응", "어"라며 건성으로 대답할 뿐이다.

1시간 반 정도 마시다 가게를 나왔다. 숙소 앞까지 왔을 때, 그때까지 잠자코 있던 하시모토 씨가 느닷없이 "이봐요, 호리에 씨"라며 멈춰 섰다. 내 이름을 불렀지만 나에게 말하는 것이 아니라 오히려 그 자신을 타이르는 듯한, 그런 침울한 말투로 말하기 시작했다.

"나, 이제 '가마' 생활에서 발을 빼고 싶어. 하루라도 빨리. 이대로라면 나, 망해. 어떻게든 해야 해. 이봐요, 호리에 씨. 언제 호리에 씨가 어디 다른 현장에 갈 땐 나도 데려가요. 나, 거기서 빠져나갈 수 있다면 어디든지 일할게. 나, 심기일전해서……."

하시모토 씨는 말끝을 흐려 버렸다.

"심기일전해서, 하루라도 빨리 규슈의 처자식한테 돌아가고 싶어."

그는 아마도 이렇게 말하고 싶었던 게 아닐까.

'흑인 노동자' 이야기

2월 23일(금) 비가 와서 대기실 안에서 조례함. 노동자들은 도산 전에 비해 거의 절반까지 줄어버렸다. 좁은 곳에서 하는 조례여서 사람이 줄었다는 것이 두드러진다.

"오늘 밤 0시 1호기에 '불을 붙인다'. 몇 사람이 밤새 근무해야 한다"며 소장이 지시했다.

1호기 점검은 거의 최종단계에 이른 것 같다. "끝났다!"라는 감동이 하나도 느껴지지 않는다. 이런 심정이 나만이 아니라는 것은 사무적이고 담담한 소장의 말투와 그것을 듣는 동료들의 표정에서도 엿볼 수 있다. 이미 2호기 점검에 착수했기 때문인지, 아니면 점검이라 해도 그 중 극히 일부를 담당했을 뿐이라서 그런지.

하나의 일을 해냈다는 기쁨—이 정신적 해방의 순간이 있어야 일할 맛이 나고 일하는 보람도 있는 법이다. 그런데 원전노동에는 그런 것이 하나도 없다. 줄곧 출구 없는 터널로만 달리는 듯한, 그러한 갑갑함과 따분함, 그리고 불안을 느낀다.

점검이 끝나고 '피폭실적'이 남는다. '우치다밸브'만으로 1호기 점검 중(1978년 9월~79년 2월) 이만큼 피폭을 기록했다(직원 포함. '입장자 수'는 연인원).

○ 원자로계 총 선량=2만 3701밀리렘, 입장자 수=758명
○ 터빈계 총 선량=6584밀리렘, 입장자 수=868명
○ 합계 총 선량=3만 285밀리렘, 입장자 수=1626명

오전, 전신방사선측정기 검사와 건강검진. 3개월마다 받는 정기검진이다. 내가 후쿠시마원전 현장에 들어온 지, 지난 19일로 꼴딱 두 달이 지났다. 세월이 참 빠르다.

이전에 측정결과가 표준에 비해 10배나 높게 나왔다며 몹시 쓸쓸한

경험을 하게 된 전신방사선측정기지만, 오늘은 단번에 통과했다. 다만 측정치는 회사에 직접 보고되지 본인은 들을 수 없다.

후타바마치에 있는 병원에서 진찰을 받는다. 혈압을 측정하고 청진기를 등과 가슴에 대 보고 "다 끝났습니다".

오후부터는 사무실 대기.

함께 난로 '지킴이'를 하던 이들 사이에서 '흑인 노동자'들이 괴상하게 일한다는 이야기가 화제에 올랐다. '보건안전센터'에 전신방사선측정기 검사를 받으러 갔을 때, 거기서 외국인을 봤다고 내가 그들 앞에서 말한 것이 발단이었다.

"그 남자, 흑인이었어?"

"그 놈, 문신 새겼지?"

내가 봤던 것은 백인이었고 문신도 없었던 것 같다고 대답했더니 한 동료는 "뭐야, 흑인이 아니구만. 또 온 줄 알았어."

1977년 3월에 후쿠시마 1호기에서 급수노즐과 제어봉구동수환류노즐에 균열이 발견됐다. 이 시기에 GE사[28]의 미국인 연 118명, 흑인노동자도 연 60명이 동원됐다(1978년 2월 후쿠시마현 의회에서 마쓰다이라 이사오 현지사 답변). 그가 "또 온 줄 알았어" 한 것은 그 때 일이 머릿속에 있어서 그랬을 것이다.

흑인 노동자들은 후쿠시마원전뿐 아니라 쓰루가원전에서도 일했다. 1967년부터 1969년에 걸쳐서 약 150명, 1977년 4월부터 5월에 약 60명―1978년 2월, 중의원 예산위원회에서 구사노 다케시 의원이 밝힌 숫자다. 이 흑인 노동자들이 모두 심한 오염구역에서 힘든 노동을 하고 있다는 이야기를 들었다. 이 의문을 "또 온 줄 알았어"라고 말한 남자에게 던져 봤다.

"난 얼마 전까지 도시바 하청의 'XX공업'이라는 회사에서 일했어. 거

---

28) 제네럴일렉트릭사.

기서 주요 업무가 노심이었고 제어봉 조정이나 점검을 했지. 선량이 높아서 일하는 시간은 하루에 10분에서 15분이야. 그래도 100(밀리렘) 가까이 쐐."

그러한 그가 일하던 회사에 흑인 노동자들이 "간혹 얼굴을 내밀었어"란다.

"우리마저도 경보기는 50(밀리렘)이라든가, 많아야 80(밀리렘)을 들고 들어가는데, 흑인들은 200(밀리렘)을 들고 들어가. 그래서 하루에, 글쎄, 대략 700밀리렘은 쐤어. 100이나 200은 아무것도 아냐. 아무렇지도 않더라고. 우리도 깜짝 놀랐어. 봉급이라? 한 동료가 그걸 물어봤는데, 지금 좀 기억이 안 나지만, 엄청 셌다는 건 기억해. 내가 듣기론 선량을 얼마 쐬면 얼마로 계산한대. 그리고 그들은 3, 4일 일하면 바로 사라져. 곧 다른 놈이 교대로 왔지만. 회사 사람이 말하기엔 그들이 슬럼가에서 어슬렁대는 놈이거나 감옥에 들어갔다 나온 놈들이래."

또 그는 흑인 노동자들 중에는 영어도 제대로 못 하는 이가 있었고, 팔이나 가슴에 문신을 새긴 이들이 많았다고 덧붙였다. 원전에 따라다니는 '어두운 그림자', 그 일단을 '흑인 노동자' 이야기에서 보게 된 것 같았다.

피폭 실태는 데이터 기록 이상

2월 24일(토) 비. 1호기 "불을 붙이는 일"은 "계측 장비 관련 고장"으로 25일로 연기됐다.

종일 'RWP' 정리.

오후부터 사무실에 대기하게 된 기무라 씨가 "왠지 모르지만 요새 머리가 자꾸 빠져. 방사능의 영향일까요?" 하고 말을 걸어왔다.

그는 25세 지역 청년이다. 중학교 졸업 후 도쿄의 전기부품 제조회사에 취직했으나 "어쩐지 도쿄의 어수선한 분위기에 적응하지 못 해서" 고향으로 돌아와 75년부터 원전에서 일하기 시작했다. "막상 돌아와 보니까, 여기는 일할 데가 하나도 없잖아요. 그래서……"라는 이유 때문이다.

"머리가 빠지다니, 지금까지 얼마나 (선량을) 맞았어?"라고 물어봤다.

"일단, 2000(밀리렘)인 걸로 돼 있는데, 사실 그 몇 배예요."

그는 너무나 당연하다는 말투로 그렇게 대답했다.

"몇 배라니, 왜?"

내가 납득이 가지 않는다는 표정을 지어서 그런지 그는 깔깔 웃기 시작했다.

그가 말하는 "몇 배"는 이런 것이다.

기무라 씨가 'IHI'(이시카와지마하리마중공)의 하청노동자로 일하던 때의 일이다. 거기에서 노동자들은 현장에 도착하면 개인방사선경보기와 개인피폭선량계 등을 고무장갑에 채우고, 그것을 배리어(나무로 만든 박스) 밑에 숨기며 작업을 시작했다. 50밀리렘에 설정된 경보기가 10분 만에 '펑크' 나는 고선량 구역에서 1시간에서 2시간 작업해야 하기 때문이다. 그런데 개인피폭선량계의 수치를 보고할 때엔 20~50밀리렘 정도로만 적어 놓았다고 한다.

"처음엔 나도 그런 짓 안 했어요. 그래도 다 하고 있어서, 그리고 회사 사람들도 아무 말도 안 해서."

"그럼 임금은 좀 많이 줬어?"

"아니, 여기(우치다밸브)보다 좀 적었어요."

"그럼 왜 그런 식으로 일했어?"

"다들 아무렇지도 않게 그렇게 하고 있어서. 그리고 (작업을) 빨리 끝내면 나중에 편하니까. 회사도 예정보다 일이 빨리 진행되면 그만큼 돈을 벌 수 있어서."

숱이 적어진 머리를 자꾸 쓰다듬으며 그는 이렇게 말했다.

과학기술청은 매년 각 원전마다 종사자 피폭 실적을 발표한다. 그러나 이 데이터가 얼마나 신빙성이 없고 현실과 동떨어진 것인가를 그의 경험이 뚜렷하게 증명하고 있다. 그와 동시에 이것은 엉터리 관리의 증명이기도 하다. 어제는 '흑인 노동자' 이야기, 그리고 오늘 또…… 난로 옆에서 동료들과 서로 농담을 하는 25세 기무라 씨. 그 서글서글한 웃음 뒤에 '피폭'에 대한 불안감이 숨어 있다고 생각하니 그들과 함께 웃을 엄두가 도저히 나지 않았다.

밤늦게 숙소에 사장이 찾아왔다.

"도산 따윈 너희들이 걱정 안 해도 돼. 봉급도 제대로 줄게. 자, 이것 봐!"

그는 겉옷 주머니에서 돈다발을 꺼내 나와 하시모토 씨, 그리고 모리타 씨 앞에 각각 1만 엔 지폐를 두 장씩 던졌다.

"봤지? 돈은 있어. 알겠지!"

사장이 눈앞에서 돈다발을 보여서인지, 도산 이후 "우리 봉급이 어떻게 되는 거야?", "이제 오사카로 돌아가자!"고 불안을 호소하던 하시모토 씨는, 사장의 "알겠지!"라는 말에 히쭉히쭉 웃으며 머리를 끄덕였다.

쓰루가원전으로의 권유

2월 25일(일) 어제 우리 숙소에 묵은 사장이 "좀 논의할 게 있어"라며 나를 카페에 불렀다. 회사와 계약했으니 3월 말까진 후쿠시마원전에서 일해 달라. 그 이후는 쓰루가원전에서 일하지 않겠느냐. 히시모토 씨가 나와 같이 가고 싶어 한다. 방도 사장이 찾아 주겠다—이런 이야기였다.

쓰루가원전에서 일하는 것은, 나 자신도 이전부터 생각하고 있었다. 왜냐면 미하마와 후쿠시마라는 두 개 원전에서 일하면서, 함께 일하는 노동자들이 쓰루가원전을 자주 이야기했기 때문이다.

"거기는 오염이 심해."

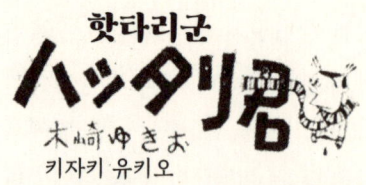

「후쿠시마밍유」1978년 12월 17일

"내가 듣기론 젊은이들은 거기 가기 싫어한대."

"거긴 방사선 관리가 완전 엉터리야."—등등 모두 '악평'이다. 그러나 그렇기 때문에 실제로 가서 확인하고 싶었다.

사장 말로는 하시모토 씨도 함께 간다고 한다. 그는 쓰루가로 거처를 옮기면서 '가마가사키' 생활에서 '발을 빼려고' 하는 것 같다. 그와 함께 쓰루가원전에서 일해 보자. 난 다시 그렇게 마음을 먹었다.

오후, 같은 회사 동료 셋이 숙소로 찾아왔다. 마작. 요즘 이것이 일요일의 일과다.

어제 「후쿠시마밍유」엔 "도쿄전력 사원/ 휴일엔 승마에 열중/ 고삐 솜씨도 좋아"라는 제목과 사진을 붙인 3단기사가 실렸다.

구태여 마작과 승마를 비교해 보자는 것은 아니다. 오히려 내가 이 기사를 '재미있다'고 생각한 것은 한 민간기업, 그것도 사원이 고작 말에 올라탄 것이 3단기사가 되어 보도된다는 사실이다. 도쿄전력이라는 존재가 후쿠시마에서 어떤 것인지를 이야기해 주는 것 같아 정말 흥미롭다.

후쿠시마제1원자력발전소 _____ 다시 후쿠시마로

작년 말, 역시 같은 신문에 '핫타리군'[29]이라는 만화가 실렸는데, 그것도 전력회사에 대한 현민들의 '의식'이 뚜렷하게 나타나 있다. 특히 네 번째 칸은 상징적이다.

속출하는 고장과 사고

2월 26일(월) 흐리고 오후부터 비.

오전에 병원에 파스를 받으러 갔다. 뼈가 부러진 데가 아직은 가끔씩 아프다.

"비가 오거나 했을 때, 아직 아프다면 완치됐다고 할 수 없어요"라고 간호사가 그랬다.

오후는 대기실에서 'RWP'를 정리했다.

2시쯤, 노동자 네댓 명이 현장에서 돌아왔다. 그들은 1주일 정도 전부터 날마다 2호기 고선량 구역에서 작업해 50~70밀리렘씩이나 맞고 있다.

"야, 오늘은 위험했어!"

"맞아, 완전히 갈 뻔 했어."

난로 둘레에 앉더니 그들은 저마다 그렇게 말하기 시작했다.

개인방사선경보기가 고장 나서 설정한 선량(50밀리렘)을 넘어버렸다고 한다. 그들은 두 명씩 선량이 높은 방에 들어가 밸브 교환 작업을 하고 있었다. 평소엔 약 10분 만에 50밀리렘 경보기가 '펑크' 나는 구역이다. 그런데 10분이 지나도 들이 나오지 않았고 경보기 소리도 들리지 않았다. 걱정이 된 동료 한 사람이 둘을 부르러 들어갔다. 그 때서야 비로소 경보

---

[29] 'ハッタリ君'. '핫타리'는 허풍, 허세라는 뜻이다. 신문만화연구소新聞マンガ研究所 (www.shimbun-manga.com)에 의하면 이 작품은 1978년 12월에 3, 4개 지방신문에 실렸다.

기가 두 대 다 고장 났다는 사실을 알았다는 것이다.
"옆에 서 있던 방관 새끼가 얼빠진 놈이라서 이런 일이 생기는 거야."
고장 난 경보기를 갖고 있던 남자가 내뱉듯이 말했다.
그의 개인피폭선량계 수치는 하루의 '허용선량'(100밀리렘)을 넘어 버렸다. 그러나 그는, "100밀리(렘) 이상의 수치를 적으면 시말서 써야 해. 귀찮으니까 '85'라고 보고해 놓았어."
또 한 사람도 그와 같은 수치로 보고했다고 한다.
"개인방사선경보기는 간혹 고장 날 때가 있습니다. 작업 중, 그것을 너무 믿지 않도록 하세요."
후쿠시마에서 받은(정확히는 옆에서 바라본) 방관교육 때, 방관은 이렇게 '충고'했다.
그럼 현장 노동자는 무엇을 믿고 무엇으로 방사선 피폭에서 몸을 지키면 되는가? 허용선량이 다 될 때까지 노동자에게 일을 시킨다면 적어도 그 '다 될 때'를 알려주는 경보기만큼은 제대로 된 상태를 유지해야 할 것이다.
사장은 오후 열차로 돌아갔다.

2월 27일(화) 같은 숙소에 머무르는 셋이 모두 일을 나가지 않았다.
하시모토 씨는 "몸이 좀……". 모리타 씨는 어제 터빈건물 안에서 작업하다가 가와베 보싱과 약간의 말다툼을 해서 "그놈 얼굴 따위 보고 싶지도 않아"란다. 내 뼈가 부러졌을 때, 보싱이 내게 냉정하게 대한 것이 모리타 씨 가슴에 아직 응어리로 남아 있는 것 같다.
그리고 나는 늦잠을 잤다.
숙소에서 하루 종일 셋이서 마작함.

2월 28일(수) 나 혼자만 출근함. 나머지 두 사람은 "몸이 좀 안 좋아서"란다. 그러고선 내가 일하러 나간다고 하니 "둘이선 마작 할 수 없으니까 다시 생각해 봐……."

하루 종일 'RWP' 정리.

이틀 전에 개인방사선경보기 고장이 발생했는데 오늘도 같은 현장에서 한 개가 고장 났다. 그것을 갖고 들어간 노동자는 90밀리렘 가까이 선량을 맞아버렸다.

3월 1일(목) 맑음. 오늘도 모리타 씨는 쉬었다. 그는 "어쩐지 후쿠시마라는 곳이 난 마음에 안 들어"라고 한 마디 중얼거렸다. 도산 이후 매일같이 동료가 두세 명씩 줄고 있다. 그것을 보고 그도 오사카로 돌아가고 싶어진 것이 아닐까.

하루 종일 'RWP' 정리.

1시 반쯤, 모두가 현장으로 나가서 텅 빈 대기실에 닛다 씨(22, 3세)가 불쑥 들어왔다.

"어, 힘들어."

책상 위에 몸을 뻗었다.

"오후부터 대기야?"라고 물어 봤더니 그는 상체를 일으키며 "큰일 났어요!" 하고 입술을 실룩거렸다. 안색이 좋지 않다.

"물을 뒤집어써 버렸어요."

오전에 그는 다른 노동자와 함께 3호기 드라이웰[30] 안에서 밸브 분해 작업을 하고 있었다. 그 때 현장 근처에 설치된 밸브의 누수를 발견했다. "잠그려고 그 밸브에 손을 댔더니, 갑자기 물이 콸콸 뿜어져 나왔어요." 순간직으로 얼굴을 피했으나 오른쪽 어깨에서 가슴에 걸쳐 물을 뒤집어쓰고 말았다. 개인피폭선량계 수치는 "150(밀리렘) 정도까지 올라가 있었어요." 그가 뒤집어쓴 물은 꽤 오염돼 있었다.

---

30) 원자로 격납용기의 압력제어실 이외의 부분.

"만약에 그 물이 눈에라도 들어갔으면……. 이제 저, 겁나서 원전에 들어가고 싶지 않아요."

그렇게 말하며 그는 얼굴을 찡그렸다.

3월 2일(금) 오늘은 오랜만에 셋이 다 출근했음.
오전과 오후 내내 'RWP' 정리.

큰아들의 병 때문에 한시적으로 귀경

3월 3일(토) 어젯밤, 집에서 전화가 왔다.

올 4월에 초등학교에 들어갈 큰아들이 감기에 된통 걸렸다. 고열이 나고 헛소리하면서 자꾸 나를 부른단다.

작년 9월에 미하마원전에서 일하기 시작했을 때부터 집에 몇 번 못 갔다. 오랜 부재가 아들에게 어지간히 스트레스가 된 것 같다.

아침 열차로 도쿄에 가기로 했다.

도망친 동료들

3월 6일(화) 오후 7시를 지나서 나미에의 민박집에 도착함. 3일 내내 도쿄 집에서 지냈다. 아들의 병은 그리 심각하지 않았으며 내가 간 다음날엔 집밖에서 놀기 시작했다. 안심했다.

숙소에선 뜻밖의 일이 기다리고 있었다.

하시모토 씨와 모리타 씨 둘이 내일 아침 열차로 오사카로 돌아간다고 한다. "이런 망한 회사에서 일해 봤자……"라는 것이 그 이유다.

아무리 그래도 갑작스런 이야기다. 회사와는 이번 달 말까지 계약이었다. 소장은 꽤 화를 냈다고 한다.

하시모토 씨랑 카페에 들어갔다.

"나도 이렇게나 빨리 '도망칠' 생각은 없었어요. 모리타 씨가 꼭 돌아가겠다고 해서……. 어쨌든 '가마' 생활을 잘 정리해서 다음 달엔 쓰루가로 갈게요……."

그는 "정말 신세 많이 졌습니다"라며 고개를 깊이 숙였다.

3월 7일(수) 그들 둘은 오전 7시 직전 열차로 돌아갔다. 어수선한 이별이 됐다.

오늘부터 작업에 종사한다. 2호기 터빈건물. 한 달 반 만의 관리구역이다. 밸브를 사포로 닦는다.

오후 2시쯤, 갑작스레 구역질이 났다. 몸을 느닷없이 움직여서 그랬을 것이다. 3시쯤에 밖으로 나와 버렸다.

'피폭선량'=1밀리렘(오전 1)

3월 8일(목) 흐림. 평소와 같은 곳에서 버스를 기다리는데 아무리 기다려도 오지 않는다. 그래서 사무실로 전화해 봤다.

"그래요? 버스가 안 갔어요?"라며 여사무원은 건성으로 대답하고서는 입 다물어 버렸다.

어제 조례 시 점호 때는 내 이름도 부르지 않았다. 나와 같은 사장 밑에서 일하던 모리타 씨와 하시모토 씨 둘이 계약보다 보름이나 일찍 오사카로 돌아가 버려서 나에게 화풀이하는 것일까. 교통편이 없으면 회사에 갈 수 없다. 쉬기로 했다.

3월 9일(금) 맑음.

2호기 터빈건물. 밸브를 사포로 닦는다. 역시 아직 가슴에 통증을 느낀다.

'피폭선량'=11밀리렘(오전 5, 오후 6)

3월 10일(토) 맑음. 작업은 어제 하던 일을 계속함.
'피폭선량'=3밀리렘(오후 3)

귓갓길에 미니버스 뒷바퀴가 펑크 났다. 바퀴를 바꾸는 동안 우리는 도로가에서 기다렸다.

원전에서 작업을 끝내고 귀가를 서두르는 업체의 차들이 우리 눈앞을 끊임없이 지나간다. 소형트럭, 덤프트럭, 버스, 승용차, 오토바이 등등. 차가 뿜어내는 배기가스와 모래 먼지를 머리에서 뒤집어쓰면서 문득 이런 생각이 들었다.

'에너지원으로서의 원전이라고 하지만, 과연 원전 자체를 움직이는 데 에너지를 얼마나 소비해야 할까.'

눈앞을 지나가는 차들은 말할 것도 없이 '석유'로 움직인다. 원전 내부의 바닥 전면에 깔린 비닐시트의 원료 또한 석유다. 한 번 사용하고 폐기처분하는 타이벡(종이섬유로 된 점프수트)[31]을 만드는 데에도 석유를 사용한다. 또한 원전 건설 자체에 막대한 에너지를 소비한다.

"……그 중에서도 에너지효율이 가장 높은 원자력이야말로 탈석유를 이룰 가장 유력한 에너지입니다. 원자력발전 확충에 노력하겠으니 이해 부탁드립니다"(「마이니치신문」 1979년 3월 25일, 6단 광고, 점은 필자가 찍음)라고 전기사업연합회는 말한다. 석유로 움직이는 원전이 "탈석유를 이룰 가장 유력한 에너지"라니, 어찌 그럴 수가 있는가. 정말 '이해' 못 하겠다.

3월 11일(일) 새벽 5시쯤, 지진 때문에 잠이 깼다. 꽤 오랫동안 흔들렸

---

31)   사실은 폴리에틸렌 섬유다. 각주 18번 참고.

다. 낮에는 바람이 불어대서 도호쿠선[32]이 한시적으로 불통이 됐다.

홀로 지내는 일요일. 메모 정리와 빨래를 함.

3월 12일(월) 아침 추위가 극심했다. 아직 방한복을 정리하면 안 되겠다.
작업은 2호기 터빈건물에서 최근에 자주 하던 사포로 닦는 일이다.
'피폭선량'=5밀리렘(오후 5)

원전에 등 돌린 청년

3월 13일(화) 어제 하다 만 작업을 계속함. 현장은 정말 추워서 2, 3일 전에 아무래도 감기에 걸린 것 같다. 몸이 으슬으슬 춥다.

점심시간에 감기약을 먹고 있을 때, 오카무라 씨가 말을 걸어왔다.

"터빈은 추워서 힘들지? 그런데 반대로 더운 것도 힘들어."

정검이 시작한 직후엔 장소에 따라 "마치 사우나에라도 들어간 것 같은 곳이 있어" 그런 곳에서 작업할 땐 얼린 '보냉재'를 들고 들어간다고 한다. 관리구역 안엔 대형 냉장고가 있고, 전용 조끼를 입고 그 주머니에 냉장고에서 꺼낸 '보냉재'를 네다섯 개 처넣는다. "진짜, 그럴 땐 일이 너무너무 힘들어. 덥고 '보냉재'는 무겁고……."

오카무라 씨는 몸짓을 섞어서 이렇게 말해 줬다.
'피폭선량'=5밀리렘(오후 5)

저녁을 먹기 시작한 지 얼마 되지 않아, 사장이 내게 전화했다. 이번

---

[32] 철도 노선 중 하나. 도호쿠본선東北本線. 당시 도쿄와 동북지방을 잇는 주요간선이었다. 다만 이 책에서 필자가 자주 이용하던 노선은 도호쿠본선이 아닌 또 다른 노선인 조방선이다.

달 중순부터 쓰루가원전 정검이 시작된다. 그래서 예정을 변경해서 후쿠시마에선 올 15일까지 일하면 된다고 한다.

마음을 터놓고 지냈던 두 사람이 오사카로 돌아간 이후, 달랑 혼자만 있기가 솔직히 지겨웠다. 사장의 말은 내가 원하던 바였다.

8시를 지나 혼자 훌쩍 거리로 나섰다.

곱창구이집에 들어갔다. 손님은 20대 남성 하나였다. 점원이랑 무언가 이야기하고 있다. 오늘 밤의 숙소를 못 찾았다고 하는 것 같아 자꾸 "곤란하다"는 말을 한다. 콤비 상의 차림, 동북사투리. 다른 현에서 온 원전노동자는 아닌 듯하다.

그는 전화번호부를 한 손에 들고 대여섯 번 다이얼을 돌렸으나 모두 방이 없는 것 같았다. 사정이 딱해서 "괜찮으면 우리 숙소로 올래요?"라고 권해 봤다. 오사카로 돌아간 두 사람의 방이 비어 있었다.

"정말, 감사합니다. 꼭 부탁드립니다. 정말."

그는 내게 깊이 고개를 숙였다. 좋은 인상을 주는 청년이다.

숙소에서 새벽 3시 가까이까지 그와 이야기를 나눴다.

그—이토 씨의 프로필. 26세. 후쿠시마현 N마을 출신. 형 하나. 집은 농가로, "쌀이랑 담배를 좀." 중학교 졸업 후, 도쿄의 작은 미장이에게 견습 나갔다. "앞으론 손에 기술을 지녀야 한다"라는 부모의 생각 때문이었다.

"거기는 그냥 날 호되게 부려먹을 뿐이었어요. 그것도 잡일만 시키는 거예요. 이야기 나눌 젊은 사람도 없는데다, 일도 그다지 가르쳐 주지 않았어요."

견디지 못해 고향으로 돌아가서 지역의 미장이에게 취직했다. 그런데 "거기도 좋은 사람이 별로 없어서" 그만두고 말았다.

다시 도쿄에 나가 택시 운전기사를 했다. 아침 10시부터 다음 날 아침 10시까지 근무했다. 게다가 낯선 도쿄. "쉬는 날이 되면 그야말로 죽은 사람처럼 잤어요." 그런 고생 끝에 모아놓은 10만 엔을 직장 동료에게 가로

채였다.

돈은 없고 일은 힘들고—앞으로 어떻게 살아가야 할지 그는 어찌할 바를 몰랐다. 그러던 어느 날, 신주쿠의 어느 공원을 어슬렁거리고 있을 때, 취업 알선꾼이 그에게 말을 걸었다.

"무섭다는 생각은 별로 안 들었어요. 그것보다도 그 남자 밑에서 열심히 일해서 조금이라도 돈을 모아서, 어디 조건이 더 좋은 일터를 찾으려고 했어요."

그가 가게 된 곳은 초등학교 건설공사 현장이었다. 아침 5시 반부터 해가 질 때까지 일하고 간이 숙박시설에서 자는 생활이었다. 하루에 5000엔이라고 약속했는데, 식사비용(세 끼에 1000엔)과 줄담배 값을 빼앗겨서 결국 일당 3000엔에도 못 미쳤다. 그래도 한 달 동안 일하고 6만 엔을 손에 쥐고 집에 돌아갔다.

그러나 "집엔 이제 제 자리가 없어서. 어쩐지 있기 거북한 분위기였어요."

다시 도쿄에서 일하기로 결심해서 아침 일찍 열차로 우에노로 가자—그렇게 생각해서 버스 타고 나미에까지 나왔다. 거기서 나와 만나게 된 것이다.

"이번에는 꼭 잘해보고 싶어요."

그는 수줍어하는 듯 웃음을 보였다.

—왜 원전에서 일 안 해?

"우리 마을에서도 원전 다니는 이는 많아요. 그런데 그들도 '방사능이 몸에 안 좋다'라고 말하고 있고, 우리 가족들도 '젊은 사람이 갈 곳이 아니야' 그래요. 저도 그렇게 생각해요."

—하지만 젊은 사람들도 원전에서 일하는데.

"예, 알아요. 한 번 도쿄에 나갔다가 후쿠시마로 돌아온 이들이 많거든요. 그런데 여기는 일자리가 거의 없어요. 원전 빼곤 작은 공장들뿐이죠. 그래서 역시 원전에 다니게 되는 거예요. 원전은 워낙 돈이 되니까. 지역

공장보다 한 달에 3, 4만 엔은 더 많이 받을 걸요. 그런데 그렇다고 제가 도쿄에서 일용직으로 일하는 거나 원전에서 일하는 거나 마찬가지가 아닐까요? 어차피 일용직이니까. 제 입으로 말하기 이상하지만, '젊을 때부터 일용직의 삶을 살아도 괜찮은가' 라는 생각이 들어요."

―도쿄에선 어디 일터가 정해져 있어?

"예, 그럭저럭. 이번엔 어떻게든 되겠지요. 또 어떻게든 해야 하기도 하고."

그는 자신의 과거를 말할 때, 자꾸 "아버지는", "어머니가"라고 했다.

16, 7세라는 어린 나이에 혼자 도쿄로 일하러 나간 그. 그런 그가 좌절할 때마다 후쿠시마에 계신 부모에게 돌아온 이유가 무엇일까. 고향에서, 부모 곁에서 일하고 싶다는 강한 바람이 나타난 것이 아닐까.

그러나 그의 고향에는 일자리가 없다. 아니, '돈이 되는' 원전만이 있다. 다만 거기선 돈 대신 '몸에 안 좋은' 방사능을 맞아야 한다. 그는 그러한 일자리에 등 돌리고 부모와 헤어져 다시 도쿄로 나가려 한다.

한 청년의 작은 바람마저 이뤄주지 못하는 빈약한 지방행정과 원전. 그것들이 그를 도쿄로 몰아냈다.

3월 14일(수) 맑음. 이토 씨를 보내기 위해 일을 쉬어 버렸다. 그는 이른 아침 열차로 도쿄로 떠날 예정이었으나, 역시 후쿠시마를 떠나기가 싫었던 모양이다. "좀 더 여기(숙소)에 있게 해 주세요"라며 나에게 자꾸 말을 걸었고, 결국 열차에 올라탄 것은 저녁 7시를 지나서였다.

"이것만이 내 친구예요"라는 트랜지스터라디오를 소중하게 한 손에 들고, "그럼, 다녀오겠습니다" 하며 고개를 깊이 숙이고, 26세 치곤 늙어 보이는 등을 내게 보이며 개찰구 안으로 사라졌다.

후쿠시마를 떠나는 날

후쿠시마제1원자력발전소 _____ 다시 후쿠시마로

3월 15일(목) 종일 비.

조례 후, 소장에게 "오늘을 마지막으로 집에 가고 싶다"라고 말했다. 이유를 이것저것 물을 줄 알았더니 "어, 그래"로 끝이었다.

전신방사선측정기 검사와 건강검진(채혈과 혈압측정, 그리고 의사가 눈을 들여다보고 청진기를 몸에 대었을 뿐).

동료 셋(모두 지역 청년)이 차로 나미에역까지 보내 줬다. 역 앞 카페에서 악수하고 헤어졌다.

"후쿠시마에 올 일이 있으면 꼭 전화 줘."

내 메모장에 그들은 집주소와 전화번호를 적어 줬다. 그럴듯한 롤링 페이퍼가 됐다.

어제 저녁에 이토 씨가 탄 것과 같은, 나미에 19시 4분발 급행으로 우에노로 향했다. 출발 직전이 되자 빗발이 거세졌다. 미하마원전을 떠났을 때도 역시 오늘과 마찬가지로 억수같이 쏟아졌었다.

III 쓰루가발전소

항구 옆에 지어져 있는 일본원자력발전주식회사(일본원전) 쓰루가발전소
출처: 필자 촬영

악명 높은 노동현장으로

쓰루가역에서의 재회

　　3월 21일(수) '춘분'[33]. 오후 8시 20분, 쓰루가역. 열차 문이 열리자마자 피부를 찌르는 듯한 냉기가 습기를 머금은 밤바람을 타고 열차 안으로 들이쳤다. 나도 모르게 방한복 옷깃을 잡았다. 등을 구부리고 잰걸음으로 승강장을 내려가는 사람들. 내쉰 숨이 허옇게 흘러간다. 달력상에서는 4월이 코앞에 다가왔는데도 호쿠리쿠지방의 밤은 아직도 엄동 속에 푹 잠겨 있었다.
　　역 구내 대합실엔 이미 가미야마 사장이랑 후쿠시마원전에서 함께 했던 하시모토 씨가 있었다.
　　넥타이와 점퍼에 운동화 차림의 하시모토 씨와는 보름 만에 만났다. 그는 숱이 적어진 머리에 손을 대며 수줍어하는 듯한 말투로 "잘 부탁해요"라며 고개를 작게 숙였다. 큰 종이가방과 숄더백, 그리고 천으로 만든 손가방. 짐이 많다.
　　"아니, 아직 텔레비전이랑 이불 같은 것들이 있어요. 그것들은 나중에 보내 달라고 하려고요."
　　그래, 맞다. 그는 쓰루가원전에서 일하기 시작하는 것을 계기로 가마사사키 생활에서 '발을 빼려고' 하는 것이었다.
　　그런데 그 재출발의 거점이 될 집을 아직 못 구했다.
　　"한 달 정도 민박집에서 버티고 있어. (새 집은) 빨리 구해 줄 테니

---

33)　일본에서는 공휴일.

까"라는 사장. 하시모토 씨는 이 이야기를 이미 양해한 것 같이, 말없이 끄덕였다.

사장과 역 앞에서 헤어지고, 나와 하시모토 씨는 택시로 민박집으로 향했다.

목욕하고 이불 속에서 잡담을 나눴다.

하시모토 씨는 오사카에 돌아가서 바로 미하마원전 현장으로 들어갔다고 한다.

"1주일 계약으로, 그렇게 해야 계획대로 쓰루가원전에 올 수 있으니까. 그리고 오사카에서 빈둥거리고 있는 것보다 낫다고 생각해서요."

그렇게 판단한 그는 가마가사키 동료들 몇 사람이랑 함께 미하마원전으로 갔다.

"그런데 막상 회사에 가 보니 '건강보험증이 없는 이는 고용할 수 없어' 그러는 거예요. 들어보니 최근에 간사이전력이 그렇게 통보했다네요."

보험증을 소지한 이는 하시모토 씨뿐이었다.

"후쿠시마원전에선 주민등록등본이 없는 사람이 걸렸는데, 미하마에선 건강보험증을 내라네요. 같이 간 동료들이 '왜 전력회사들은 최근에 와서 가마가사키 출신을 눈엣가시로 여기는 거야!' 하면서, 정말로 잔뜩 화를 냈어요."

그는 혼자 입장 전 검진을 받았으나, 결과는 불합격이었다.

"고혈압이라는 진단을 받아서요. 그런데 그럴 리가 없어요."

납득할 수 없다는 표정으로 그는 머리맡에 있던 수첩을 한 장 한 장 넘겼다.

〈3.6(후쿠시마) → '150-90' 3.11(미하마) → '208-120'〉

"이상하죠? 고작 닷새 사이에 혈압이 이렇게나 오를 수 있을까요?"

그는 자꾸 고개를 갸우뚱거린다. 자각증상도 없다고 한다.

결국 가마가사키에서 온 이들은 모두 하루도 일하지 못 하고 숙소에서 1박만 하고 돌아가야 했다. 그 사람들 중에는 후쿠시마에서 함께 했던

쓰루가발전소 ———— 악명 높은 노동현장으로

모리타 씨도 포함돼 있었다고 한다.

"그 양반도 호되게 당했거든요"라는 하시모토 씨.

모리타 씨에겐 오사카에 약혼녀가 있었다. 올해 안에 결혼할 생각이라고 나도 그에게서 들은 적이 있다.

그러나 막상 후쿠시마에서 돌아와 보니 그 약혼녀가 사라져 버렸다.

"아무래도 그 여자, 다른 남자랑 도망쳤나 봐요. 모리타 씨는 지방 현장에서 일하는 경우가 많아서 거의 같이 있을 시간이 없어요. 그 여자도 아마 외로워서 그랬을 거예요."

평소엔 온순한 모리타 씨도 약혼녀가 사라졌다는 것을 알고 나서부터는, 그 전까지 조금씩 모아 놓았던 결혼자금을 모두 도박에 쏟아 붓거나 원래 못 마시는 술을 억지로 마시는 등, 황폐한 나날을 보낸 모양이었다. 그렇게 상심한 모리타 씨를 차마 볼 수 없어 하시모토 씨가 미하마원전에서 일하자고 강권했다고 한다.

" '가마' 사람들은 장가가기도 어려워요."

한숨을 쉬며 하시모토 씨는 그렇게 투덜거렸다.

"덜컥 죽어 버리는 이들이 많아"

3월 22일(목) 맑음. 오전 7시 20분. 해수욕장으로 유명한 '게히노마쓰바라공원'. 그 앞에 조성된 무료주차장이 사장과의 약속장소였다. 그는 정각에 택시를 타고 왔다.

잠시 후, 미니버스 한 대가 우리 옆에 서고 키 큰 남성(41, 2세로 보임)이 내렸다.

"이 분이 '다케이공업' 사장님이야. 이쪽이 하시모토, 젊은 친구는 호리에입니다."

사장님이라 불린 남자는 "어, 멀리서 수고했어요. 이제 같이 합시다"라며 우리에게 고개를 숙였다. 그 부드러운 태도는 지금까지 내가 갖고 있던 '인부파견업 사장'이라는 이미지와는 꽤 거리가 있었다.

다케이 사장과 우리 사장이 길 위에서 협의하는 동안에 승용차가 네댓 대 멈추고, 차에서 내린 작업복차림의 남자들이 속속 미니버스로 올라탔다. '다케이공업' 노동자들은 이 주차장에서 버스로 갈아타 현장으로 가는 듯하다. 이전에 미하마원전에서 함께 일했던 얼굴이 미니버스 안에 있었다. 반가움과 동시에 어떤 안도감을 느꼈다.

한 대의 승용차가 서고 스무 살 전후의 젊은이 서너 명이 내렸다.

"야, 너, 집에 가!"

갑자기 미니버스에서 노기 띤 소리가 났다. 중년 남자가 창문에서 몸을 내밀며 승용차에서 내려온 청년 한 사람을 가리키고 있다.

"너, 아직 열 여섯이지! 어, 속여서 일하려고? 내가 용납 못 해! 그냥 집에 가!"

모두가 보고 있는 자리에서 야단맞은 그 청년은 그 자리에 선 채로 잠시 토라진 듯 아래를 보고 있었지만, "알았어"라는 말을 내뱉고, 방금 타고 왔던 차를 다시 올라탔다.

"아이고. 안 돼요, 가미야마 사장님. 저런 어린 놈 데려오면."

다케이 사장은 쓴웃음을 지으며 우리 사장에게 말했다.

"아니, 그치가 열 여덟 됐다고 해서."

16세 청소년을 데려온 사장은 그다지 기죽지도 않고 화제를 다른 데로 돌려 버렸다.

다케이 사장과 우리 사장의 협의가 끝나자 버스는 드디어 출발했다. 그 때 시각은 이미 8시를 좀 지났다.

동해 바다에 튀어나온 쓰루가 반도. 그곳의 거의 한가운데, 사람의 몸으로 치면 등뼈가 되는 부분엔 해발 600m 정도의 산들이 남북으로 이어져 있는데, 그 산꼭대기들을 한 선으로 이으면 그게 바로 시와 군의 경계선이 된다. 동쪽이 쓰루가시이고 서쪽이 미카타군三方郡 미하마초이다. 반

쓰루가발전소 ———— 악명 높은 노동현장으로

도 양쪽에는 바닷가를 따라 반도 끝으로 이어지는 차도가 각각 하나씩 뻗어 있다. 미하마초 쪽의 길을 가면 작년에 내가 일했던 미하마원전이 나오고, 더 가면 '고속증식로'(동연)[34] 건설예정지인 시라키 마을이 나온다. 우리 미니버스는 그 반대쪽, 다시 말해 쓰루가시 쪽 길을 따라 쓰루가원전을 향해 북상했다.

간사이전력 미하마원전(1~3호), 일본원자력발전 쓰루가원전, 그리고 동력로·핵연료개발사업단 신형 전환로 '후겐'—호쿠리쿠 지방의 이 작은 반도에는 원전이 무려 5기나 집중돼 있다. 국내에서 가동 중(정검 중을 포함)인 원전의 4분의 1에 해당된다. "왜 우리한테만……"이라는 소리를 지역 사람들이 하는 것도 당연하다.

버스가 달리기 시작하고 잠시 후, 바로 '미니어처 가든 같다'라는 표현 그대로의 잔잔한 바다가 그 모습을 나타냈다. 3개월 만에 보는 와카사의 바다다. 바다 건너의 젖빛 옷을 입은 산들이 기슭을 바다로 펼치고 있다. 이미 봄의 훈기를 풍기는 해면. 그 위를 작은 배가 하얀 물결을 긋는다. 길가에는 윤기가 있는 푸른 잎을 매단 초목들이 우거지고, 그 사이에서는 동백꽃이 산뜻한 진홍빛 꽃잎을 비치고 있다.

갑자기 그 풍경이 일변했다. 공원 앞 주차장을 출발한 지 약 15분 후의 일이다. 거대한 크레인과 콘크리트건물, 철책, 하늘을 가로지르는 송전선—쓰루가원전이다. 돔이 한 기. 거무스름해진 그 벽면이 오랜 세월을 느끼게 한다.

쓰루가원전이 운전을 시작한 것은 9년 정도 전인 1970년, 다시 말해 오사카에서 엑스포가 열린 해이 3월 14일이었다. 일본 최초의 비등수형경수로(BWR)로, 또 엑스포에 전기를 댄 원전으로 그 운전 개시는 당시 언론들의 큰 기사감이었다. 착공은 그 4년 전인 1966년 4월. 건설 중이던 쓰루

---

[34] 동력로·핵연료개발사업단動力炉·核燃料開発事業団. 2005년에 일본원자력연구개발기구로 개편되었다.

가원전을 「아사히신문」(후쿠이판, 1969년 8월 16일)은 무려 두 면에 걸쳐 소개했었다. "지진이 일어나도 괜찮아", "관광자원으로도", "생활혁명이 일어난다", "원자로 안전시설에 애써" 등의 표제가 지면을 장식했다. 그 당시 언론들이 원전을 어떻게 생각하고 있었는지를 알 수 있어서 흥미롭다. 그 당시 원전은 정말로 장밋빛을 띠고 있었던 것이다.

그러나 그것도 잠시였다. '안전시설에 애썼을' 터인 쓰루가원전이 완공되고 시운전을 시작했을 무렵부터 장밋빛이 서서히 바래지기 시작했다. '임계'에 이르고 한 달 후(1969년 11월)엔 벌써 핵연료봉 파손사고가 나서 시운전을 중단했다. 「아사히신문」도 태도를 일변하여 "잇단 방사성물질 검출에 불안", "해저토양에도 코발트60", "지역, 불안이 커" 등등.

이후 연료봉 파손과 ECCS(비상용노심냉각장치) 배관 균열이 이어져 '긴급정지'와 '재개'를 반복하면서 '가까스로' 현재에 이르렀다.

만신창이의 쓰루가원전. 그것을 어떻게든 움직이게 하려는 일본원전[35]의 깊은 고뇌를 이 거무스름해진 돔에서 본 것 같았다.

경비실 앞에서 버스를 내렸다. 입장카드에 필요사항을 적는다. 구내는 가운데에 너비 10여m의 수로가 있고 그것을 따라 도로가 뻗어 있다. 그 왼쪽 길가엔 경비실과 사원용 주차장, 일본원전 사무본관, 그리고 원자로 및 터빈건물이 늘어서 있다.

150m 정도 가면 수로가 끝나고, 고압케이블이 등나무 시렁처럼 복잡하게 교차하는 야외개폐소(발전소에서 만든 전기의 전압을 올려 송전선으로 보내는 시설)에 다다른다. 그 앞을 우회전하면 수로를 사이에 두고 사무본관 바로 앞이 나온다. 수로를 크게 돌아서 온 셈이다. 거기엔 조립식 2층 건물들이 늘어서 있고, 창문 곳곳에 'XX공업', 'OO전기' 등의 종이가 붙어 있다. 한 건물을 대여섯 개 업체가 같이 사용하는 듯하다.

---

35)   일본원자력발전주식회사의 약칭.

쓰루가발전소 _____ 악명 높은 노동현장으로

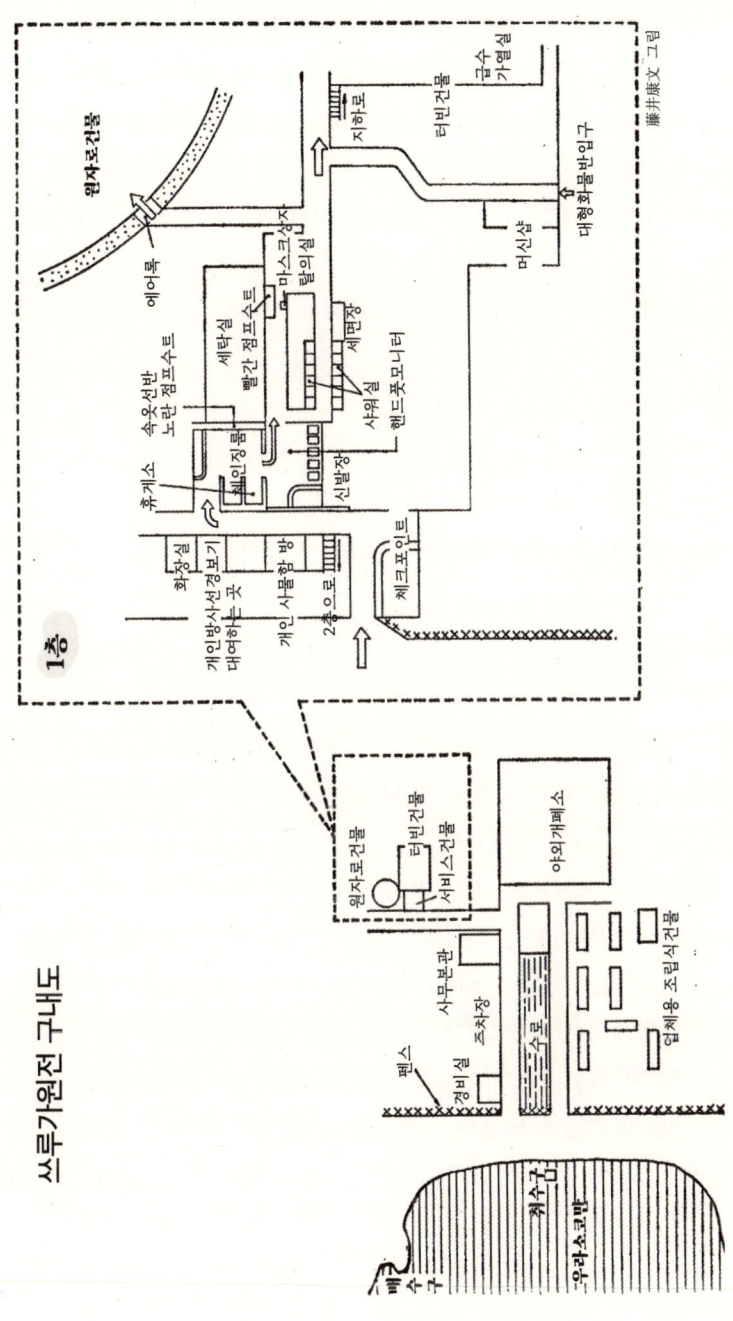

우리는 다케이 사장 뒤를 따라 '하라야마전공'이라고 적힌 문으로 들어갔다. 이 조립식 건물은 지은 지 얼마 되지 않았는지 베니어합판 냄새가 코를 찌르고 아직 전기도 들어오지 않았다. 어두컴컴한 실내에 기다란 테이블이 서너 개.

다케이 사장이 나와 하시모토 씨에게 서류를 한 장씩 건네주며 적으라고 한다.

'노동자명부'—'퇴직 후 3년간 보관'이라고 윗부분에 찍힌 이 용지엔 성명과 본적, 주소, 이력(최종학력, 이력, 상벌), 건강상태의 칸이 있다.

"우린 이 회사에 소속될 것 같군요."

하시모토 씨는 붓을 놓고 용지 맨 밑에 찍힌 회사 이름을 가리켰다.

'히타치플랜트건설주식회사'

꼼꼼한 그는 바로 가슴주머니에서 수첩을 꺼내서 무언가 적기 시작했다.

"그럼 우리는 3차 하청이 되겠군."

〈히타치플랜트 → 하라야마전공 → 다케이공업 → 가미야마공업〉. 히타치플랜트가 발주기업이고 하라야마전공이 1차 하청이며 다케이공업이 2차 하청이다. 그 아래, 소위 '3차 하청'이 우리가 소속된 가미야마공업이다.

'노동자명부'를 적고 잠시 후에 나와 하시모토 씨는 쓰루가 시내에 있는 병원에 갔다. 건강검진 때문이다.

마에다 씨(43, 4세)라는 남성이 우리를 병원까지 데려다 줬다. 처음으로 만났는데도 운전하면서 격의 없는 말투로 자꾸 말을 걸어온다. 그는 다케이공업 직원이라고 한다. 애교 있는 미소. 이야기에 열중하면 손짓을 하느라 때론 핸들에서 손을 떼어 버린다. 정말 성격이 밝은 사람이다. 어느 카바레는 바가지 씌우니까 가지 말라. XX면 마음 놓고 마실 수 있다. 여자를 사려면 OO으로 가면 된다—등의 이야기가 일단락되니 그는 느닷없이 화제를 바꿔 "누가 뭐라 해도 역시 방사능은 무서워"라고 말하기 시작했다.

"어제까지 같이 마작하던 놈이 오늘 안 나왔네 했더니 죽었대. 이런 일이 자주 있어. 뭐라고 할까, 그렇게 덜컥 죽어 버리는 거야, 덜컥, 이렇게. 밸브 다루는 이들한테 이 '덜컥'이 많은 것 같더라고. 우리 회사는 밸브가 아닌 전기지만, 그래도 일은 힘들거든."

나와 하시모토 씨는 순간 서로 얼굴을 마주봤다.

"그리고 이런 남자도 있었어."

일이 힘들다고 듣고 불안감에 휩싸인 우리에게 그는 또 "무서운" 이야기를 꺼냈다.

"내가 아는 놈인데, 그 놈, 사오 년 전에 후쿠시마원전에서 일하고 있었어. 선량이 높은 곳에서, 사실 대여섯이 번갈아가면서 작업해야 하는 것을 그놈, 혼자서 해 버린 거야. 개인방사선측정기랑 경보기를 어디 놓고 말이야. 막상 퇴장하려고 전신방사선측정기를 받았더니, 그 수치가 무려 1만이나 되더래. 보통 800 정돈데. 그 10배 이상이야. 도쿄전력도 이거엔 너무 놀랐대. 근데 어떻게 된 건지 그냥 퇴근시켰대, 그놈을. 돈다발 잔뜩 쥐어 주고서. 온천에 1주일 정도 놀러 다녔댔잖아."

그 남자는 그 이후, 내부피폭선량이 내리지 않아서 어느 원전에서도 첫 입장 시 전신방사선측정기 검사 때 불합격이 되어 지금은 "내가 듣기론 '인부파견업'을 시작했대"란다.

"아무리 돈이 된다고 해도, 하는 사람도 하는 사람이지만 시키는 사람도 나빠."

엔진소리에 지지 않으려고 마에다 씨는 큰 소리로 그렇게 덧붙였다.

'후나이의원' — 엑스레이(흉부촬영)와 시력, 혈압, 소변 검사.

혈압을 걱정하던 하시모토 씨, 역시 '188-116'으로 높다. 지난 검사 (208-120)보다 약간 낮아졌지만, 의사는 "이걸로는 중풍이라고 해도 이상할 거 없어요. 갑자기 쓰러질 수도 있으니까 조심하세요"라고 했다. 이 검사에 합격하지 못 하면 "가마가사키에서 발을 빼고 싶다"라는 희망도 무너져 버린다. 병원에서 돌아가는 길, 하시모토 씨는 버스 맨 뒷자석에 앉아 끝까지 고개를 숙이고 있었다.

점심 후, 사무실 대기가 됐다.

2시쯤, 32, 3세 남자(하라야마전공 사원?)가 요란하게 발소리를 내며 방에 들어왔다.

"야, 호리에라는 사람 있어?"

거친 말투로 내 이름을 부른다.

그는 내가 그 본인이라는 사실을 알게 되자 "너, 이 서류, 위조한 거 아냐?"라며 한 장의 용지를 내게 내밀었다.

'전리방사선건강검진개인표'

내가 후쿠시마원전을 떠날 때, 나미에에 있는 병원에서 받은 것이다. 전리검진은 "사업자는 방사선업무에 항상 종사하는 노동자에게, 고용 시, 또는 해당 업무로 배치전환 시 및 그 6개월 이내마다 한 번"(노동안전위생법) 받는 것이 의무화되어 있다. 검진 항목은 ①피폭 이력 유무 조사 ②백혈구 수 및 백혈구 백분율 검사 ③적혈구 수 및 혈색소양(또는 전혈비중) 검사 ④백내장에 관한 안구검사 ⑤피부검사 등이 있다.

일반검진뿐만 아니라 왜 이런 전리검진도 받아야 하는가? 방사선 작업 종사자는 백혈구나 안구, 피부 등에 이상이 생길 우려가 있기 때문이다. 말을 바꾸자면 이 '우려'를 전제로 삼고 용인하면서 노동자들을 원전으로 몰아넣고 있는 셈이다. 따라서 '과실'이 아니라 오히려 '고의'로 원전노동자들의 몸을 해치고 있다.

그나저나, 그가 '위조'라고 말한 것은 그 '개인표' 용지가 법령이 정한 것이 아니었기 때문이다. 후쿠시마원전에서 내가 소속돼 있던 우치다밸브가 독자적으로 사용하던 용지지, 위조한 것이 아니다.

내 설명을 듣고 그는 일단 납득이 간 듯하다.

"하지만 다시 (전리검진을) 해야지, 안 되겠어" 하면서도 또 원래의 거친 말투로 되돌아가 "이봐, 너, 원전에선 모든 서류가 갖춰져서 합격해야지만 사람임을 증명할 수 있어. 서류가 한 장이라도 빠지면 개나 고양이랑 같거든."

그런 말을 내뱉으며 방을 나갔다.

그의 서슬에 어안이 벙벙한 내게, 오전에 병원으로 데려다준 마에다 씨가 "그놈이 짜증내는 건 이유가 있어" 하고 다음과 같은 이야기를 해줬다.

―최근 원전노동자들의 피폭 이력은 중앙등록센터에서 컴퓨터로 처리한다. 때문에 같은 사람이어도 등록된 내용과 조금이라도 다른 데이터를 입력하면 바로 오류가 나 버린다. 이름과 본적, 생년월일을 잘못(또는 거짓으로) 등록하는 이들이 많아서 자꾸 오류가 난다. 그 때마다 회사가 오류를 수정하거나 재등록절차를 밟아야 한다.

"있잖아, 네 사장님, 가미야마 사장님 말이야. 지금까지 일곱 명 데려왔는데, 그 중 세 명이 서류 미비나 잘못 등록한 것 때문에 일도 못 하고 돌아갔어. 그놈이 짜증내는 것도 당연해."

오후 5시. 마에다 씨 차로 숙소로 돌아왔다.

저녁식사 중에 우리 사장이 하시모토 씨에게 전화를 했다. 2, 3일 안에 다시 혈압검사를 받게 됐다는 연락이었다.

"(검사에) 잘 붙어야 할 텐데……."

하시모토 씨는 식사를 마치자, 목욕도 하지 않고 일찌감치 이불속으로 들어가 버렸다.

피폭당하는 '건강 우량아'

3월 23일(금) 맑음. 7시 20분. 숙소 앞에서 미니버스를 기다린다. 약 20분을 타고 쓰루가원전에 도착.

사무실은 매우 태평한 분위기다. 나와 하시모토 씨 외에 노동자가 네댓 명 있었는데, 작은 난로를 둘러싸고 잡담을 나누거나 잡지를 보면서 작업시작 시간인 8시를 지나도 아무도 현장으로 가려고 하지 않는다.

"아직 점검도 시작 안 됐으니까, 느긋하게 지내세요" 라는 마에다 씨.

원자로는 내일 멈춘다고 한다.

그 속에서 바쁘게 일하고 있는 것은 하라야마전공 직원 두세 명이었다. 노동자들의 입장절차가 순조롭지 않은 지, 서류를 손에 들고 사무실을 드나들고 있다.

오전 10시부터 히타치플랜트 사무실에서 방관교육과 안전교육을 받는다. 하라야마전공에선 나와 하시모토 씨가 출석했다. 약 30명의 수강생들이 모였다. 갖가지 작업복에서 히타치플랜트가 여러 개 하청업체를 두고 있음을 알 수 있다.

방관교육. 슬라이드를 상영한다더니, 영사기 고장 때문에 중지됐고 30세 전후의 방관이 직접 강의했다. 쓰루가원전에서 설정한 '기준선량'은 1일당 100밀리렘, 주당 300밀리렘이다. 수치 자체는 후쿠시마원전과 같으나, '주'의 설정방법이 달랐다. 다시 말해 후쿠시마원전에선 어느 시점에서 7일간을 뽑아도 총 선량이 300밀리렘을 넘지 않도록 지도했지만 쓰루가원전의 경우엔 선량 집계를 시작하는 날이 정해져 있다. 그것이 1일, 9일, 17일, 그리고 25일이다. 그 날이 오면 그 때까지의 선량은 없어져 버린다. 예컨대 어느 달 6일부터 8일까지 날마다 100밀리렘(총 300밀리렘)을 맞았다 하더라도 9일이 되면 다시 0이 돼서 9일 이후에도 관리구역 내에서 작업할 수 있다(후쿠시마원전의 경우엔 9일부터 4일 동안 더 일할 수 없음). 같은 '주 300밀리렘' 이라도 쓰루가원전의 설정이 더 '느슨'하다.

전신방사선측정기는 2분 동안 계측해서 배경치(자연방사선량 등)를 뺀 수치(순계수)가 5000카운트를 넘은 사람은 "어떤 사정이 있든지 간에 퇴장할 수 없습니다."

기타—"일본에서 자연방사선량은 1년에 약 100밀리렘이고 브라질에선 무려 7000밀리렘에 이른다고 합니다. 이에 비해서 우리가 (원전 내 노동에서) 맞는 양은 미미하니, 얼마나 안전한가를 알 수 있을 것입니다", "관리구역 안이라고 해서 지시도 없이 마스크를 쓸 필요는 없습니다. 필요하면 방관이 꼭 지시할 테니까 너무 걱정하지 않도록", "구역 안에서의 복장에 대해선 선배를 따라가면 알 수 있으니까 여기선 설명 안 하겠습니다."

방관교육은 30분 정도로 끝났다. 마지막으로 〈"쓰루가발전소에서 일하기 위해서는"—수강표〉라는 용지가 각자에게 배포됐다. '관리구역 안에서 음식을 먹고 마셔도 된다고 생각하는가?', '어떤 계기를 들고 관리구역으로 들어가는가?', '긴급 시 전화번호는?'·등의 설문이 여덟 개 나열돼 있고 "옳은 것을 고르시오"란다.

"뭐야 이게? 시험인가요?"

옆에 앉아 있던 하시모토 씨가 당황한 표정으로 내게 물어왔다.

아무래도 그런 것 같다고 내가 말하니, 그는 "이 나이가 돼서 설마 시험을 치다니……."

그러나, "자, 이제 답을 말할 테니까 듣고서 적으세요. 그럼 첫 번째 문제의 답은……"이라고 방관.

별일이 아니었다. 그가 말하는 답을 그대로 적으면 됐다. '수강표' 아래쪽엔 "위와 같이 저는 잘 이해했습니다"라고 적혀 있었다. 나도 모르게 쓴웃음이 나왔다.

안전교육은 약 45분 동안 치러졌다. 중년 강사(라고 해봤자 히타치플랜트 사원이지만)는 입을 열자마자 "만약에 제가 이야기하는 중에 졸기라도 하면 즉시 이름을 알아보고 나름의 조치를 취하겠습니다"라고 못을 박았다.

강의가 시작됐다. 왜 그가 "졸기라도 하면"이라고 했는지 이제 알겠다. 고소작업이 어떻고 헬멧을 쓰지 않으면 어떻고 하는, 정말 '상식적'인 내용이 끝없이 계속된다. 옆에 앉은 하시모토 씨도 수마와 열심히 싸우는 것 같았다.

그의 이야기 속에서 '안전'과는 전혀 상관없지만 흥미로운 것이 딱 하나 있었다.

—쓰루가원전 앞의 우라소코만에는 지역 어민들의 선착장이 있다. 그런데 "절대 거기 가까이 가지 마세요. 왜냐면, 어부들 중엔 돌대가리 원전 반대주의자가 있어서, 이전에 한 노동자가 말 좀 걸었을 뿐인데, 일본원전에 들어와서 따지더라고요. 거기(선착장)엔 지금 철망 쳐 놓았어요. 절대 다가가지 마세요."

　"철망", "다가가지 마세요"—원전에 반대하는 사람을 마치 동물원의 맹수 취급하는 것 같다.

　오후, 전리검진. 법령에서 정한 용지를 사용하지 않았기 때문에 재검사를 받게 됐다. 첫 입장 전 일반검진을 받는 20세 젊은이 네 명과 함께했다. 그들 중 하나가 운전하는 차로 쓰루가 시내를 향했다.

　급커브가 연속되는 길을 속도도 줄이지 않고 바퀴를 끼끼거리게 하며 쌩쌩 달린다.

　"있잖아, 얼마 전에 쓰루가에 프로레슬링이 왔잖아. 그 때 나, 외국인 레슬러한테 맞아 버렸어. 그래서 피범벅이 되고. 돈 주고 주먹으로 맞다니 어이없었어."

　그들은 이런 이야기를 하면서 깔깔 웃는다. 운전석 청년은 액셀을 더 밟는다. 중앙선은 노랗다. 즉, 추월금지다. 그러나 그는 대형차가 와도 속도를 줄이려 하지도 않는다. 핸들을 조금이라도 잘못 돌리면 틀림없이 바다로 떨어진다. 지금으로서는 검진이 아니라 교통사고 때문에 병원으로 실려 가겠다. 그만큼 폭주한다. 무사히 병원 앞까지 다 왔을 때, 나도 모르게 한숨을 돌렸다.

　전리검진이라 채혈만 했다. 결과는 내일 오전 10시쯤에 나온다고 한다. 일주일 전에 후쿠시마에서 이미 같은 검사를 받아서 '이상 없음'이었다. 이번 결과도 걱정할 필요는 거의 없을 것이다.

　검사를 마치고 다시 '폭주차량'으로 쓰루가원전으로. 사무실에 들어가니 하시모토 씨가 기다렸다는 듯 내게 다가왔다.

쓰루가발전소 _____ 악명 높은 노동현장으로

"호리에 씨, 어제 일반검진 말인데, 혈압 결과가 심상치 않대요."

이 말을 듣고 처음에 나는 하시모토 씨에 대해 말하는 줄 알았다. 그런데 나 또한 "혈압 결과가 심상치 않았다".

"네 혈압이 '134-34'야. 최저혈압이 너무 낮아. 내일 다시 검사하러 가."

한 사원이 번거로워 죽겠다는 표정으로 내게 '일반건강검진개인표'를 쑥 내밀었다. 이 '개인표'의 '의사의 소견' 란엔 "이상 없음"이라 적혀 있다. 의사가 혈압 측정 결과를 포함한 '종합 소견'으로 이렇게 판정 내렸는데, 왜 회사가 트집을 잡을까.

"그럼, 최저치가 얼마면 되는 거예요?"

난 사원에게 되물었다. 그는 "히타치에서 기준 다 마련해 놓았다니까……"라며 복사한 용지를 테이블에 놓았다.

〈히타치 기준〉—

백혈구 수: 4000이상~9000미만

림프구: 50%이하

호산구: 10%이하

적혈구 수: 400만 이상

혈색소: 12.7g/dl이상

그런데 이 표엔 혈압 기준치가 나와 있지 않았다.

"어쨌든, 히타치 쪽에서 이걸로는 안 된다고 하니까, 내일 (병원에) 가 줘."

그는 이런 말을 남기고 빠른 걸음으로 사무실을 나가 버렸다.

하시모토 씨는 혈압이 너무 높고 나는 너무 낮고. 우리 사장에게도 연락이 간 건지, 잠시 후에 사무실을 찾아왔다.

"내일 둘이서 검사 다시 받아 보고, 만약에 그 결과가 안 되면 화력(발전소) 쪽으로 가 줘. 그쪽이면 검사도 없으니까."

숙소로 가는 버스 안에서 사장은 태평스럽게 말했다.

사장 입장에선 우리가 어느 현장에서 일하든 간에 일하기만 하면 되겠지. 그러나ㅡ. 만약에 내일 결과가 안 좋으면 하시모토 씨는 가마가사키 생활로 되돌아가야 한다. 되돌아가 봤자, 의사가 언제 쓰러질지 모른다고 진단을 내리면 일할 수도 없다. 내일 결과 여하에 따라 그의 인생은 크게 변해 버린다. 한편 나도 검사를 통과 못 하면, 쓰루가원전에서 일하기를 포기해야만 한다. 멀리 쓰루가까지 와서, 게다가 원자로 돔을 코앞에 두고, 그 실태를 보지도 못하고 맥없이 도쿄로 돌아갈 엄두가 나지 않는다.

'어떻게든 해야겠다!'

저녁을 미친 다음, 혼자 거리에 나서서 아는 의료종사자에게 전화했다. 어떤 수법을 쓰더라도 내일 검사를 통과해야 한다. 한 사람은 혈압을 낮춰야 하고, 나는 그것을 올려야 한다. 좋은 방법을 가르쳐 달라, 그렇게 빌었다.

나의 이런 질문에 그는 약간 당황한 것 같았지만, 그래도 다음과 같은 조언을 해 줬다.

우선 하시모토 씨의 경우, 혈압이 너무 높다. 하루아침에 낮추는 것은 불가능하다. 물론 그런 방법도 없다. 무엇보다도 빨리 치료해야 한다. 그리고 나의 경우, 최저혈압이 그리 낮지 않아 보인다. 그래도 그것을 올리려 한다면, 고혈압인 사람이 하면 안 되는 행동ㅡ예를 들어 격한 운동을 한다거나, 술이나 커피를 마셔 보면 어떤가. "그런데 효과를 그다지 기대할 순 없어요"라고 그는 마지막에 덧붙였다.

"효과를 그다지 기대할 수 없는" 방법을 해 보기로 했다. 고깃집에 들어가 술 세 병과 고기 3인분 먹고 5000엔 지출.

숙소로 가는 길. 알딸딸하다가 문득 후쿠시마원전에서 함께 일했던 노동자가 한 말이 떠올랐다.

"이렇게 엄격한 신체검사에 합격해서 (원전에) 들어왔으니까 우린 다 '건강 우량아'인 셈이지. 그런 사람들이 방사능 잔뜩 뒤집어쓰고 돌아가다니. 뭐랄까, 참 아이러니하네."

쓰루가발전소 ———— 악명 높은 노동현장으로

"그래서 '가마' 사람은 믿을 수 없어"

3월 24일(토) 오후부터 비가 내림. 7시 반쯤, 숙소까지 사장이 맞이하러 나왔다. 우리는 원전에 가지 않고 병원 근처에 있는 카페에 들어갔다.

이른 아침 조깅, 아침식사 전에 술을 물 컵에 한 잔, 그리고 이 카페에서 커피를 두 잔—이것으로 내 혈압은 어느 정도 높아졌을 것이다.

그러나 하시모토 씨의 경우, 어떻게 해도 절망적이었다. 그도 그것을 아는 듯, 사장에게 "검사결과가 어떻게 나오든 간에 내일 오사카에 돌아가게 해주세요" 그런다. 오사카에서 통원치료 한단다.

"하지만 몸조리 한다 해도 일해야지 먹고 살 수 있잖아."

얼굴을 찡그린 사장은 자꾸 "곤란하네"라고 한다. 무거운 분위기 속에서 우린 한 시간을 보냈다.

진료실. 나와 하시모토 씨가 함께 불렸다. 사장도 뒤따라 들어왔다.

"그럼, 하시모토 씨부터 혈압 재볼까요?"

간호사가 그렇게 말했으나, 하시모토 씨는 어쩐지 주저하는 것 같았다. 내가 먼저 혈압계 앞에 앉았다.

"아니, 이런. 이걸로 왜 재검사해요? 누가 낮다 그랬어요? 방관이요? 이것 참……, 어쨌든 재검사는 해 줄 테니까요. 그런데 이 수치는 결코 나쁜 수치 아니거든요."

의사는 '개인표'를 손가락으로 치며 납득이 가지 않는다는 표정으로 말했다.

측정치는 어제 밤의 5000엔이 효력을 발휘해서 그런지 최저치가 20 올라서 '134-54'였다. 흠잡을 데가 없다.

그나저나, 방관들에게 의학지식이 얼마나 결여되어 있는지를 알 수 있다. 그러면서 "원전에서의 피폭은 자연방사선보다 낮으니까 안전하다"라고 단언하다니, 정말 무서운 이야기다.

그리고 하시모토 씨 '169-120'.

"이거 안 되겠군요. 혈관이 꽤 약해졌거든요. 언제 쓰러질지 몰라요."

각오는 했으나 역시 충격을 받은 듯하다. 그는 창문에 눈길을 돌리고 깊이 한숨을 쉬었다.

돌아가려고 할 때, 어제 받은 전리검진의 용지를 받았다. 저런, "재검사 필요"라 적혀 있다. 백혈구 9800. '히타치 기준'보다 800 가까이 크다. 후쿠시마원전을 나올 때(3월 15일)엔 6700이었는데. 몸 상태에 조금이라도 변화가 있으면 백혈구가 증감할 수 있다고 들었지만, 일주일도 안 되는 사이에 3000이나 늘 수 있을까?

그 자리에서 바로 채혈을 했다. 결과는 월요일에 나온다.

쓰루가원전 사무실에서 대기. 토요일이라 일찍 퇴근. 3시 반쯤에 숙소에 들어왔다.

5시쯤에 사장이 찾아와, 하시모토 씨와 심한 말다툼을 벌였다.

일할 수 없다는 것을 알면서, 놀며 돈 벌려고 쓰루가로 온 것이 아니냐고 사장은 말하고, 절대 아니다, 쓰루가에서 새 생활을 시작하고 싶었다고 하시모토 씨는 역설한다. 사장은 "그래서 '가마' 사람은 믿을 수 없어"라며 화내고, "왜 '가마' 사람을 싸잡아서 그렇게 보냐"며 하시모토 씨는 한탄한다. 둘의 이야기는 끝까지 평행선을 그었다.

결국 하시모토 씨는 내일 오사카에 돌아가고, 그의 임금은 사장이 정산해서 나중에 하시모토 씨에게 보낸다—그것만 두 사람의 합의점이 됐다.

사장이 돌아간 다음, 하시모토 씨는 저녁도 먹지 않고 술을 마시기 시작했다. 술이 고혈압을 앓는 몸에 해롭다는 것을 그도 알 것이다. 내가 말을 걸어도 그는 대답하지 않는다. 혼자 고타쓰에 들어가 밤늦게까지 묵묵히 술잔을 기울이고 있었다. 가마가사키에서 빠져나오려 했지만, 그렇지 못한 안타까움. 가마가사키 사람으로서 항상 백안시되는 원통함. 고혈압으로 언제 쓰러질지 모른다는 불안감. 그리고 규슈에 두고 온 처자에 대한 그리움……. 이러한 정신적 부담을 술로 달래려고 애쓰는 것 아닌가. 그가

쓰루가발전소 ＿＿＿＿ 악명 높은 노동현장으로

불을 끄고 이불 속으로 들어간 것은 새벽 2시를 좀 지났을 때였다.

3월 25일(일) 가랑비, 가끔 흐림. 아침에 눈떠 보니 하시모토 씨가 고타쓰에서 술을 마시고 있었다. 아직 오전 7시다. 되도록 일찍 출발하는 열차로 오사카에 돌아간다고 한다. 쓰루가에 와서 첫 일요일이라 느긋하게 더 자고 싶었지만, 그를 역까지 바래다주기 위해 억지로 일어났다.

하시모토 씨는 9시쯤에 출발하는 열차로 돌아갔다. 역까지 가는 택시 안에서도, 열차를 기다리는 사이에도 그는 거의 말하지 않았다. 개찰구를 들어간 그는 걸어가다가 한 번만 멈춰 서서 쓸쓸한 미소를 나에게 보이고 다시 승강장으로 사라졌다. 큰 종이봉투와 숄더백, 그리고 손가방이 정말 무거워 보였다.

극심한 오염에서의 작업이 기다리고 있다

3월 26일(월) 낮에는 맑고 저녁부터 비. 오전 10시 30분, 전신방사선측정기로 측정을 받는다. 직원에게 수검표를 받고 혼자서 사무본관으로. 측정기는 거기 1층에 있다.

측정기가 한 대. 옆 테이블에 담당자가 한 사람. 작업복(겉옷)만 벗고 그 위에 백의를 입고 침대에 눕는다. 측정방법은 미하마와 후쿠시마 때랑 같다.

측정을 마치고 담당자가 "돌아가서 사무실 사람한테 건네주세요"라며 가로로 긴 용지를 줬다. 내 측정 결과가 적혀 있었다.

〈모든 계수 11473

배경계수 11231

순계수 242〉

'순계수' — 다시 말해 내 몸속 방사선량(내부피폭량)은 242카운트다.

후쿠시마원전에 입장할 때에 측정한 수치는 내가 기억하기엔 800카운트를 넘었었다. 왜 이만큼이나 차이가 날까.

낮. 다케이공업 사장이 검진결과를 손에 들고 사무실로 찾아왔다. 나는 통과됐다. 백혈구 수 7400. 이것으로 겨우 '사람임을 증명'할 수 있었다. 다만, 우리 사장이 데려온 노동자 다섯은 혈압이 높거나 당뇨가 있거나 해서 모두 퇴짜 맞았다.

오후. 사무실 대기.

사무실 창문에서 수로를 사이에 두고 사무본관이 정면에 보인다. 2층 짜리. 콘크리트 외벽. 창들이 이상하게 작다. 마치 토치카 같다. 옥상에 깃발이 두 기. 일본원전 회사기와 안전마크인 초록십자를 물들인 깃발. 후자는 절반이 찢어져, 당장이라도 바람에 날아갈 것 같다. 일본원전의 '안전'에 대한 의식을 그 깃발에서 본 것 같았다.

본관 앞 정원수에 눈 피해를 막기 위해 매달았던 줄을 떼는 사람들의 모습이 보였다. 창에서 보이는 산들도 날마다 푸르름이 짙어간다. 와카사의 마을들에도 드디어 봄이 찾아오려고 한다.

3월 27일(화) 아침에 비 온 뒤 맑음. 종일 사무실 대기.

아침에 하라야마전공 직원(두세 명밖에 없으며 모두 젊고 현장 책임자인 나카노 씨도 31, 2세임)이 "점심시간 때쯤 필름배지가 오니까, 오후부터 관리구역에 들어가세요"라고 했다. 그러나 히타치플랜트에서 시간이 걸리는지 결국 내일 아침부터가 됐다.

나카무라 책임자와 다케이 사장이 탁자에 원자로 건물 도면을 펼쳐 협의하기 시작했다. 아무래도 우리 작업은 주로 원자로 격납용기 내부("페데스탈"이라 불렀음)의 CCTV와 마이크로폰코드, 공사용 전원 등의 설치공사 같다. "선량이 높은 곳이라 사람을 더 모아야지", "이걸로는 하루에 30분 정도밖에 일할 수 없겠군" 등의 말이 들린다. 엄청난 양의 방사선을 맞아야 하는 작업이 기다리고 있는 듯하다.

쓰루가발전소 _____ 악명 높은 노동현장으로

점심시간. 수로 옆에서 햇볕을 쬐고 있었더니 뒤에서 누가 말을 걸었다. 미하마원전에서 같이 일하던 기하라 씨였다. 50세 전후의 지역 사람이다. 일주일 정도 전부터 여기서 일하고 있다고 한다. '빌대행'이라는 회사의 하청업체에 소속되어 있고 일은 세탁 전문이다.

　"아니, 맨날 쩔쩔매요. 3교댄데, 그래도 손이 열 개라도 모자랄 정도로 바쁘고 게다가 더워. 선량? 글쎄, 하루에 8밀리(렘) 정돈가?"

　그와 함께 세탁작업을 하는 이들은 모두 60세 전후로 나이가 있는 이들이다. 임금은 일당 5000엔에서 5500엔이며, 거기서 점심값(300엔)이 빠진다고 한다.

　헤어질 때, 그는 이렇게 말했다.

　"웬걸 그렇게 젊은 나이에, 일부러 이렇게 오염이 심한 곳에서 일 안 해도 될 텐데."

　―오전엔 고선량 구역에서 작업이 시작된다는 소리를 들었고, 이제 또 "이렇게 오염이 심한 곳"이라는 한 마디를 듣게 됐다. 관리구역에서 작업이 시작되고 만약에 대량피폭 당할 것 같으면, 일찍 쓰루가원전에서 철수해야지라고 생각했다.

피폭을 키우는 설계

　3월 28일(수) 맑음. 오전 8시부터 라디오체조와 조례. 이것들은 히타치플랜트 사무실 앞 안마당에서 어제부터 시작됐고 하청업체들이 모두 참여한다. 200명 정도는 되겠다. 마이크를 사용해서 조례를 진행한다. 그 조례에서, 정검 시작 후 첫 사고가 어제 발생했다는 발표가 있었다. 리액터빌딩(원자로 건물) 2층 현장에서 그라인더로 줄질하고 있을 때에 손가락 끝을 살짝 잘못 베었다고 한다.

　그것을 듣고 처음엔 '뭐야, 그 정도 가지고 다쳤다 그래?'라고 생각했다. 그러나 황급히 다시 생각했다. "살짝" 베인 정도라도 거기서 방사성 물질이 몸속으로 들어갈('내부피폭' 당할) 위험성이 있으니까. 사소한 상처가 사소한 채로 끝나지 않는다는 것이 원전작업의 무서운 점이라는 사실을 다시 통감했다.

조례 후, 필름배지와 개인피폭선량계, 입장카드, 그리고 구내복을 받았다. 드디어 오늘부터 작업이다.

개인피폭선량계—미하마원전과 후쿠시마원전에선 입장할 때마다 받았지만, 쓰루가원전의 경우엔 미리 각자에게 하나씩 지급된다.

입장카드—두 종류가 있는데, 하나에는 입퇴상 시간과 작업장소, 작업내용을 적고 또 하나엔 입퇴장 시의 개인피폭선량계 수치를 적도록 돼 있다.

구내복—가슴에 일본원전의 마크를 새긴 일반적인 작업복이다. 위아래가 있다고 들었는데, 우리 회사에선 윗도리만을 지급한다. 이 옷을 입고 관리구역으로 들어간다.

터빈건물 1층 대형화물 반입구에서 공사용 전원의 케이블 5개를 들여놓는 것이 오늘의 작업이다. 하라야마전공 노동자 모두(10명)와 히타치플랜트에서 나온 지원요원 10명으로 총 20명. 두 개 팀이 편성되어 1반은 화물 반입구 밖에서 케이블을 들여보내는 일을 담당하고 총 5명으로 이루어졌으며, 2반은 터빈건물 안에서 케이블을 받아서 3개를 1층 천장에 매달고, 다음 2개를 3층까지 끌어올리는 역할로 총 15명으로 이루어졌다. 나는 2반에 들어갔다.

관리구역 입장 순서—

①입구(체크포인트)에서 개인피폭선량계 수치, 입장시각 등을 '입장카드'에 적고 경비에게 건넨다.

②신발을 신발장에 넣고 2층 탈의실로. 여기서 팬티를 빼고 다 벗는다. 필름배지와 개인피폭선량계를 목에 걸고 다시 1층으로.

③한 쪽에 신발장이 늘어선 복도를 10m 정도 가면 오른쪽에 체인징룸

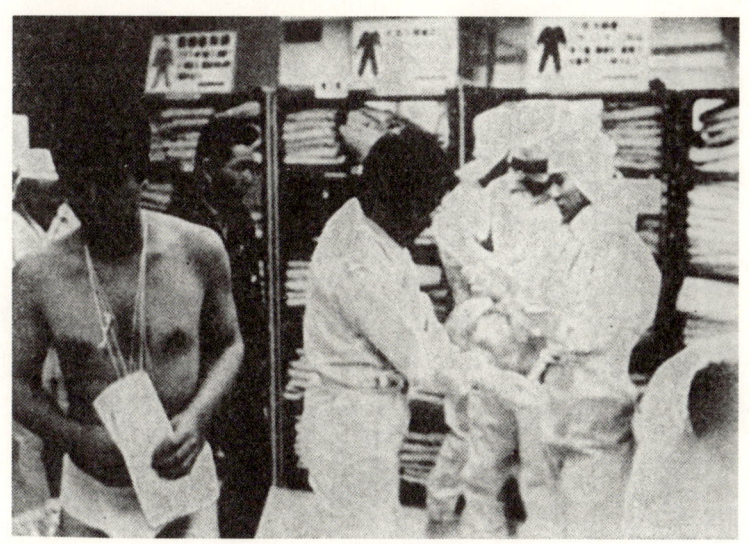

체인징룸
출처: 柴野徹夫 지음, 『원전이 있는 풍경原発のある風景』, 未來社, 1983, 上 p81)

이 있고 복도 왼쪽엔 개인 사물함 방과 개인방사선경보기 대여소, 그리고 화장실이 있다.

④체인징룸은 5평 정도 크기의 폭이 좁고 길쭉한 방이다. 벽엔 속옷과 작업복을 넣어놓은 선반이 달려 있다. 방의 절반이 휴게실이어서 긴 의자가 6개 있다. 여기서 속옷과 관리구역용 작업복을 입는다.

작업복은 ⓐ분홍색 속옷(긴팔 셔츠와 속 면바지)을 입는다. 가슴과 아랫배에 각각 'JAPC'(일본원전, The Japan Atomic Power Company의 머리글자)라고 찍혀 있다. ⓑ나일론으로 만든 노란 양말 ⓒ목장갑 ⓓ천으로 만든 노란 모자(뒷머리에 햇빛가리개 같은 천이 달려 있음) ⓔ노란색 점프수트 ⓕ고무장갑.

동료들을 따라 터빈건물로 향한다.

체인징룸 안쪽이 핸드풋모니터실이다. 계측기가 5대. 후쿠시마원전의 것과 거의 같은 형이며 역시 손발만을 측정하는 기계다. 모니터실을 가로

지르고 너비 약 2m 정도의 복도를 간다. 오른쪽은 벽, 왼쪽엔 세탁실과 작업복 선반(빨간 점프수트 등이 쌓여 있음)이다.

탈의실. 노동자 두세 명이 속옷을 벗고 있다. 관리구역 밖으로 나갈 때엔 여기서 팬티차림이 돼서 방금 지나온 모니터실로 가게 돼 있다.

이 방을 나와서 잠시 후, 그 때까지 양말만 신은 채로 걸어오던, 비닐시트를 깐 복도가 끊어졌다. 여기서가 터빈건물인 듯하다.

어두침침하다. 꺼끌꺼끌한 콘크리트벽과 좁은 통로. 갖가지 굵기의 관이 천장에 뻗어 있다. 입구 옆에 직사각형 테이블. 거기에서 비치된 용지에 성명과 소속, 출입시간, 필름배지 번호, 개인피폭선량계 수치, 그리고 작업번호를 적은 다음에 노란 고무단화를 신고 헬멧을 쓴다.

대형화물 반입구는 터빈건물을 들어가서 오른쪽 끝에 있었다.

우리가 거기에 도착하고 잠시 후에 셔터가 열렸다. 나도 모르게 등이 오싹해지는 차가운 바깥 공기와 함께 햇빛이 비쳐들었다. 밖에서 기다리던 노동자들이 케이블 반입을 시작했다.

다들 "250스케"(스퀘어 밀리미터=mm^2의 준말인 듯함)라 부르는 이 케이블은 지름 10cm 정도로 겉면을 고무로 쌌고 그 속에 전선다발이 세 가닥 뻗어 있다. 매우 무겁다. 들고 있는 게 고작이고 막상 당기려 해도 케이블에 몸이 휘둘릴 정도다.

2반 중 나를 포함한 네 명은 터빈 본체가 설치된 3층에 엘리베이터로 올라갔다. 여기서는 아직 점검이 시작되지 않았는지, 한 사람도 보이지 않는다. 터빈의 날개를 덮는 반원통형 덮개가 방 한가운데에 우두커니 가로놓여 있을 뿐이다.

1층까지 트인 곳에서 밧줄을 늘어뜨려서 케이블을 매달아 올린다. 운동회 줄다리기의 요령으로 네 사람이 한 줄을 지어 영차영차 맞춤소리를 지르며 밧줄을 당긴다. 무겁다. 세줄 다 마치니 온몸이 땀으로 흠뻑 젖어 있었다.

오전 11시에 작업을 일단락 짓고 점심.

쓰루가발전소 _____ 악명 높은 노동현장으로

오후부터 분전반 설치작업으로 돌려졌다. 45, 6세 노동자 오오타니 씨의 '데모토'다. 현장은 오전과 같은 터빈건물인데 오염구역으로 지정된 곳이었다.

체인징룸에서 노란 점프수트를 입고 오염구역용 작업복(빨간 점프수트 등)을 손에 들고 터빈건물에 들어간다. 들어가서 바로 오른쪽으로 꺾으면 대형화물 반입구지만, 오오타니 씨는 거기를 꺾지 않고 곧바로 5, 6m 정도 직진했다. 오른쪽에 아래로 내려가는 계단이 있다. 그 앞에서 노란 신발과 헬멧을 벗고 계단을 내려간다.

직사각형 나무상자(배리어)가 나란히 두 개 놓여 있는데, 거기서 옷을 갈아입는다. 노란 점프수트와 노란 모자를 벗고 빨간 점프수트(모자가 달려 있음)와 천으로 만든 빨간 모자, 빨간 나일론 양말 두 켤레를 신는다. 배리어를 나오자마자 빨간 장화와 헬멧을 쓴다.

마스크와 개인방사선경보기는 오전에도 그랬는데 착용하지 않았다. 회사가 아무런 지시도 하지 않았기 때문이다. 여기와 같은 형의 원자로(BWR)를 가진 후쿠시마원전에선 터빈건물 안에서도 반면마스크와 개인방사선경보기 휴대가 어쨌든 간에 의무였다. '어쨌든 간에' 하는 것은 건물 안으로 마스크를 들고 가기는 하되 그것을 입에 대지 않고 목에 매달아 놓는 노동자들이 많고, 또 그런 노동자에게 방관이 따지지도 않았기 때문이다.

그래도 "너무 걱정하지 마라. 마스크는 지시한 곳에서만 쓰면 된다"라며 내부피폭의 위험성을 완전히 외면한 방관교육을 실시하고 있는 쓰루가원선과 비교하면 그린 대로 낫다고 말할 수 있다.

작업 장소는 급수가열실이다. 여기도 오전에 들어간 3층과 마찬가지로 사람이 거의 보이지 않는다. 쉬는 날에 공장에라도 잘못 들어온 것 같은 착각에 빠진다.

바닥에 털썩 주저앉고 칼로 코드 끝의 껍질을 야무진 솜씨로 벗기며 오오타니 씨는 이 방에 사람이 없는 이유를 이렇게 가르쳐 줬다.

"여기(쓰루가원전)에선 전원 용량이 매우 작거든. 그래서 정검이 시작될 때마다 정검용으로 전기를 끌어와야 해. 있잖아, 오전에 대형화물 반입구에서 케이블을 들여놓았지? 그게 그거야. 그 케이블로 정검을 위한 전기를 공급하는 거야. 그래서 정검이 시작되면 먼저 우리 같은 전기를 다루는 업체가 제일 먼저 들어와서 여기저기 전원을 설치해 놓아야 비로소 정검 공사가 본격적으로 시작돼."

그리고 그는 매년 꼭 정검을 해야 한다는 것을 알면서 왜 원전을 설계하는 단계에서 정검을 위한 전기를 고려하지 않았는지, 설계한 이(GE사)의 생각을 이해할 수 없다고 덧붙였다.

오오타니 씨와 다른 의미에서 나도 "설계한 이의 생각을 이해할 수 없다." 정검 때마다 그것을 위한 전원을 관리구역 내에 설치하는 것은 우리 노동자다. 당연히 피폭당한다. 처음부터 정검용 전원을 확보했다면 이 피폭만큼은 적어도 줄일 수 있었을 것이다.

"정부에서 이 건의 안전성에 대해 신중한 검토를 거쳤으며, 그 결과 1966년 3월에 원자력위원회 및 통상산업성의 합동심사회가 안전임을 보고하여······"

「후쿠이현의 원자력발전소」(후쿠이원자력센터·후쿠이현원자력간담회 발행, 75년판)에는 쓰루가원전 "착공까지의 경위"가 이렇게 적혀 있다.

그럼 정부와 행정 쪽이 했다는 "안전성에 대한 신중한 검토" 항목 중에는 정검용 전원 미비와 그 설치공사에 따른 노동자의 피폭 등은 포함되지 않았다는 셈이다. 정부가 실시하는 "신중한 검토"라는 것은 결국 이 정도다—오염구역 안에서 맞지 않아도 되었을 방사선을 육체에 맞으면서 나는 그런 생각을 했다.

코드 껍질 벗기기는 1시간이 걸리지 않았다.

배리어에서 노란 작업복으로 갈아입고 탈의실에서 팬티만 빼고 다 벗으며 샤워실을 지나서 핸드풋모니터실로.

모니터를 통과하면 담당자(어텐던트라고 부름) 앞에 선다. 그가 서베

이미터로 온몸을 검사해 준다. 네가 알아서 하라는 식의 후쿠시마원전과는 큰 차이가 난다.

체인징룸에서 한숨을 돌린다. 거기에 같은 회사의 노동자가 우리를 부르러 왔다. 케이블 반입이 아직 끝나지 않았으니 도와 달라고 한다.

다시 속옷과 노란 작업복을 입고 현장으로 갔다.

천장 아래에 뻗어 있는 관에 밧줄을 걸치고 거기에 케이블을 꿰는 작업이다. 당장이라도 부러질 것 같은 가는 관이나 원통형 탱크를 발판으로 삼아 몸 중심을 잡으며 무거운 케이블을 들어올린다. 약 두 달 전에 뼈가 부러진 부분이 아프기 시작했으나 손을 뗄 수가 없다. 그만큼 동료들에게 무게가 실려 버리기 때문이다. 이마에서 흐른 땀이 눈으로 흘러들어온다. 따갑다. 양쪽 팔이 부들부들 떨리기 시작했다.

오후 6시 40분, 작업 종료.

'피폭선량'=20밀리렘.

지쳤다. 저녁식사를 마치자 나는 목욕도 하지 않고 이불속으로 들어가 버렸다.

"…방사능…사고…"

3월 29일(목) 맑음. 오전 9시 반부터, 어제 반입한 케이블의 단말을 분전반에 접속하는 작업이다. 케이블 끝의 고무껍질을 칼로 벗겨내 전선다발 세 가닥을 노출시키고, 각 다발을 싸고 있는 비닐을 떼어낸다. 노출된 전선 끝에 금속으로 된 터미널을 압착기―코드 끝에 설치한 터미널이 느슨해지지 않도록 공기압으로 터미널을 양쪽에서 압착하는 기구며 공기는 풋페달(자전거바퀴에 공기를 넣는 펌프와 같은 구조)로 불어넣는다―로 연결시킨다. 이 터미널을 분전반 단자에 볼트로 연결시킨다. 굵은 케이블이라 자르고 구부리는 것이 일이다.

케이블 세 가닥을 모두 처리했을 때, 시계는 이미 오후 6시 반을 지나가고 있었다. 어제와 오늘로 총 4시간 야근했다.

대형화물 반입구 근처에서 일해서 그런지 피폭선량은 0이었다.

저녁식사를 마치고 거리로 나섰다.

카페에서 커피를 마시고 있을 때였다.

"…방사능…사고…주민…"이라는 목소리가 들려왔다. 텔레비전에서다. 어딘가의 원전에서 사고가 발생한 모양이다. 서둘러 TV를 주시했다.

NHK '뉴스센터 9시'인가 보다. 앵커의 심각한 표정이 브라운관에 비쳤다. 그러나 카페에 흐르는 음악 소리 때문에 잘 들리지 않는다. 그래도 미국 스리마일섬에 있는 원전이 28일에 사고를 일으켜 방사능을 함유한 증기가 대기 중에 새 나온 것 같다는 것 정도는 알아들을 수 있었다.

'드디어 일어났구나!'

원전의 잦은 사고와 고장. 그런 소식을 들을 때마다, 전문적인 내용까진 충분히 이해 못하더라도 언젠가는 큰 사고로 이어질지도 모른다는 불안이 점점 더 커졌는데, 불행하게도 그것이 미국에서 현실이 된 것이다.

초조함과 슬픔이 뒤섞인 무거운 마음을 끌고 밤길을 걸어 숙소로 돌아갔다.

거리로 확산되는 방사성물질

3월 30일(금) 강풍 불고 비. 오전엔 터빈건물 1층 급수가열실에서 작업. '오염구역'이다. 이틀 전에 오오타니 씨와 함께 코드 껍질을 벗겼을 때와 같은 현장이다. 분전반 설치와 코드 연결. 작업하는 우리 바로 옆에서 노동자 7~8명이 급수가열기(?)를 덮은 보온재(석면)을 큰 해머로 깨뜨리는 작업을 시작했다. 하얀 가루가 주변에 흩날려 목구멍에 달라붙는다.

그들도 마스크를 쓰지 않았다.

오후부터는 드디어 리액터빌딩(원자로 건물) 안에서의 작업이다. 체인징룸에선 속옷(위아래)과 노란 양말, 목장갑, 고무장갑만을 착용하고, 세탁실 옆 복도에 설치된 선반에서 천으로 된 모자와 빨간 점프수트, 빨간 양말(두 켤레)을 꺼내며 그것들을 들고 리액터빌딩으로 향한다. 터빈건물 입구 앞을 왼쪽으로 꺾어서 5, 6m정도 걸어가면 에어록(이중문)이다. 입구에서 터빈건물에 들어갈 때와 마찬가지로 비치된 공책에 이름과 소속 등을 적는다.

열려 있는 에어록을 통과한다. 터빈건물처럼 관들이 뻗어 있지 않아서 그런지, 천장이 제법 높아 보인다.

왼쪽은 이전에 후쿠시마원전에서도 본 적이 있는, 신사의 기둥문을 쭉 늘어놓은 듯한 관들의 정글―'제어봉구동용수압컨트롤유닛'―내가 기억하기엔 그런 이름이었다.

에어록 정면에 비닐시트를 깔아놓은 3평 정도의 공간이 있다. 여기서 오염구역용 작업복, 다시 말해 선반에서 가져온 빨간 점프수트 등을 입는다. 마스크는 쓰지 않는다. 에어록을 등지고 오른쪽(왼쪽이 관 정글) 끝에 계단이 있다. 올라가는 도중에 층계참이 두 군데 있는 그 철제 계단을 올라가서 2층으로.

어두침침하다. 계단 정면엔 큰 장치와 관들이 가득 늘어서 있다. 오른쪽은 우리가 서 있는 쪽으로 경사진 콘크리트벽이다. 이 안쪽이 원자로 격납용기다.

배리어에서 빨간 고무장화를 신고 계단 정면에 보이던 장치들 사이로 들어간다. 관을 넘고 뛰어넘으며 밑으로 빠져나가서 겨우 분전반 앞에 나왔다. 천장에 매달린 '250스케' 케이블을 이 분전반 위까지 당기고 끝에 터미널을 설치해서 분전반 단자에 연결시킨다. 오오타니 씨와 나카지마 씨(32, 3세며 전기기술자인 듯함), 그리고 나, 총 3명.

분전반 앞에는 두 사람이 상체를 구부리며 가까스로 설 수 있는 공간밖에 없다. 여기서 셋이 무거운 케이블을 당기고 구부리며 가공한다. 덥다. 가슴에서 배까지 땀이 뚝뚝 흐른다. 목이 마르다. 침도 나오지 않는다. 안경이 흐려진다. 얼굴의 땀을 손으로 닦을 수도 없다. 고무장갑이 방사능으로 오염돼 있을 수도 있기 때문이다. 번갈아가며 몇 번씩이나 배리어까지 왔다 갔다 한다. 비치된 휴지로 얼굴의 땀을 닦아내기 위해서다. 책상 위에 포장도 없이 쌓아 놓은 이 휴지는 두툼한데다가 단단하다. 얼굴이 점점 따끔해지지만 그래도 없는 것보다는 낫다.

그러나 그것도 처음뿐이었다. 일을 일부러 중단하고 관 사이를 몸을 비틀며 배리어로 가는 짬도 없어지니, 아무래도 무의식적으로 손이나 옷소매로 땀을 닦고 만다. 그렇지 않아도 작업이 생각대로 진척되지 않아서 방사능 오염에 대한 염려는 더더욱 뒷전으로 미뤄졌다.

거기에 '감시원' 완장을 찬 남자가 왔다.

"저기, 무슨 특별한, 그러니까, 긴급한 일이라도 하시나요?"

역시 하청노동자로 보이는 그 남자가 조심스러운 말투로 그렇게 물어 왔다. 아무래도 그는 우리가 일본원전에서 특별한 의뢰를 받아서 긴급한 수리라도 하는 것으로 오해한 것 같았다.

그가 그렇게 생각한 것도 당연했다. 오오타니 씨와 나카지마 씨 두 사람은 작업에 열중한 나머지 헬멧은 물론 빨간 점프수트에 달린 모자까지 벗고, 게다가 마스크도 쓰지 않고 땀투성이가 되어, 그야말로 눈빛이 변할 정도로 열심히 작업했다. 사정을 모르는 사람이 우리 모습을 보면 당연히 '긴급한 일'이라 생각할 것이다.

"예, 예, 이제 곧 끝날 거예요"라는 오오타니 씨.

그 말을 들은 감시원은 아직도 자신의 오해를 알아차리지 못해, "아노, 수고하세요" 하고 잰걸음으로 가 버렸다.

이 사람 때문에 우리 셋은 모두 쓴웃음을 지었다.

잠시 후, 압착기가 고장 났다. 터미널을 죄는 부분이 움직이지 않는다. 그 때 이미 5시 반을 넘었다. 우리는 일단 사무실로 한 번 돌아가기로

쓰루가발전소 _____ 악명 높은 노동현장으로

했다.

이 작업은 오늘 중에 끝마쳐야 한단다. 그러나 나는 요즘 2, 3일 동안 계속 야근을 했기 때문에 퇴근 허락을 받았다. 그래도 이미 1시간 야근했다.

피폭선량은 긴 시간 동안 원자로 건물 안에서 작업했는데도 어쩐 일인지 0이었다.

저녁을 먹고 목욕을 마치니 갑자기 피로감을 느꼈다. 어제 카페에서 알게 된 스리마일섬 원전사고의 상황을 뉴스로 보고 싶었으나, 그 힘도 없어서 그냥 이불속으로 들어가 버렸다.

3월 31일(토) 흐리고 가끔 가랑비. 오전엔 야외 작업. 터빈건물 대형화물 반입구 옆 큐비클[36]에다가, 며칠 전에 관리구역 안으로 반입한 케이블 다섯 가닥을 연결한다. 나는 나카지마 씨의 '데모토'다.

작업 중에 대형화물 반입구 앞을 노동자 서너 명이 오가는 것이 눈에 띄었다. 셔터가 20~30cm 정도 열려 있다. 거기서 도구류를 끌어내고 있는 것이었다.

관리구역에서 물품을 반출할 때엔 검사를 받아 방사능으로 오염되지 않았음을 확인해야 밖으로 가져 나올 수 있다.

당연하다. 무방비한 거리를 방사능이 활개를 치고 다니게 되면 큰일이다.

그런데 그런 일이 현실에서, 내 눈앞에서 일어나고 있다. 후쿠시마원전에서도 목격했다. 방사성 오염물질이, 그것도 대낮에 버젓이 유출되고 있다. 비록 그것이 미량이라 하더라도 지역주민 중에는 원자로 안에 밀봉

---

36) 배전반.

돼 있어야 할 인공방사능이 묻은 사람이 있을 것이다. "공포스럽다"라는 한 마디밖에 할 말이 없다.

　　오후부터 터빈건물 내 쓰레기 반출. 대형화물 반입구 옆 분전반 주변을 담당했다. 약 1시간 만에 끝났다.

　　모니터실. 핸드풋모니터는 통과했으나 담당자가 직접 해 주는 서베이 검사에서 머리가 오염됐다고 말한다. "300카운트(CPM)".

　　샤워실로. 찬물밖에 나오지 않는다. 참고서 찬물을 머리에 뒤집어썼다. 이번엔 통과. 그래도 200카운트정도까지 바늘이 올라갔다.

　　'피폭선량' =0

　　오늘은 토요일이라 일찍 퇴근해서 4시엔 숙소에 도착했다.

스리마일섬 원전사고에 대한 '관심'

　　4월 1일(일) 흐림. 어제 일요일에 출근해 달라는 요청을 받았으나 거절해 버렸다. 연일 야근해서 피로가 쌓여 있었다. 몸이 나른하다.

　　10시 반쯤에 기상. 머리가 약간 아프다. 늦은 아침을 먹고 빨래를 한다.

　　오후에 거리로 나섰다. 파친코와 책방, 카페. 카페에서 커피를 마시며 신문을 훑어본다.

　　"한가로운 농촌에 보이지 않는 공포/ 처음으로 핵대피소로/ 생활 중단", "광범위한 연료봉 파손", "사고 은폐로 혼란", "정확한 정보 받을 수 없어"

　　각 신문 모두 스리마일섬 원전사고를 대대적으로 보도했다. 주변 주민에게 피난권고가 내려진 듯하다. "아이 머리에 담요를 뒤집어씌우고 불안한 표정으로 대피하는 원자력발전소 인접 마을 미들타운의 엄마"라는 설명이 달린 사진이 실려 있다. 내 상상 이상으로 규모가 큰 사고가 발생한 모양이다.

쓰루가발전소 ＿＿＿＿ 악명 높은 노동현장으로

쓰루가원전에서 함께 일하는 동료들이 이 대사고를 모를 리는 없다. 그러나 어찌된 일인지 한 번도 화제에 오르지 않는다. 의식적으로 말하지 않는다는 분위기도 아니다. 조례 때 무언가 주의나 훈시가 있을 것이라 생각했으나 한마디도 없었다. 웬일인가.

2년 전이었을까. 과학기술청이 만든 '원자력의 날' 포스터의 캐치프레이즈는 "무관계, 무관심"이었는데, 이번 원전사고에 대한 원전노동자들의 의식은 이 "무관계"와 "무관심"인가? 스리마일섬 원전사고 같은, 또는 그 이상의 큰 재해를 일본 원전도 일으키지 않을까 하는 불안감보다도, 오히려 대사고의 가능성을 가진 원전에서 일하는 노동자들의 이 '반응'이, 나에게는 더 오싹했다.

저녁 후, 도쿄 친구가 숙소로 전화했다. 잡담하면서 그는 이렇게 물어왔다.

"미국 원전사고 때문에 거기는 공황상태에 빠진 거 아냐?"

스리마일섬 원전사고에서는 8km권내에 사는 임산부와 미취학아동에게 대피권고가 내려졌다. 쓰루가시의 경우, 미하마원전과 쓰루가원전, 그리고 동연의 '후겐'이 근처에 있고, 그 세 개가 모두 8km 전후 떨어진 곳에 위치한다. 그래서 시민들 사이에서 "공황상태"가 발생했을 것이라고 친구는 추측한 듯하다.

그런데 실제로는 그의 예측은 거의 완전히 빗나갔다. 원전노동자들과 마찬가지로 쓰루가시민들 또한 침착하다고나 할까, 남의 일처럼 받아들이고 있다. 내가 이번 사고를 알게 된 것은 카페 TV에서 본 뉴스에서였다. 그 때 가게 안에는 손님이 네다섯 명이 있었다. 그런데 그 소식에 관심을 보인 사람은 하나도 없었다. 아니, 딱 한 사람 있었다. 가게 주인이다. 그런 그도 "그렇군"이라는 한 마디뿐, 놀란 척도 하지 않았다.

이 카페뿐만 아니라, 민박 아줌마도 책방 주인도 "거기는 난리 났나 봐", "(사고가) 일어난 모양이군요"라는 반응만 보였다. 그가 말하는 "주민들의 동요"는 내가 아는 한 전무했다.

"그렇구나. (주민들은) 이미 불감증이라고 할까, 체념하는 지경에 이르러서 그런가?"

내 이야기를 다 들은 친구는 주민들의 마음을 이해하지 못 하겠다는 말투로 그렇게 말했다.

"체념하는 지경"—이 말을 들었을 때, 과거에 후쿠이현 다카하마초를 방문했을 때가 문득 생각이 났다. 다카하마원전3, 4호기 증설계획에 대해 어느 농민이 이렇게 말했다.

"증설이라? 응, 알아. 하지만 이렇게나 많이 (원전이) 지어져 있으면 한 두 개 더 만들어도 큰 차이 없어. 반대해 봤자 이미 있는 원전까지 없어지는 것도 아니고……. 아무래도 어쩔 수 없지 않을까?"

어쩔 수 없다는 의식, 이것이 이번 원전사고에 대한 주민들의 그 반응으로 나타난 것이 아닐까.

무시되는 '눈'의 피폭

4월 2일(월) 종일, 비가 오락가락하며 저녁부터 비바람이 거세짐.

오전에는 터빈건물 내 급수가열실('오염구역')에서 공구류 반출. 해머와 스패너, 드라이버, 나사, 와셔 등이다. 터빈건물 입구의 탈의실에 간이 접수대가 있어서 거기서 반출물의 검사를 받는다.

방사능으로 오염된 공구들이 많아서 걸릴 때마다 접수대 옆 수돗가에서 수세미로 씻는다. 드라이버나 와셔처럼 표면이 그다지 울퉁불퉁하지 않은 것들은 비교적 쉽게 오염이 빠졌다.

고생한 것은 몽키 스패너다. 끝부분의 홈이 오염됐다. 수세미 털이 홈 안쪽까지 닿지 않아 내 마음대로 제염할 수 없었다. 씻고 검사하고를 반복했다. 스패너 하나를 통과시키기까지 무려 30분 가까이나 걸렸다. 옳고 그름은 차치하고 이 검사를 받지 않고 대형화물 반입구 틈에서 살짝 물품을 가져가는 이들의 마음을 이해했다.

오후, 터빈건물 1층. 오오타니 씨와 나 둘이서 얇은 철판으로 만든 박스(좌우 여닫이문이 달려 있음)에 누전차단기 두 대를 설치했다. 코드를 연결시키고 나사로 박스에 고정시킬 뿐이다. 1시간 정도로 끝났다.

체인징룸에서 약 30분 동안 휴식을 취하고, 완성된 박스를 들고 리액터빌딩으로.

2층. 앞쪽으로 경사진 콘크리트벽을 따라 약 2m 너비의 통로를 가니 엘리베이터 앞에 이른다. 그 앞에 배리어가 하나 설치돼 있다. 빨간 고무장화가 죽 늘어서 있고 옆에는 헬멧 선반이 있다. 거기서 헬멧을 쓰고 장화를 신는다. 콘크리트벽 가장자리에 있는 철봉에 철사로 박스를 설치했다. 30분 정도로 끝났다. 야근 없음.

'피폭선량'=5밀리렘

4월 3일(화) 비 오고 가끔 흐림. 춥고 을씨년스런 하루였다. 오전엔 터빈건물 1층 대형화물 반입구 앞에서 며칠 전에 반입한 케이블을 매다는 작업을 했다. 밧줄이 느슨해진 곳을 보강한다. 오오타니 씨와 나, 두 사람. 케이블을 지탱하는 관 위에 먼지가 쌓여서 밧줄을 걸칠 때마다 그것이 머리 위로 떨어진다. 머리와 얼굴이 오염되는 것 같아서 정말 불쾌하다.

오후. 또 터빈건물 1층. 급수가열실로 가는 통로 위에 뻗은 케이블 두 가닥을 웨스로 양생한다. 오오타니 씨와 함께 한다. 1시간 반 정도로 끝났다.

체인징룸에서 휴식을 취한 다음에 드라이웰(원자로 격납용기)로 갔다. 이 내부에서 케이블을 당기고 있는 동료들을 도와주기 위해서다. 드디어 원자로 건물 중심부, 플라스크 모양을 한 격납용기 안에서 작업하게 된다.

에어록을 지나 체인징플레이스에서 빨간 작업복을 입고 2층으로. 엘리베이터를 타고 또 1층으로 내려간다. 방금 전 빨간 작업복을 입은 체인징플레이스에서 드라이웰 입구까지는 얼마 떨어지지 않았다. 그런데 그 사이에 '관들의 정글'이 있고 게다가 공사 중이기 때문에 통행이 금지돼 있었다. 때문에 일부러 일단 2층으로 올라갔다가 엘리베이터로 다시 1층으로 내려가는 우회로를 거쳐야 했다.

1층. 엘리베이터 정면에 원통형 외벽의 표면을 상상케 하는 완만하게 동그스름한 콘크리트벽이 있다. 벽을 따라 그 앞의 통로를 지나 체인징플레이스 쪽으로 간다. 7, 8m 정도만 걸어가면 길이 갑자기 좁아지고 배리어에 이른다. 여기서 장화를 벗는다.

엘리베이터 앞 콘크리트벽은 여기까지 이어졌고 그 벽면에 지름 2m 정도의 동그란 구멍이 하나. 드라이웰로 들어가는 출입구다. 잠수함 해치 같은 두께가 10cm나 되는 강철제 문짝— '격납용기 에어록'은 열려 있다. 그 바로 앞에 배리어가 설치돼 있다. 거기서 안을 들여다봤지만 투광기가 밖을 향해 빛을 비췄기 때문에 눈부셔서 아무것도 보이지 않는다. 배리어에서는 전면마스크를 쓴 노동자 네댓이 바닥에 똑같은 자세로 두 팔로 무릎을 감싼 채 쪼그리고 앉아 있다. 대기 중인가 보다.

에어록에서 개인방사선경보기의 경보음과 함께 노동자 두 명이 나왔다. 그들은 반면마스크를 쓰고 있다. 문짝 옆에 "반면 또는 전면마스크를 꼭 착용할 것"이라고 적은 종이가 붙어 있다. 방사능이 잔뜩 채워진 드라이웰 안에서의 작업인데도 얼굴의 절반밖에 가리지 못 하는 반면마스크 착용이 용납되고 있는 것이다. 눈에 방사성물질이 들어갈 위험성이 완전히 무시되고 있다.

"여기서 기다려도 소용이 없겠네. 서 있기만 해도 선량을 많이 맞아 버려. 이제 나가자"라는 오오타니 씨.

결국 우리는 드라이웰 안으로 들어가지 않고 입구 앞에 3, 4분 대기만 하다가 돌아왔다.

야근 없음.

'피폭선량'=0

쓰루가발전소 ──── 악명 높은 노동현장으로

원자로 바로 밑에서

고선량 구역, 전면마스크—그리고 정전!

4월 4일(수) 흐림. 몸이 좀 나른해서 버스 출발시간 직전까지 이불속에서 꼬물꼬물. 아침은 먹지 않았다.

통일지방선거가 시작돼서 쓰루가원전으로 가는 길가엔 포스터들이 죽 붙어 있다. 경비실 앞에선 후보자(민사당民社党 계열)[37]가 구내로 들어가는 이들에게 싱글벙글 웃고 손을 흔들며 깍듯이 인사를 하고 있다.

"노동자 여러분! 날마다 고생이 많으십니다. 저는······."

내 옆에 있던 40대 노동자가 동료에게 이렇게 말하는 것이 들렸다.

"고생이 많다니, 참. 폼 잡고 있네. 안에 들어가서 한 번이라도 방사능 맞아 봐라. 그럼 한 표 넣어 주지."

조례 후, 사무실로 돌아가니 사무실 책임자가 나를 부른다. 오늘부터 일주일 동안 히타치제작소에 도우러 가란다. 오오타니 씨도 함께 하게 됐다. 히타치제작소 사무실에서 담당자에게 설명을 들었다.

'작업하는 곳'—어제 입구만 봤던 드라이웰 내부의 더 안쪽에 있는 '페데스탈'이다. 발전소의 핵심인 '원자로 압력용기' 바로 밑이다. 이 압력용기 안에서 우라늄이 핵분열을 일으켜 '원자의 불'과 동시에 '죽음의 재'를 발생시킨다.

'작업내용'—현재, 페데스탈 안에 'CRD(제어봉구동기구)'의 원격교환

---

37) 노사협조를 표방하는 어용노조, 제2노조들의 연합체를 배경으로 한 중도정당이며, 1994년에 신진당新進党으로 합류했음.

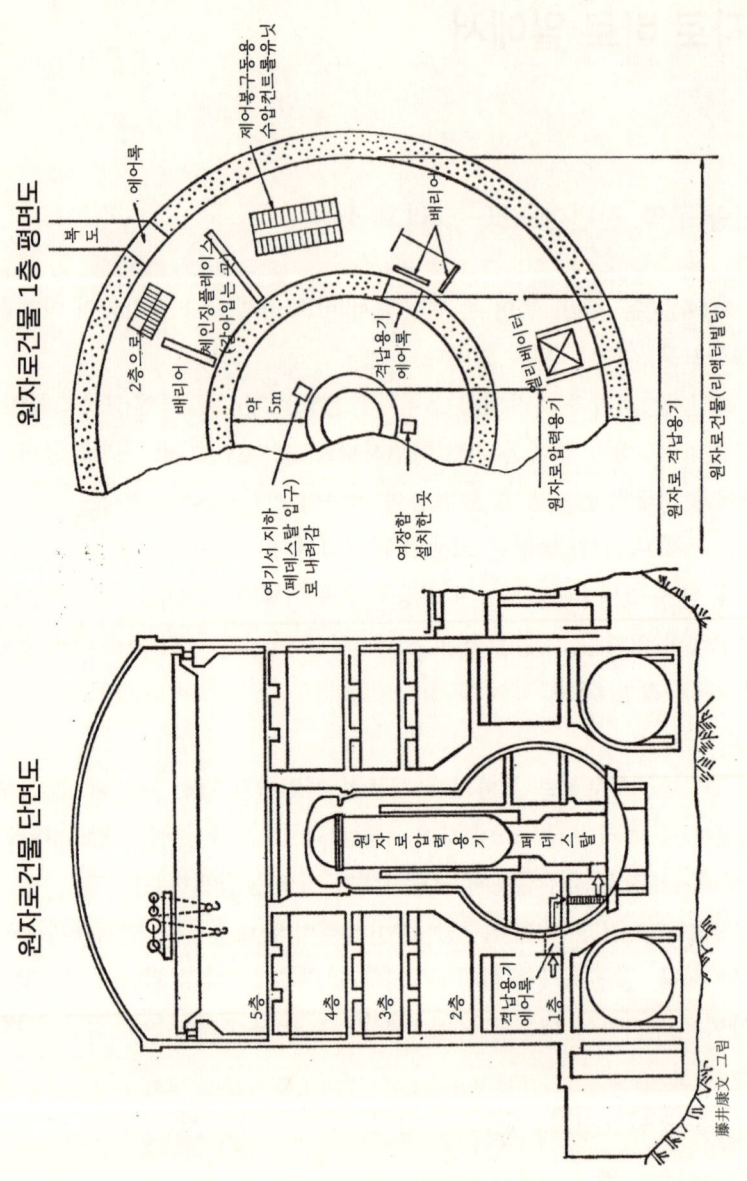

쓰루가발전소 _____ 원자로 바로 밑에서

장치를 설치 중이며, 그것을 위한 전기코드 배선작업이다.

'작업장비'—전면마스크 착용, 개인방사선경보기는 64밀리렘으로 설정한다.

작업하는 동안엔 전면마스크를 쓰기 때문에 대화를 나눌 수 없다. 그래서 몸짓신호를 정한다. 한손을 위로 향해 펼치면 나사를 건넨다. 손을 쥐고 손목을 빙빙 돌리면 드라이버 등이다.

비닐봉지에 손전등 한 개와 드라이버 두 개, 나사, 접착테이프를 담아 출발. 히타치 직원(아무래도 CRD제조업체 직원 같음) 셋과 오오타니 씨, 그리고 나, 총 5명이다.

체인징룸 앞 개인방사선경보기 대여하는 곳에서 64밀리렘에 맞춘 경보기를 받는다. 선량은 16밀리렘마다 설정할 수 있게 돼 있다. 16에서 시작되고 32, 48, 64, 80……, 이렇게 이어진다. 그 경보기를 분홍색 속옷 가슴에 접착테이프로 고정시킨다. 마스크는 빨간 작업복 선반 앞의 나무 상자에 포장도 없이 채워져 있다.

어제와 같은 통로를 지나 드라이웰 입구로. 여기서 오오타니 씨와 헤어졌다. 그와 히타치 직원 둘은 드라이웰로 들어가지 않고 엘리베이터 앞에서 작업하는 것 같다.

에어록 앞 배리어에서 전면마스크를 쓴다. 입구 옆 의자에 앉아 있는 히타치의 방관('방관' 완장을 찬 그는 반면마스크 착용)과 무슨 이야기를 나누던 직원 한 사람이 나에게 돌아오더니 "안의 선량이 높아졌어. 좀 더 여기서 기다려"라는 신호를 보내왔다.

비닐시트를 깐 바닥에 앉았다. 다른 회사의 노동자 5명 역시 대기가 된 모양이며 내 옆에 나란히 앉았다. 전면마스크 때문에 이야기를 나눌 수도 없어 모두 말없이 아래를 보고 있을 뿐이다.

30분이 지났다. 선량은 아직 낮아지지 않은 듯하다. 마스크를 착용했기 때문에 몸을 움직이지도 않았는데 호흡이 거칠어진다. 약간의 두통까지. 내 옆에서 대기 중인 노동자들은 마스크의 턱 부분에 달려 있는 필터

쓰루가발전소 ──── 원자로 바로 밑에서

를 떼어 버렸다. 그렇게 하면 마스크가 아무 소용이 없다. 두통이 점점 심해진다. 그들처럼 필터를 떼어내 조금이라도 편히 숨 쉬고 싶다는 충동을 꾹 참는다.

방관이 'OK' 신호를 보내왔다. 배리어에서 빨간 고무장화를 신고 에어록을 빠져나간다. 눈앞에 완만한 원호를 그린 콘크리트벽이, 그 벽 바깥 둘레를 따라 너비 약 5m의 통로가 있다. 다시 말해 원통 안에 더 작은 원통이 또 있으며 바깥 원통과 안쪽 원통 사이의 공간, 그곳이 지금 내가 서 있는 통로다. 어둡다. 통로 바닥엔 성긴 그물 모양의 금속판이 깔려 있다. 그 그물 아래는 어두워서 아무것도 보이지 않는다.

에어록을 들어와서 바로 오른쪽으로 7, 8m쯤 걸어가니 일부 마루청을 떼어낸 곳에 이르렀다. 수직으로 늘어뜨린 쇠사다리가 하나. 그것을 따라 지하 1층으로 내려간다. 플라스크 모양의 원자로 격납용기 바닥에 내려왔다.

두 개 벽 사이에 있는 공간은 1층과 거의 같은 너비지만, 재순환펌프나 발판 등 자재와 쓰다 낡아진 비닐시트 등이 어지러이 흩어져 있어서 통로 역할을 제대로 못 하고 있다.

안쪽 콘크리트벽이 직사각형으로 도려낸 듯 빠져 있다. 여기가 페데스탈로 들어가는 입구다. "공간선량 50~80mR/H"라고 적은 종이가 붙어 있다. 공기 중(공간)의 조사照射선량이 1시간당 50에서 80밀리뢴트겐임을 나타낸다. 아주 대략적으로 말하자면 이곳에서 작업하면 1분마다 1밀리렘 피폭을 당한다는 뜻이다. 내 경보기는 64밀리렘으로 설정해 놓았으니 여기서는 약 1시간밖에 작업할 수 없다. "50~80mR/H"란 그만큼이나 높은 선량이다.

도려낸 1.143m 두께 콘크리트벽 입구에서 안으로 들어가면 동그란 방. 지름 4.876m. 약 5평 정도의 이 좁은 방에서는 대여섯 명의 노동자가 발판을 짜거나 용접작업을 하고 있다. 비닐시트를 전면에 깐 바닥. 벽 앞에 투광기가 세 대. 방 한가운데는 주변에 갖가지 장치나 코드 등을 설치한 길이 4m의 관—CRD 원격 교환장치가 수직으로 서 있다.

이 장치의 꼭대기, 즉 천장 부근엔 동그란 이 방의 한가운데를 가로지르는, 너비 1m 남짓의 금속판이 걸쳐져 있다. 제어봉(원자로 출력을 조정하는 장치)을 교환할 때, 이 판(플랫폼) 위에서 이동시켜 반출 및 반입을 한다—내가 기억하기엔, 조금 전에 사무실에서 들었던 설명은 그랬다.

작업 개시. CRD원격교환장치 옆에 있는, 딱 내 얼굴 높이에 설치된 금속제 박스 '중계상자'(길이 약 30cm, 너비 및 높이 20cm)에 코드 두 개를 연결시킨다. 그 다음에 박스 뚜껑을 열어서 단자 14개소에 각각 코드 끝을 나사로 고정시킨다.

직원 한 사람이 코드 연결작업을 맡았고 나는 그 옆에 서서 그의 손 주변을 손전등으로 비추고, 그가 보내는 신호에 따라 비닐봉지에서 드라이버나 나사를 꺼내서 그에게 건넨다. 머리 부분이 지름 약 5mm 정도의 작은 나사를 하나씩 드라이버로 고정시킨다. 신경이 쓰이는 작업이다. 그 작은 나사를 건넬 때, 조심하는데도 고무장갑을 낀 손가락 사이에서 떨어지고 만다. 한시라도 빨리 여기서 나가야 한다는 급한 마음 때문일 것이다.

25분 정도로 종료. 빠른 걸음으로 쇠사다리를 올라가고 통로를 달려 에어록을 빠져나간다.

개인피폭선량계가 가리킨 수치는 20밀리렘이었다.

오후에 박스를 한 대 더 처리한다. 오전엔 대기 중에 약간 두통이 났을 정도였지만 오후부터는 심했다. 관자놀이가 마치 바이스로 꽉 죄이는 것 같은, 그런 극심한 통증에다 현기증과 구역질까지 느껴서 참다못해 바닥에 주저앉아 버렸다. 작업을 시작한 지 5분 만이었다.

그 때, 갑자기 불이 꺼졌다. 콘크리트벽에 둘러싸인 이 방 안이 컴컴해졌다. 내 손조차 보이지 않는다. 손으로 더듬어 손전등이 든 비닐봉지를 찾는데, 못 찾겠다. 고선량 구역이니 빨리 밖으로 나가야 한다는 생각이

쓰루가발전소 _____ 원자로 바로 밑에서

들지만 어둠 속을 잘못 걸어다니면 큰일이 날 수도 있다.

"꼼짝 마! 그대로 있어!"

한 남자의 날카로운 소리가 날아왔다. 누가 밖으로 나가려 했나 보다.

빛이 완전히 없는 세계다. 안에서 일하던 이들(내가 기억하기엔 네댓 명 있었음)은 쥐 죽은 듯 소리 하나도 내지 않는다. 그러나 이러는 사이에도 방사선은 쉴 새 없이 우리 몸을 해치고 있다. 신에게라도 비는 마음으로 빛을 기다린다.

불이 들어왔다. 꽤 긴 시간 동안 정전된 것 같았지만 나중에 들어보니 불과 3, 4분이었다.

작업 재개. 정전 중엔 잊어버렸던 두통과 구역질이 도졌다. 상체가 전후좌우로 흔들리는 듯한, 정말 불쾌한 착각이 간헐적으로 든다.

'이제 더 이상 못 참겠다' 그렇게 생각했을 때, 운 좋게 작업이 끝났다.

드라이웰을 나오자마자 위험하다는 것을 알면서 전면마스크를 벗어던져 심호흡했다. 갑자기 피로가 몰려왔다. 그래도 구역질은 꽤 나아졌다.

엘리베이터를 타고 2층으로. 계단 내려가는 입구에서 빨간 작업복을 벗었다. 내 손이 가늘게 떨리는 것이 느껴진다. 속옷이 땀으로 흠뻑 젖었다.

1층으로 내려와 원자로 건물의 에어록을 빠져나간 뒤 비치된 공책에 퇴장시간과 개인피폭선량계 수치(25밀리렘이었음)를 적는다.

책상 옆에 앉은 중년 경비원이 "꽤 혼난 모양이군. 힘들었지? 수고했어!"라고 말을 걸어왔다. 내가 정말 피곤한 표정을 지었나 보다.

샤워하고 싶었지만 찬물밖에 나오지 않는다. 좀 망설였으나 마음먹고 머리에서부터 물을 뒤집어썼다. 체인징룸의 긴 의자에 털썩 앉아 담배에 불을 붙였다. 맛없다. 연기를 한 입만 들이쉬고 재떨이에 버렸다.

'피폭선량'=45밀리렘

페데스탈 안에서의 실제 일한 시간은 불과 1시간에도 미치지 않았다. 야근 없음.

"방사능 엄청 먹었겠네"

　　4월 5일(목) 비 오고 가끔 흐림. 겨우겨우 잠자리에서 기어 나왔다. 어제의 피로가 아직 많이 남아 있다. 뒤통수에 무거운 통증을 느낀다.

　　조례 후, 히타치 사무실로. 박스는 두 개 더 남아 있었다. 어제와 같은 작업이다. 그런데 오전엔 페데스탈 안에서 다른 회사의 많은 노동자들이 작업하기 때문에 우리 작업은 점심시간에 하기로 결정돼 11시 반까지 사무실에서 기다리게 됐다. 불과 2시간이었지만 사무실 대기로 결정됐을 때엔 무척 기뻤다. 대기가 끝난 다음엔 페데스탈 안으로 들어가야 함을 알면서도 그 힘든 일로부터 1분이라도 오래 떨어져 있을 수 있다고 생각하니 왠지 마음이 들떴다.

　　그러나 기뻐하기에 너무 일렀나 보다. 사무실로 들어가서 이제 대기하려던 참에 책임자가 "30분도 안 걸리니까"라며 일을 부탁해 왔다. 원자로 건물 안에 설치된 분전반 세 대에 취급책임자 이름을 적은 스티커 세 장을 붙이기만 하는 일로 마스크도 필요 없다고 한다. 받아들일 수밖에 없었다.

　　스티커 붙이기는 약 30분 만에 끝났다. 그래도 선량을 5밀리렘 맞았다.

　　사무실에서 1시간 대기 후, 히타치 직원 둘이랑 다시 원자로 건물로. 또 페데스탈이다. 관리구역 체크포인트로 가는 도중, 몇 번이나 심호흡해서 자연의 공기를 폐 속에 마음껏 넣어 놓는다. 어제처럼 구역질이나 두통이 나지 않기를 바랐다.

　　12시 조금 전에 페데스탈로 들어갔다. 개인방사선경보기를 80밀리렘으로 설정했다. 이미 노동자 몇 명이 작업 중이었다. 가슴 높이에, 원형으로 된 콘크리트벽을 따라 한 바퀴 빙 둘러 케이블베어(케이블을 고정시키는 기구)를 설치하고 있다. 입구도 이 케이블베어로 막혀 있었다. 바닥을 기는 듯 안으로 들어간다.

쓰루가발전소 ＿＿＿＿ 원자로 바로 밑에서

작업 내용은 어제와 똑같다. 다만 오늘의 박스는 꽤 높은 위치에 있어 접사다리를 올라타서 연결작업을 한다.

우리보다 먼저 작업하던 노동자들이 잇달아 경보기를 '펑크' 내서 나간다.

약 40분 후, 박스 한 대 완료. 일단 사무실로 돌아가서 휴식을 취한다.

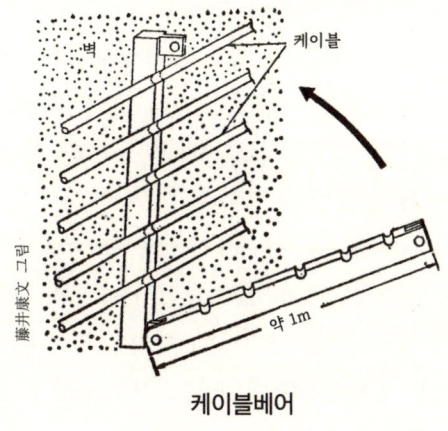
케이블베어

2시 30분부터 다시 페데스탈로. 마지막 한 대를 해치우기 위해서다. 30분 정도로 종료.

오전에 약간 두통을 느꼈는데 오후부턴 두통이나 구역질이 나지 않았다. 마스크를 끼고 숨쉬기에 익숙해져서 그런지.

'피폭선량'=55밀리렘

퇴근길에 미니버스 안에서 스리마일섬 원전사고가 화제에 올랐다. 사고 이후 처음으로 듣게 됐다. 다만 고작 두세 마디다. 원자로 안에 쌓인 수소의 거품이 감소했기에 폭발할 가능성은 이제 없어진 것 같고, 우유에서 방사능이 검출된 것 같다는 내용이었다.

그 때까지 사람들의 이야기를 가만히 듣던 오오타니 씨가 마지막에 불쑥 이렇게 말했다.

"그런데 이 사고 때문에 그쪽(미국) 노동자들이 방사능 엄청 먹었겠네······."

주민 대피와 카터대통령이 사고현장을 시찰한 것에 대해서는 신문과 TV가 연일 보도했다. 그러나 오오타니 씨가 말한 원전노동자들의 피폭에 대해서는 내가 아는 한 하나도 보도되지 않았다.

하지만 설마 노동자와 기술자들까지 주민들과 함께 대피한 것은 아닐 것이다. 오히려 그들은 중대사고를 막기 위해 목숨을 걸고 일했을 터이다. 당연히 피폭도 당했을 것이다. "방사능 엄청 먹었겠네"—오오타니 씨의 그 한 마디엔 '어느 나라의 원전노동자든 음지에 있구나'라는, 그러한 뜻이 담겨 있는 것 같았다.

어제(4일) 신문에서—

"그렇다고 실망할 것 없어. 오히려 이 일(미국 원전사고)을, 일본에서 어떤 사고도 일으키지 않게 하기 위한 좋은 기회로 삼아야 해. 그런 사고가 없으면 진보는 없어."(도코 도시오 일본경제단체연합회 회장의 말, 「아사히신문」, 방점은 필자가 찍음)

"①일본 원전은 원자로 형과 기계, 그리고 운전원 등의 면에서 미국 같은 사고가 발생할 염려는 없는 걸로 믿는다 ②안전운전에는 애쓰겠지만 운전을 정지시켜 점검하는 것보다 운전하면서 점검하는 것이 더 유효하다 ③(생략) ④국민에겐 안전대책이 철저함을 충분히 알리며 이해를 구하도록 노력하겠다."(히라이와 가이시 전기사업연합회 회장의 말, 「아사히신문」, 방점은 필자가 찍음)

말이 없는 '인해전술' 요원들

4월 6일(금) 오랜만에 갬. 박스('중계상자')에 선을 연결하는 작업은 어제 다 끝났다. 오늘은 히타치 사무실로 가지 않고 우리 회사 '하라야마 전공'의 일로 배정됐다. 여장함(余長函, 길이가 남은 케이블을 이 상자에 넣어 케이블을 배선할 때에 늘어짐이 생기지 않게 하기 위한 상자로 얇은 철판으로 만들었으며 길이 1.7m, 너비 1m임) 설치 작업이다. 나를 포함하여 4명의 노동자들이 원자로 건물로 갔다.

드라이웰의 에어록을 빠져나온다. 통로를 오른쪽으로 돌아가면 어제

쓰루가발전소 _____ 원자로 바로 밑에서

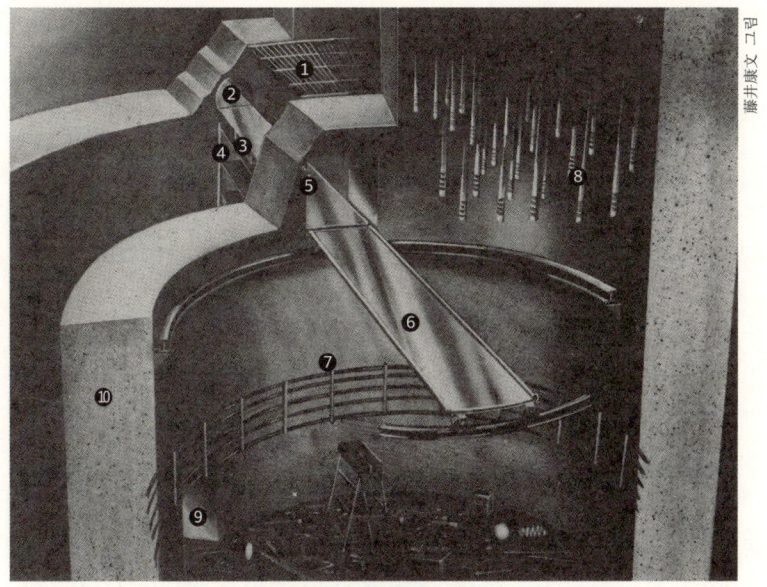

페데스탈 내 작업현장

①그레이팅(쇠창살로 된 통로) ②CAD반출입 터널 ③여장함 ④발판 ⑤원격조종용 카메라 ⑥플랫폼 ⑦케이블베어 ⑧CRD(이 위가 노심=원자로 압력용기임) ⑨페데스탈 출입구 ⑩콘크리트벽(두께 1.1m)

까지 작업하던 페데스탈 입구로 이어지는 철사다리로 나간다. 우리는 거꾸로, 그 통로를 왼쪽으로 꺾었다. 10m 정도 걷는다. 마루청을 떼어낸 곳에서 몸을 꼬듯이 바닥 아래로 들어가서 발판을 따라 지하로 내려간다. 양쪽에 원호를 이룬 콘크리트벽이 이어지며 그 간격은 약 4m다. 안쪽 벽 안이 페데스탈이다. 머리 위의 그물코 같은 마루청 틈에서 1층의 불이 조금 내비친다. 빙금 내려온 발판 맨 위층과 머리 위 마루청의 거의 중간에, 너비 약 1m의 금속제 판이 벽과 직각을 이루며 가로놓여 있다. 그 판 위에 넷이서 여장함을 내리고 금속판 밑에 고정시킨다.

작업을 시작하고 나서 비로소 알게 됐는데, 금속판 양쪽 끝은 양쪽 콘크리트벽과 연결돼 있으며, 그 주변의 벽은 뚫려 있었다. 판 한쪽 끝은 페데스탈 작업 때 머리 위에 보이던 플랫폼과 연결돼 있고, 또 한쪽은 지름 약 1m의 터널을 지나 드라이웰 밖으로 이어져 있다. 즉 교환용 제어봉은 페데스탈 안의 플랫폼에서, 지금 내가 앉아 있는 판 위를 지나고 터널을 빠져나가서 드라이웰 밖으로 반출(반입)하는 것이다.

실제로 원자로가 가동하고 있을 때, 이 터널이 어떤 상태인지는 알 수 없다. 그러나 정검 중에 항상 열려 있는 드라이웰의 에어록과 이 제어봉 반출입구에서 원자로 격납용기 안의 심한 방사성 오염물질이 늘 외부(원자로 건물 내)로 유출되고 있는 셈이다. 그렇다면 더더욱 드라이웰 밖에서도 마스크 착용이 절실할 텐데, 거기서 일하는 대부분의 노동자들은 반면마스크조차 쓰지 않는다. 대체 어찌된 일인가?

공간이 좁은데다 발판 위에 올라서 작업하기 때문에 생각대로 일이 진척되지 않는다. 주변의 벽엔 '80mR/H'라든가 '100mR/H'라든가, 공간선량을 표시한 종이가 붙어 있다. 모두 사무실의 지시에 따라 반면마스크를 썼다. 전면마스크와 비교해 호흡하기는 훨씬 편하다. 그런데 그만큼 오염된 공기를 직접 들이쉬게 된다. 머리 위 널판 틈에서 비쳐드는 빛을 주의깊게 보면 미립자가 많이 떠 있는 것을 알 수 있다. 반면마스크로는 도저히 막을 수 없는, 그렇게 심한 오염이다. 이런 나쁜 환경 속에서 동료들은 이야기하기 불편하다며 거리낌 없이 마스크를 벗고 말았다.

40분 정도로 작업이 끝났다. 선량=20밀리렘

사무실에서 1시간 정도 휴식을 취한 다음에 11시 40분부터 다시 같은 현장으로 갔다. 오오타니 씨와 나, 총 2명이다. 오전 중에 설치한 여장함에 케이블을 집어넣는 작업이다.

그러나 막상 일하기 시작했더니, 다른 업체가 여장함 가까이에 설치한 철판이 방해가 돼서 케이블이 닿지 않는다.

15분 정도만 있다가 퇴장했다. 선량=10밀리렘

탈의실 옆 세면장에서 손 씻고 세수도 하려고 수도꼭지를 틀었으나 물이 나오지 않는다. '빌대행'의 작업복을 입은 중년 남성이 양동이로 물을 가져왔다.

쓰루가발전소 _____ 원자로 바로 밑에서

"죄송합니다. 단수됐어요. 이 물로 씻으세요. 엇, 잠깐, 세수는 안 하는 게 낫겠어요. 이 물, 화장실에서 퍼온 물이라서."

우리는 손도 씻지 않고 나와 버렸다.

오후 2시 30분, 또다시 원자로 건물로 갔다. 다케이 사장과 히타치 직원, 그리고 나, 총 세 명이다.

"안에서 협의 좀 하고 올 테니, 부를 때까지 거기서 기다려 줘."

다케이 사장은 그런 말을 남기고 히타치 직원과 함께 드라이웰로 들어갔다. 나는 에어록 앞 배리어에서 대기하기로 했다.

경보기를 울린 노동자가 나오면 내 옆에 앉아 있던 남자가 들어간다. 이런 교대가 매우 잦다. 경보기가 울린다. 대신하는 이가 들어간다. 경보기가 울린다—전면마스크와 두툼한 방호복을 입고 오로지 묵묵히 행동하는 그들을 보니, 마치 무선으로 조종되는 로봇 같은, 그런 착각에 빠진다.

에어록 옆에는 히타치(?)의 방관이 상주한다. '계시원計時員'으로 2시간 교대로 여기에 앉아 있다고 한다. 드라이웰 안의 오염상황을 나타내는 모니터 감시와 입퇴장 감독이 그들의 일이다. 노동자 감독이라 해도 비치된 공책에 이름과 소속, 입퇴장 시간을 적게 할 뿐, 적는 것은 노동자 자신이다. 그런데 대부분이 이 공책을 거들떠보지도 않고 그대로 드라이웰로 드나들고 있다. 그것을 감독해야 할 계시원은 특별히 주의하지도 않았다.

30분 정도 지나 겨우 다케이 사장이 모습을 드러냈다.

"오늘은 이제 일 그만합시다"란다.

별일 아니다. 숨 막히는 전면마스크를 쓴 채로 아무것도 하지 않고 30분이라는 시간을 여기서 보냈을 뿐이다. 그래도 선량은 10밀리렘까지 올랐다.

오늘 하루의 '피폭선량'=40밀리렘

숙소 식당에서 저녁을 먹고 있는데, 옆자리에 앉아 술을 마시던 청년

(히타치 사원이며 쓰루가원전에 출장 옴)이 동료에게 편지를 보여주고 있다. 올해 4살이 된 그의 아이가 보내줬다고 한다.

"아빠, 얼른 돌아오세요. 기다리고 있을게요."

귀여운 꽃무늬 편지지에 쓴 서투른 글씨가 보인다.

"아니, 어쩌면 좋아? 얼른 오라 그래도 이번 8월까지는 못 가는데······."

그는 그렇게 말하며 꽤 오랫동안 그 편지를 들여다보고 있었다.

―오늘은 내 큰아들의 초등학교 입학식이었다.

하루의 노동은 수십 분, 나머지는 도박

4월 7일(토) 흐리고 가끔 가랑비. 드디어 토요일이 왔다. 몸이 나른하다.

오전은 사무실 대기. 드라이웰 안에서 작업하게 되고 나서 사무실에서 보내는 시간이 제법 길어졌다.

내가 쓰루가원전에서 일하기 시작했을 무렵엔 이 회사의 노동자는 고작 네댓 명이었으나, 지금은 20명 정도로 늘었다. 대부분이 지역 사람들이다. 20대 청년들이 과반을 차지하고 나머지는 30~40대다. 나이 든 사람이 한 명도 없다. 그들 역시 연일 고선량 구역에서 작업을 하고 있어서 단시간 작업을 마치고 사무실에서 빈둥거리는 이들이 많았다.

대기 중엔 오직 도박이다. 그중에서도 인기 있는 것은 트럼프를 써서 하는 오이쪼까브[38]고 그 다음이 포커다. 대낮부터 노름판이 벌어져서 사무실 안은 제법 흥성거린다. 간혹 옆방 업체 사람이 "지금 회의하고 있으니까 조용히 좀 해주세요"라는 민원이 들어오지만, 그래도 사무실 책임자

---

38)   원래 화투 놀이의 하나임.

까지 함께 "콜"이니 "스톱"이니 야단법석이다.

　동료의 말에 의하면 이전에 프로 도박꾼이 노동자를 사칭해서 구내로 들어와, 자꾸 대기 중의 노동자를 모아 돈을 우려내기도 했단다.

　오후부터 페데스탈 안에서의 작업이다. 다케이 사장과 오오타니 씨, 그리고 나, 이렇게 셋이다. 반면마스크와 64밀리렘으로 설정한 개인방사선경보기를 챙긴다.

　어제 여장함을 설치한 곳에서 플랫폼으로 내려가서 그 위를 따라서 페데스탈 안으로 들어간다. 천장 한가운데에 비닐시트가 쳐져 있고, 그 뒤엔 비닐이 가려서 잘 보이지 않지만, 크고 작은 갖가지 관(?)들이, 그것도 제법 많이, 아래로 향해 늘어져 있다. 이 관 안을 제어봉이 위아래로 이동하는 것일까. 관 끝과 플랫폼의 간격은 약 1m다. 엉거주춤한 자세로 플랫폼 위를 걸어서 벽 앞으로 간다. 가로세로 각각이 약 10cm의 철판으로 된 작은 박스 두 대를 떼어내고, 그 안을 관통하는 케이블 세 가닥을 끊는다. 20분 정도로 끝났다.

　쉴 새도 없이, 작업 종료와 동시에 나만 여장함 용접 및 가공 작업으로 돌려졌다. 어제 낮에 오오타니 씨와 함께 여장함으로 케이블을 끌어들이려 했으나 철판이 막고 있어서 작업하다 말았다. 그래서 오늘은 두 노동자가 여장함을 다시 가공하고 있었다.

　내가 이 현장에 온 지 약 10분 쯤, 한 사람이 '펑크' 났다. 이어서 5분도 되지 않아 이번엔 내 경보기가 '펑크' 났다. 남은 것은 한 사람뿐이다. 그는 일이 되지 않는다고 판단한 것 같아, 손으로 "나가자"고 신호를 보내왔다. 서둘러 도구를 치우고 그를 따라 제어봉 반출입구(너비 약 1m의 터널)에서 드라이웰 밖으로 나왔다.

　'피폭선량'=65밀리렘

4월 8일(일) 비바람이 거셈. 정오 가까이까지 푹 잤다. 감기가 들었는지 몸에 열이 있는 듯하고 목이 아프다. 비 때문에 빨래도 할 수 없어, 종일 숙소에서 TV를 보거나 책을 읽음.

　4월 9일(월) 흐림. 동틀 무렵, 자다가 식은땀을 흠뻑 흘렸다. 속옷은 물론 이불커버까지 젖어 있다. 기진맥진했다. 겨우겨우 속옷을 갈아입었다.
　출근하려고 윗몸을 일으켰는데 심한 현기증이 났다. 머리가 무겁다. 감기가 든 건가. 일을 쉬어 버렸다. 식사도 하지 않고 저녁까지 이불속에서 꾸벅꾸벅 졸았다.
　입맛이 하나도 없었으나 먹어야지 하는 마음에 억지로 일어나서 식당으로. TV 뉴스에서 지방선거 개표 결과를 본다. 도쿄와 오사카 모두 진보에서 보수 지사로 바뀌었다. 사회가 크게 달라지고 있는 듯하다.
　저녁을 먹고 목욕도 하지 않고 그대로 잠자리에 들었다.

불필요한 노동과 무의미한 피폭

　4월 10일(화) 맑음. 어제 충분히 쉬었기 때문에(그렇다고 누워 있었을 뿐이지만), 아직 약간 나른하기는 하되, 그래도 몸은 제법 회복됐다. 식은땀이 난 것은 과로 때문이었을까?
　따뜻한 하루다. 경비실 앞에서 중년 노동자 둘이 이런 이야기를 나누고 있다.
　"날씨 좋군. 이런 날엔 야외에서 해님을 바라보면서 느긋하게 일하고 싶네."
　"맞아. 대낮에도 컴컴한 곳에 들어가서 일해야 하니, 참 저주받은 직업이야."
　페데스탈 내 작업. 벽을 따라 빙 돌아 설치된 케이블베어에 에어호스 두 줄과 케이블 다섯 가닥을 설치하는 일이다. 1조부터 3조까지를 각 5명씩 편성했다. 각 조마다 번갈아가며 안으로 들어가게 됐다. 나는 먼저 들

쓰루가발전소 ＿＿＿＿ 원자로 바로 밑에서

어가는 1조로 편입됐다.

작업은 우선 플랫폼 위에 놓여 있는 케이블과 에어호스를 페데스탈 바닥으로 던져 내린다. 그 다음에 그것들을 한 가닥씩 케이블베어에 설치해 간다.

작업은 하루 종일 걸렸다. 그래도 교대하면서 했기에 실제로 일한 시간은 오전 20분, 오후 40분, 이렇게 불과 1시간 정도였다.

'피폭선량'=70밀리렘

4월 11일(수) 어제처럼 날씨가 정말 좋다.

오전, 사무실 대기. 실제 일한 시간은 하루 1시간 정도고, 남은 시간은 사무실에서 빈둥거리는 나날이다. 몸도 무디어질 뿐만 아니라 밥 세 끼가 맛있다는 느낌이 들지 않는다. 입맛이 많이 떨어졌다.

오후, 드라이웰 안에서 케이블 반입 및 반출 작업. 노동자 5명. 여장함 위에 뻗은 플랫폼에 누워서 제어봉 반출입구(터널)로 갖가지 굵기의 케이블 15가닥을 들여보내며, 그 다음에 또 다른 케이블 15가닥을 두 가닥씩 밧줄로 끌어당긴다. 5, 6m 정도 길이의 터널의 안쪽과 바깥쪽(드라이웰 바깥쪽)에서 신호를 보내면서 케이블을 끌어내기도 하고 들여넣기도 하는데, 상대방이 보내오는 신호의 의미를 좀처럼 알 수 없다. 그 때마다 가슴폭 정도의 동그란 터널을 포복전진하고 또 후퇴해야 한다. 전면마스크에다 모자가 달린 점프수트, 고무장갑 두 켤레에다 나일론 양말 세 켤레. 과장이 아니라 정말 땀이 폭포처럼 흘러내린다. 1시간 정도로 끝났다.

사무실로 돌아가는 길에 동료 한 사람이 오늘의 작업의 '의미'를 말해줬다. 반출한 15가닥의 케이블은 잘못 계산했는지 잘못 측정했는지, 실제 필요한 길이보다 부족했다. 그래서 다시 제대로 된 길이의 케이블과 교환했다는 것이다.

이 이야기를 들었을 때, 분노라기보다 오히려 극심한 피로감을 느꼈다.

'피폭선량'=40밀리렘

한계에 다다른 방사능에 대한 공포

　4월 12일(목) 약간 흐림. 오전 9시 반쯤부터 이틀 전에 페데스탈 내 케이블베어에 설치한 케이블선 정리작업. 나와 오오타니 씨, 이렇게 두 명. 케이블다발을 비닐끈으로 묶기만 하면 되는 일이다. 40분 정도로 종료.
　오후부터 사무실 대기.
　'피폭선량'=55밀리렘

　저녁식사를 마친 다음에 시내 카페에서 사장을 만났다. 용건은 두 가지다. 하나는 임금, 또 하나는 퇴직에 대해서.
　임금─지급일은 매달 10일이며 전달 말 마감이다. 3월 15일까지 일한 후쿠시마원전의 몫은 이미 정산했으나 21일부터 31일까지의 쓰루가원전의 임금이 지급일인 10일이 지났는데도 못 받고 있다. 야근수당(1시간에 1000엔) 등을 포함하면 약 8만 엔이다.
　"있잖아, 후쿠시마(원전) 때, 우치다밸브가 망했지? 그래서 부도가 나서……, 나도 어려워."
　일단 1만 엔으로 참아 달란다.
　퇴직─이번 주 월요일에 식은땀이 심하게 났을 즈음에 쓰루가원전을 그만둘 것을 남몰래 결심했다. 작년 9월에 미하마원전에서 일하기 시작한 지 이미 반년 이상이 지나, 이제 육체적으로나 정신적으로나 한계에 다다르고 있다는 것을 나는 어렴풋이 느끼기 시작했다. 뼈가 부러진 환부도 아직 가끔씩 아프다. 완치되지 않은 것이다. 그리고 방사능이다. 연일 50밀리렘 전후라는 높은 선량을 맞고 있다. 이 상태가 한두 달 더 계속된다면……. 그것은 불안감이라기보다 공포에 더 가까웠다.
　사장에겐 그런 이유들은 말하지 않고 "도쿄로 돌아가고 싶다"라는 한마디로 밀고 나가기로 했다.

　　　　　　　　쓰루가발전소 ＿＿＿＿ 원자로 바로 밑에서

그런데 뜻밖에도 사장은 "그래, 알았어"라며 순순히 내 뜻을 받아 줬다. "돈을 주지 못 해서"라는 빚이 있어서 그랬을 것이다.

이번 달 20일부로 쓰루가원전을 나가게 됐다. 1주일 남았다.

4월 13일(금) 맑음. 오전엔 원자로 건물 1층 엘리베이터 앞에서 폐기물을 비닐봉투에 담는 작업. 오오타니 씨와 나, 이렇게 두 명. 마스크와 경보기는 갖고 있지 않았다. 10분 정도로 종료. 선량은 5밀리렘.

오후, 페데스탈 안의 케이블과 코드에 전기계통 이름을 새긴 딱지를 달았다. 노동자는 5명. '일주일에 300밀리렘' 규정을 어기지 않도록 모두 30밀리렘으로 설정한 경보기를 달았다. 나의 경우엔 9일부터 어제까지 165밀리렘에 달했다.

히타치에서 제공받은 도면을 참조하면서, 길이 약 5cm의 플라스틱으로 된 딱지를 해당되는 케이블에 비닐끈으로 맨다. 시작한 지 20분 지났을 즈음부터 경보기가 잇달아 '펑크' 났다. 나 또한 30분도 못 버텼다. 2시 이후, 사무실 대기.

'피폭선량'=30밀리렘

본격화되는 정검 작업

4월 14일(토) 약간 흐림. 오전, 사무실 대기. 졸고 잡담하고 카드놀이 하며 만화책 두 권 보고 등등.

사무실 창문에서 터빈건물 대형화물 반입구가 보인다. 셔터는 계속 열려 있다. 대형트럭이 끊임없이 드나든다. 정검이 본격화된 것이다. 정검 종사자는 이미 800명을 넘었다고 한 직원이 말해 줬다. 속속 지어지는 조립식 사무실들. 책상과 공구 등이 자꾸 반입된다. 각양각색의 업체 깃발이 구내에 휘날린다. 그리고 노동자들이 줄지어 돔 안으로 사라진다······.

오후 2시 30분, 드라이웰 안에서 여장함 주변의 케이블선 정리작업 시작. 현장에 도착하고 잠시 후, 갑자기 구역질이 났다. 그리고 귀안이 울린다. 최근 2, 3일은 아무렇지도 않았다. 그러던 것이 재발된 것이다. 전면마스크를 쓸 때에만 이런 증상이 난다. 구역질이 심해졌다. 이제 못 참겠다. 손에 든 펜치를 그 자리에 내던지고 드라이웰을 나와 버렸다.

야외에서 심호흡을 하니 구역질은 꽤 가라앉았다. 평소엔 거의 잊고 사는 공기의 존재라든가 나 자신의 '호흡'이라는 것들을, 원전에서 일하기 시작한 이후 늘 의식하게 됐다. 지극히 자연스러운 숨 쉬는 것조차 할 수 없는—이러한 생리적, 정신적 고통을 수반하는 노동이 또 있을까?

종업시간 직전에 문제가 발생했다. 관리구역 입구의 탈의실에서 현금 2만 7000엔을 도둑맞았다. 피해자는 우리 동료 오오타니 씨다. 그는 경솔하게도 현금을 넣은 작업바지를 개인 사물함에 내던진 채로 팬티차림으로 작업하러 갔다. 이전에 역시 이 방에서 다케이 사장이 손목시계를 도둑맞았다. 또 "미국인 도베라 씨(GE사 기술자인 듯함)가 지난 5일에 탈의실에서 손목시계와 운전면허증을 분실하여, 귀국을 앞두고 곤란해 하십니다"라는 문서가 사무실에 회람됐다. 도난이 다발하고 있는 것이다.

"돈 벌러 와 놓고 (돈을) 뺏기다니, 어이없어."

귀가하는 버스 안에서 오오타니 씨는 자꾸 투덜거렸다.

'피폭선량'=20밀리렘

저녁 7시의 TV 뉴스에서, 오오이원전 운전 정지 결정을 알게 됐다. 스리마일섬 원전사고에서 긴급노심냉각장치에 대한 재검토가 필요해져서, 사고가 일어난 원전과 같은 형(가압수형경수로)인 오오이원전을 정지시켰다고 보도했다.

4월 15일(일) 맑음. 정오 가까이까지 늦잠을 잠. 피로가 쌓여서 그랬겠지만 요새 일요일에 일찍 일어났던 적이 거의 없다.

쓰루가발전소 ＿＿＿＿ 원자로 바로 밑에서

빨래와 메모 정리, TV 보고 카페에 감. 원전노동자 생활 마지막 일요일도 특별한 일 없이 지나가 버렸다.

반면마스크는 불량품투성이

4월 16일(월) 가랑비. 쌀쌀한 하루다. 오전 10시부터 드라이웰 안에서 텔레비전용 코드 반입. 작업장소는 여장함 주변이다.

"페데스탈로 들어가는 것도 아닌데, 굳이 전면(마스크) 안 써도······."

방관의 지시에 따라 작업은 반면마스크를 쓰고 했다. 단, 그 반면마스크 말인데, 사실 '불량품' 투성이다. 이전에 후쿠시마원전에서 어느 노동자가 가르쳐 준 '공기누출검사' ─ 필터를 손으로 막고 호흡이 가능한지 어떤지에 따라 마스크를 고르는 방법을 써 봤더니 어느 반면마스크든 편히 숨쉴 수 있다. 다시 말해 공기가 가장자리에서 샌다. 7, 8개 검사해 봤지만, 통과된 것이 하나도 없다. 불량품이 많은 것은 오늘만이 아니라 매번 이렇다.

그리고 결국은 '고만고만한' 마스크를 쓰고 만다. 마스크 검사에 긴 시간을 들일 수도 없기 때문이다. 그러나 비록 약간이라도 공기가 새고 유입되는 것을 줄이려고 나름 노력한다. 얼굴에 고정시키는 끈을 힘껏 조이는 것이다. 이렇게 하면 약간이지만 효과가 있다. 그 대신 양쪽 볼에 자국이 뚜렷이 나고 그것이 나중에 부어오른다. 그래서 최근엔 연고를 가져가는 것이 필수가 돼 버렸다. 30분 정도로 작업 종료. 오후부터 사무실 대기.

'피폭선량' =15밀리렘

4월 17일(화) 맑음. 10시 반부터 원자로 건물 내 작업. 2층 엘리베이터 앞에서 관 절단과 용접. 드라이웰 안이 아닌 만큼 마음이 편하다. 그 대신 경보기가 '펑크' 나지도 않으니 작업시간이 길어져 몸은 힘들다. 반면마스크 착용.

　　오후도 같은 현장에서 작업. 히타치 직원이 용접하는 것을 옆에서 보기만 했다.

　　'피폭선량'=15밀리렘

"정말 수고했어"

　　4월 18일(수) 흐림. 또 드라이웰 내 작업이다. 약 1주일 전에 땀투성이가 되어 케이블 14가닥을 교환했는데, 반입한 케이블이 꼬였다니 뭐니 해서 다시 케이블선을 정리해야 한단다. 고선량 구역이기 때문에 일이 좀처럼 진척되지 않고 작업도 정확성이 떨어지게 되는 것은 이해할 수 있으나, 그래도 이렇게나 자꾸 다시 해야 하는 것은 역시 지긋지긋하다.

　　두 조(각 5명씩)로 나뉘었고 난 먼저 작업하는 1조다. 2조는 드라이웰의 에어록 앞에서 대기한다. 개인방사선경보기는 모두 80밀리렘으로 설정했다. 전면마스크 착용.

　　8시 40분, 1조 작업 개시. 작업은 우선 드라이웰 밖에 설치된 분전반에서 케이블을 꺼내서 그것을 터널(제어봉 반입구) 안으로 끌어들인다. 그 다음에 케이블을 한 가닥씩 바닥으로 늘어뜨린다. 그 일을 마친 다음에 바닥에 놓여 있는 케이블들의 꼬임을 푼다. 케이블을 한 가닥씩 한쪽 끝이 터널 밖으로 나갈 때까지 플랫폼으로 끌어올린다. 5m 정도의 간격밖에 없는 벽과 벽 사이에 낀 좁은 곳에서 20m 가까이 되는 케이블, 그것도 14가닥이나 처리해야 하니, 말 그대로 악전고투다. 바닥에서 날아오르는 먼지가 자욱한 속에서 작업한다. 직원 한 사람이 진두지휘 하고 있기 때문에 내 마음대로 쉴 수도 없다. 마스크 안쪽이 땀 때문에 흐려서 이제 거의 보이지 않는다. 답답하다. 동료들 중엔 그 자리에서 마스크를 벗고 흐린 부분을 고무장갑으로 닦아내는 이도 있었다. 마스크를 벗어 버리면 거의 틀림없이 방사성물질을 들이쉬게 된다. 내부피폭이다. 그런데 흐린 채로 마스크를 끼고 있으면 발판에서 발을 헛디뎌 떨어질 수도 있다. 피폭인가, 실족사인가— 둘 중의 하나, 위험을 선택해야만 한다. 어느 것이든 '죽음의 그림자'가 따라다닌다.

1시간 반 정도로 그럭저럭 끝냈다. 그 동안, 에어록 앞에선 2조 노동자들이 전면마스크를 쓴 채로 대기하고 있었다.

"일하는 것보다 힘들었어."

사무실로 돌아가는 길에 대기하던 한 청년이 지친 표정으로 이렇게 말했다.

오후. 1조는 선량 한계를 다 채워서 일했기 때문에 사무실 대기가 됐다. 2조만이 뒷정리를 위해 다시 원자로 건물 안으로 들어갔다.

'피폭선량' = 80밀리렘

퇴근하기 직전, 다케이 사장이 나를 불렀다. 퇴직 건 때문이다. 그에겐 20일에 그만두겠다고 미리 말해 놓았다.

—내일 전신방사선측정기 검사와 퇴직검진을 받을 수 있게 해 놓았다. 도쿄로 돌아갈 준비도 있을 테니 20일엔 출근하지 않아도 된다. 그래도 출근으로 취급해 주겠다. 나를 정직원으로 해 줄 생각이었다. 쓰루가에 올 일이 있으면 꼭 연락 달라. 일 구하고 싶으면 도와주겠다.

"짧은 기간이었지만 정말 수고했어!"

그렇게 말하며 다케이 사장은 깊이 고개를 숙였다.

내 몸을 무엇보다 먼저 걱정하여 선량이 더 낮은 곳으로 배정해 주고, 야근이나 일요일 출근을 하지 않아도 되게 배려해 준 것은, 방금 나에게 고개를 숙인 그였다. 결국 한 번도 이루어지지 않았으나, 술 마시자, 마작하자며 몇 번이나 말을 걸어 준 것도 그였다. 나라는 한 사람의 원전노동자를 단지 '노동력'으로만 보지 않고 이것저것 친절하게 대해 준 것은 동료인 노동자를 빼고는 그, 다케이 씨뿐이었다.

—그리고 체내피폭이 남았다

4월 19일(목) 아침에 흐리고 비. 원전노동자로서 오늘이 마지막 하루다. 미하마도 후쿠시마도, 그리고 오늘도, 왠지 이별하는 날엔 비가 온다.

조례. 히타치의 안전책임자가 새로 만들었다는 '안전표어'를 낭독했다.

"떨어지지 마, 떨어뜨리지 마, 손대지 마, 가지 마, 태우지 마."

이 중 "손대지 마"와 "가지 마"는 원전 작업 특유의 것이다. 행동을 제약하는 "마"가 연속되니, 내 뒤에 서 있던 노동자 한 사람이 불쑥 이렇게 말했다.

" '일하지 마'가 안 들어간 표어 따위 만들지 마!"

9시부터 드라이웰 내 작업. 여장함 밑에 짠 발판을 해체하는 작업이다. 반면마스크 착용. 오오타니 씨와 나, 그리고 32, 3세 지역 청년, 이렇게 셋이다. 20분 정도로 종료.

'피폭선량' =30밀리렘

쓰루가원전에서의 총 피폭선량은 이것으로 585밀리렘이다. 짧은 기간 동안에 꽤나 맞았다(맞도록 강요받았다).

오후 1시부터 전신방사선측정기 검사. 나보다 먼저 온 중년 노동자가 담당자에게 무언가 묻고 있다. 아무래도 그 역시 오늘 퇴직하는 것 같다.

"아니, 선생님, 1200 정도 별것 아니에요. 사우나에라도 들어가면 모공에 껴 있는 방사능이 다 떨어지거든요"라는 담당자.

중년 노동자는 "그런 건가요?"라고 반신반의하는 말투로 말하고 방을 나갔다.

그 두 사람이 이야기하고 있을 때, 난 무심코 담당자 앞 책상에 눈길을 돌렸다. 측정결과를 기록한 장부가 펼쳐져 있었다. 두 사람의 외국인 이름이 나란히 적혀 있다. 둘 다 '순계수'란엔 2000 전후의 수치가 적혀 있었다(소속은 모두 'GETSCO').

나의 측정 결과 —

쓰루가발전소 _____ 원자로 바로 밑에서

《모든 계수 1만1444(2분)

　배경계수 10만5196(20분)

　순계수 924》[39]

　쓰루가원전 입장 시(3월 26일) '순계수'는 242였다. 그럼 불과 1달도 되지 않는 사이에 682카운트나 되는 방사성물질을 몸속으로 섭취한 셈이다. 682카운트— 이 '수치'는 내 앞날에 어떤 영향을 미칠 것인가.

　사무실로 들어가니 방관이 "여기에 소변 넣고 와"라며 플라스틱으로 된 용기(지름 5cm, 높이 10cm)를 내게 건넸다. 소변과 대변 등으로 몸속의 방사성물질의 양을 측정하는 '바이오어세이법'이다. 미하마와 후쿠시마 두 원전에선 이 측정을 실시하지 않았다.

　오후 2시 30분, 시내 병원에 퇴직 시 검진을 받으러 간다.

　"병원에서 바로 숙소로 돌아가세요"라는 다케이 사장.

　시내에 볼일이 있다는 직원의 승용차를 같이 탔다. 어수선한 헤어짐이 됐다.

　젖빛 베일에 폭 덮인 산들. 평소엔 온화한 표정을 보이는 쓰루가만도 오늘은 흰 물마루를 세차게 해면에 내리치고 있다. 이 빗속에 비옷을 입은 농민이 묵묵히 괭이를 휘두르고 있다. 모내기 준비다.

　빗발이 더욱더 세졌다. 굵은 빗방울이 바람을 타고 차 안으로 들이친다. 나는 천천히 창문을 닫았다.

---

39)　3월 23일이나 26일의 내용을 참고했을 때, 모든 계수-배경계수=순계수가 나와야 한다. 하지만, 여기에서 이 식대로 계산하면 맞지 않는다. 모든 계수 또는 배경계수의 수치를 잘못 쓴 것 같다.

마치며

　내가 원전을 떠난 지 3, 4개월 후에, 당시 함께 일했던 동료가 내게 전화를 했다.
　하시모토 씨—후쿠시마제1원전에서 내 갈비뼈가 골절됐을 때, 말 그대로 밤낮을 가리지 않고 헌신적으로 나를 간병해 줬고, '가마가사키'에서 빠져나오려고 나와 함께 쓰루가원전으로 갔다가 고혈압 진단을 받아 쓸쓸한 등을 보이며 오사카로 돌아간, 바로 그 사람이었다.
　"치료 안 하면 언제 쓰러질지 모른다"는 말을 의사에게 들은 그는 오사카에 돌아가서 어떻게 살았을까. 그가 신경 쓰이던 나는 그가 사는 곳으로 두세 번 전화 걸었던 적이 있었다. 그런데 그 때마다 "안 계세요"라는 관리인의 대답이 돌아왔었다.
　그러던 것이 뜻밖에도 그가 전화를 해 준 것이다.
　"아니, 그 이후 어떻게 지내나 궁금해서. 어때? 잘 지내?"
　규슈 사투리와 간사이 사투리가 뒤섞인 그의 독특한 말투를 들은 것은 정말 오랜만이다. 반가웠다. 기운찬 목소리가 수화기에서 흘러나온다.
　오사카에 돌아가자마자 그는 바로 고베에 있는 어느 공장으로 일하러 갔다고 한다.
　—아니, 몸은 아무렇지도 않아요?
　"응, 글쎄. 별거 아니었겠지."
　—그래서 병원은 갔죠?
　"병원? 어……한 번…… 한 번만 갔나?"
　그의 말투로 짐작건대, 아무래도 병원에는 가지 않았던 모양이다. 언제 쓰러질지도 모르는 몸을 억지로 끌고 일하러 나갔던 것이다. 말 그대로 하루살이 일용직 노동자인 그에게 일을 쉬고 병원에 간다는 것은 그만큼 생활이 어려워져 스스로를 옥죄는 결과를 초래한다. 무리해서 일하러 나가 수명을 줄일 것인가, 일을 쉬고 병원에 가서 생활을 어렵게 할 것인가—이런 양자택일을 해야만 하는 입장으로 몰린 하시모토 씨는 "수명을 줄일지도" 모르는 쪽을 택한 것이다. 의사가 말린 음주도 다시 시작했다고 약간 자조적인 목소리로 말했다. 언제 터질지 모르는 병에 대한 불안감, 그 불안감에서 벗어날 수 있는, 그에게 남겨진 단 하나의 수단이 음주였을 것이다.

—그 이후 원전에서 일한 적은?

"아니, 이제 원자력은 안 돼요. 누가 뭐라 해도 역시 그런 곳에서 일하면 안 되죠. 왜냐면……."

그는 말끝을 흐리고 말았다. 쓰루가에서 '고혈압'이라는 진단을 받았을 때, 그는 내게 "갑자기 이렇게 혈압이 높아지다니……. 어쩌면 후쿠시마(원전)에서 맞은 방사능이 원인일지도 몰라"라고 불쑥 말했던 적이 있었다. 하시모토 씨는 그 말을 하고 싶었을지도 모른다.

잠시 잡담을 나눈 다음, 그는 마지막으로 이렇게 말하고 전화를 끊었다.

"이봐, 호리에 씨, 만약에 거기서 일이 없으면 오사카로 와. 내가 아는 사람이 하는 곳을 소개해 줄 테니까. 일은 편하고 일당도 고만고만해. 알았지? 생각해 봐."

그는 아직 내 '정체'를 모른다. 그래서 일을 권해준 것이다.

—그건 그렇고. 하시모토 씨뿐만 아니라 원전에서 일하는 동안, 나는 정말 많은 동료들을 계속 속여 온 셈이다. 대우가 더 좋은 회사에 들어갈 수 있게 해 준다고 말해 줬던 미하마의 어부, 자신의 회사 정직원으로 꼭 입해 달라고 권했던 하청업체 사장 등등.

그들에게 "미안하다"라는 마음을 일하기 전부터 가지고 있었지만, 그래도 실제로 현장에 서게 되면 역시 가슴이 너무 아팠다. 사실을 말해 버리자고 몇 번이나 생각했는지 모른다. 그런데 결국 말하지 않았다. 원전을 둘러싼 환경이 내 입을 무겁게 했다고 하면 핑계일까.

그러나 현실 문제로, 원전 내부에, 그것도 노동현장에 발을 들여놓는 것을 '허가' 받은 저널리스트는 몇 명 되지 않는다. 다시 말해, 그만큼 원전이 외부의 '눈'에서 엄중히 격리된 존재라는 것이다. 이 '비밀주의'의 두터운 베일을 빠져나가기 위해서는 나 자신의 '신원'을 숨길 수밖에 없다고 판단했다. 솔직히 말해 동료들에게 미안하다는 생각이 드는 한편에서, 이렇게 해야만 원전의 실체를 알 수 있게 만든 전력회사에 강한 분노를 느꼈다.

이러한 씁쓸한 감정과 더불어, 또 하나의 감정을 원고를 끝마친 지금까지 가지고 있다. 노동자로 현장에서 일함으로써, '나무'는 볼 수 있어도, '숲'—다시 말해 '원전의 전체상을 과연 얼마나 파악할 수 있었는가'라는 불안이다.

후쿠시마원전에서 일할 때 있었던 일이다. 내가 소속된 회사의 도산이 확정되면서 날마다 동료들이 줄어드는 가운데, 원전에 드나드는 어느 하청업체가 내게 "우리 사원이 될 생각은 없어?"라고 권해 준 적이 있었다. 들건대 방관 조수에 결원이 생겨서 차질이 생겼단다. 이 제안을 해 준 사나이는 내게 이렇게 말했다.

"이봐 너, 앙꼬(일용직 노동자)가 제대로 된 회사의 직원이 될 수 있는 기회는 자주 있는 게 아냐."

그의 말이 맞다. 만약에 내가 '진정'한 일용직 노동자였다면, 생활이 안정될 '사원'이 되기를 바로 결단했을 것이다. 아니, '진짜'가 아니더라도 원전의 실태를 확인할 것을 목적으로 한 나에게도 방관 조수가 되면 하청노동자 입장에서는 도저히 알 수 없을 방사선 관리의 더 구체적이고 상세한 내용과, 정검 공사의 전모를 알 수 있었을 것이다. 취재 내용이 더 폭넓어지고 깊어질 텐데······.

그러나 결국 나는 그 제안을 거절해 버렸다. 하청노동자라는 입장을 고집했기 때문이다.

―왜? 근대과학과 기술의 최첨단이라고 하는 원전이지만, 그렇다고

마치며

실제로 원전을 돌리고 있는 것은 사람이다. 더군다나 중앙제어실에서 계기류를 감시하고 스위치를 누르는 전력회사 직원은 그 중의 극히 일부며, 인원수도, 노동양도 하청노동자가 압도적으로 많다. 결국 원전은 하청노동자라는 존재가 있어야 비로소 원전으로 가동할 수가 있다. 다시 말해 현장의 최전선으로 몰려 방사능투성이가 돼서 일하는 것을 강요당하는 노동자들을 외면하고는 원전을 말할 수 없다.

비슷한 사례를 우리는 소위 '전기戰記'에서 볼 수 있다. 장교 이상의 사람들이 쓴 전기에서는 당시의 전황이나 작전의 전모와 같은 넓은 시야에서 본 '전쟁'을 알 순 있다. 그러나 전쟁을 내려다봄으로써 숲을 볼 수 있는 반면, 나무—즉 최전선에서 목숨을 걸고 싸우는 병사들의 공포에 떠는 얼굴이나 단말마의 비명 소리, 피의 색깔, 화약 냄새 등을 거기에서 발견하기 어렵다. 역시 누가 뭐라 해도 전쟁의 본성은 말단 병사의 체험 속에 존재하는 것이 아닐까.

이러한 생각에서 나는 하청노동자라는 입장을 고집했다.

그럼, 실제로 그러한 노동자가 되어 원전 내 작업에 종사함으로써, 과연 나는 무엇을 얻을 수 있었는가?

'아픔'—그 입장에 서게 된 노동자가 아니면 도저히 알 수 없는 '아픔'을, 나는 내 몸으로 직접 겪을 수 있었던 것 같다.

여기서 말하는 '아픔'이란 어떤 것인가? 본문 중에 몇 번이나 묘사한 것처럼, 관리구역 안으로 한 걸음이라도 발을 들여놓으면, 대소변은 물론 물을 마시는 일이나 식사, 흡연, 심지어는 땀을 손으로 닦는 것도, 지쳤다고 바닥에 주저앉거나 벽에 기대는 일마저 '금지'돼 있다. 다시 말해 노동자들은 그가 생명체임을 증명할 '생리生理'조차도 버릴 것을 강요당한다.

'생리'가 소외된 사람이 콘크리트벽과 관 등의 무기물만으로 구축된 원전 안으로 들어갔을 때에 생기는 몸과 무기물의 격한 갈등—이 갈등이야말로 육체의 비명이자, 내가 말하는 '아픔'이다.

그래서 나는 7개월에 걸친 체험을 글로 옮길 때, 날마다 적어 놓은 메모를 되도록 그대로 원고용지에 베껴 쓰려고 노력했다. 관리구역 안에는 필기도구와 메모장을 갖고 들어갈 수 없었기에, 거기서의 경험은 구역 외로 나오자마자 바로 화장실로 들어가거나 버스를 타거나 하여 남몰래 메모해야 했다. 비화는 접어두고, 그 메모에 적어놓은 '일차적인 감정'(아프다, 춥다, 숨 막힌다 등)을 다른 표현으로 바꾸거나, 그 경험에 설명이나 생각, 주장을 덧붙이는 것도 최대한 하지 않았다. 그렇게 함으로써 내 몸이 외친 생생한 비명소리나 함께 일하던 동료들에게 공통된 감정체험에서 벗어나는 것을 조금이라도 피하려 했다.

이러한 생각에 입각한 기술방법이 원전노동의 실태를 과연 얼마나 선명하게 부각시킬 수 있었는가, 그 판단은 이 책을 읽는 독자 여러분께 맡기고자 한다.

원전노동자들을 둘러싼 현황에 대해 좀 더 적어 놓도록 하겠다.

탄광부들이 '합리화', '에너지 혁명'이라는 이름 아래에 하청노동자로 편성되어 갔던 것처럼 현재 일본 제1차산업 전체가 겸업화의 물결에 휩쓸려 제2차산업을 위한 노동력 공급원으로까지 전락하고 말았다. 원전 하청노동자 중에는 지역 농민과 어민, 그리고 나처럼 원전에서 원전으로 전전하는 '원전 집시'라고 불리는 일용직 하청노동자들이 많다는 사실에서 보더라도, 사회의 심층부에서 구조적인 변화가 일어나고 있는 것은 분명하다. 사회적으로 만들어진 하청노동자를 적극적으로 끌어들이고 이용할 만큼 이용하고서 버리는 구조는 원전뿐만 아니라 콤비나트 등에서도 볼 수 있다. 다만 원전과 콤비나트는 결정적인 차이점이 하나 있다. 그것은 원전이 만드는 '버림받은 민중'은 방사선을 잔뜩 맞은 '피폭자'가 돼 있다는 점이다. 원전 내 노동이 작업량이 아닌 방사선을 맞는 것이 할당량이라는 사실을 볼 때, 노동자를 '피폭자'로 만드는 것은 오히려 전제조건이라 할 수 있다. 따라서 원전에는 다른 산업과는 비교가 되지 않을 정도로, 노골적으

마치며

로 자본과 국가권력의 '논리'가 투영돼 있다고 생각할 수밖에 없다.

올해(1979년) 9월 5일, 전국 9개 전력회사의 노조 등 12개 노조로 조직된 전력노련(전국전력노동조합연합회, 도오메에계열[40])이 삿포로에서 정기대회를 열었다. 그 때 개막 인사에 나선 하시모토 고오이치로오 회장은 "늘어나는 전력수요를 앞으로도 계속 채우기 위해선 원자력발전소를 적극적으로 추진해 가야 한다"라고 강조했다고 한다.

이 말과 더불어, 도쿄전력의 한 사원이 말한 "라드웨이스트 작업(폐기물처리)은 피폭량이 많기 때문에 하도급 주면 좋겠다"(1976년 6월에 도쿄전력노조 후쿠시마원자력지부가 실시한 설문조사에서)라는 '의식'을 생각할 때, 하청노동자의 존재는 이제 전력회사 직원(그들 또한 '노동자'다)에게서도 외면당하고 있음을 알 수 있다.

원전 하청노동자—현재 그 수는 2만 5000명이라고도, 3만 명이라고도 한다. 각각이 하나의 육체를 가진 사람들의 집합을 이렇게 어림수로밖에 파악 못 하고 있다는 사실 자체가 그들이 놓인 상황을 가장 정확하게 표현하고 있는 게 아닐까.

마지막으로 양해를 얻어야 하는 것이 있다. 본문 중에 등장한 동료 및 사장들, 내가 소속한 하청업체 이름은 모두 가명이다. 현 시점에서 이름을 공표하면 폐를 끼칠 우려가 있다고 판단했기 때문이다.

—이렇게 글을 쓰고 있는 와중에도 떠오르는 것은 이 책을 집필하는 데 힘을 보태 주신 많은 분들이다. 낯선 땅에서, 그것도 방사능에 대한 불안감에 시달리는 생활 속에서, 걸핏하면 좌절할 뻔한 나를 따뜻하게 지원해 주신 하시모토 이치로오, 쓰야코 내외, 아키바 추우타로오 씨, 나카지

---

40) 도오메에(동맹同盟=전일본노동총동맹全日本勞働總同盟), 당시 우파 노동조합 연합체로 민사당을 지지했으며, 사회당을 지지하던 소오효오(총평總評, 일본노동조합총평의회日本勞働組合総評議会)와 함께 80년대 말에 렝고(연합連合, 일본노동조합총연합회日本勞働組合総連合会)를 결성했음.

마 데쓰엔 씨. 이 책에 멋진 장정을 입혀 주신 기무라 쓰네히사 씨. 바쁘신 와중에도 서투른 원고를 봐 주신 구메 산시로오 씨. 오카무라 히데오 씨는 문외한인 내가 도저히 언급할 수 없었던 '노동자 피폭'에 관한 글을 써 주셨다(주: 이번 판에 수록되지 않았음).

그리고 겐다이쇼칸現代書館 여러분의, 출판에 이르기까지의 열의와 협조에 대해 여기서 언급하지 않을 수 없다. 그 중에서도 담당자이신 오오타 마사코 씨는 계획부터 탈고까지 만 1년에 걸쳐 많은 조언과 격려를 주셨다. 오오타 씨와의 공동작업으로 이 책이 완성됐다고 해도 과언이 아니다. 이 자리를 빌려 깊이 감사의 말씀을 드리고 싶다.

1979년 9월
호리에 구니오

문고판 후기를 대신하여

 "그 입장에 서게 된 노동자가 아니면 도저히 알 수 없는 '아픔'을, 나는 내 몸으로 직접 겪을 수 있었던 것 같다."
 거의 1년 가까이를 하청노동자의 한 사람으로 일했던 소감을 내가 이 책의 '마치며'에 이렇게 적었던 것은 1979년 9월의 일이었습니다. 벌써, 거의 만 5년이 지나고 있습니다.
 결코 짧다고 할 수 없는 이 5년이라는 세월 속에서, 그럼 도대체, 과거에 나도 겪었던 그러한 '아픔'은 그 후의 원전 현장에서 과연 어떻게 됐는가, 과거의 일이 됐는가, 또는 똑같이 계속되고 있는가, 작업내용이든 노동환경이든 무언가의 변화가 있었는가, 노동자들이 놓여 있는 상황 자체는 어떤가, 등등이 문득 떠오를 때, 또한 수시로 질문을 받을 때마다, 갑갑함인지 슬픔인지 알 수 없는 감정을 느끼며 마음이 암담해져서 무겁고 깊은 한숨을 쉬어 버리기 일쑤입니다.
 사실 전력회사에 따라서는, 예를 들어 정확하지 못 하고 다루기에도 불편한 개인피폭선량계 사용을 그만두고 조금이나마 정밀도가 높은 방사선계측기(ATLD)로 통일하거나, 고오염 구역에서의 작업 때에 눈이 피폭될 수 있는 반면마스크 대신 얼굴 전체를 푹 덮을 수 있는 전면마스크를 사용하기로 한다는 등의 '개선'을 실시하기는 했습니다. 또한 이런저런 '개선'들을 득의양양하게 적어놓은 팸플릿 등을 자주 보기도 합니다.
 그런데도 최근 몇 년 동안 원전을 계속 지켜봐 온 나에게는, 원전 하청노동자를 둘러싼 상황은 결코 좋아지지 않았고, 오히려 내가 일하던 시절보다 더욱 악화됐다고까지 생각하지 않을 수 없습니다.
 실제로 그런 부분은 '피폭량'이라는 정말 꺼림칙한 수치 하나만을 들어도 잘 알 수 있습니다.
 그것은 감소하기는커녕 오히려 해마다 증가하고 있으며, 참고로 자원

에너지청 및 과학기술청이 공개한 자료에 의하면 과거 6년 동안(1976~82년도)에 피폭량이 2배 가까이 늘었고, 종사자만 봐도 약 2만 명이 더 증가했다고 합니다.

'개선'이 떠들썩하게 알려지는 반면에 두드러지게 악화되는 경향이 있는 원전— 왜 그럴까요? 여러 가지 원인을 생각할 수 있겠지만, 역시 누가 뭐라 해도 전력회사를 비롯한 원전 추진세력들의 체질, 특히 하청노동자를 바라보는 그들의 의식을 놓쳐서는 안 됩니다.

그것을 구체적으로 가르쳐 주는 것 중 하나로, 졸저『원전 집시』에 그들 추진세력들이 보인 반응과 반향을 들 수 있습니다.

본문을 보완한다는 의미에서, '원전'의 또 하나의 측면을 엿보기 위해서도 흥미로운 내용이 있으니, 약간 발문같지 않은 글이 될 수도 있겠으나, 그러한 반응 중 몇 가지를 여기서 보고하겠습니다.

이 책이 출간된 직후의 일이었습니다. 당시 같이 일하던 한 동료가 내게 전화를 했습니다.

"네가 쓴 책 말인데, 지금 전력회사가 이름을 알아내려고 혈안이 돼 있어."

이 책을 쓸 때, 저는 '마치며'에서도 양해를 구했듯이 등장인물들의 이름을 모두 가명으로 했습니다. 동료들에게 "폐를 끼칠 우려가 있다고 판단했기 때문"입니다.

그 가명들을 전력회사는 본명으로 옮기려고 "혈안이 돼 있다"고 합니다.

이 이야기를 들었을 때, '아무리 그래도 그렇게까지는……'이라는 생각이 들었습니다.

이 책 속에서 '나'라기보다는, 더 정확히는 사실 그 자체가 지적하고 있는 수많은 문제점에 대해 어느 업계지가 말한 것과 같은, 다시 말해 "고발 르포라고 아예 단정 짓는 것은 옳지 않다. …(중략)… '전력회사와 제조업체, 하청업체, 그리고 일하는 사람들 모두가 안전에 대해 얼마큼 노력을 기울여야 하는지를 제기하고 있다"(「전기신문電力新聞」1979년

문고판 후기를 대신하여

11월 28일)라는 식으로 받아들였다면 몰라도, 그 "안전에 대한 노력" 따위는 제쳐두고 이름을 알아낸다는 정말 본말이 전도되고 어리석으며 시시하고 한심한 짓에, 설마 전력회사가 나설 줄이야, 솔직히 생각도 못 했기 때문입니다.

하지만 이제 되돌아보니 이 인식은 대단히 부족한 것이었습니다.

그것을 통감하게 해 준 것 역시 졸저에 대한 그들의 반응이었습니다.

『지식』이라는 계간지가 있습니다. 그 유명한 국제승공연합國際勝共聯合이 후원해서 설립된 세계평화교수협의회가 발행하는 잡지입니다. 이만하면 이 잡지를 읽고 어떤 '지식'을 얻을 수 있을지 대충 짐작이 갈 텐데, 그나저나, 이 잡지 1980년 10월호에 「일본 원자력발전의 안전성—원전에 대한 환상이 진지한 논의를 방해한다」라는 제목의 좌담회 기사가 실렸고, 그 속에서 졸저가 언급됐습니다.

기시모토 여기서 떠오르는 것은 『원전 집시』라는 책입니다. 그 책에선 원자력발전소에서 일하는 사람들 사이에서 백혈병이라든가 뭐라든가 기묘한 병이 유행하고 있고, 그것 때문에 노동자들이 매우 비참한 생활을 강요당하고 있는 것처럼 묘사되었는데, 최근까지 원자력발전소 소장이셨던 이타쿠라 씨, 어떠세요?

원전 홍보단체인 일본원자력문화진흥재단 기시모토 야스시 상무이사의 이 발언에는 의문을 갖지 않을 수 없습니다. 기시모토 씨가 제 책을 정말로 읽었는가라는 생각까지 듭니다. 하청노동자 사이에서 "백혈병이라든가 뭐라든가 기묘한 병이 유행"한다든가, 또는 "그것 때문에" 노동자들이 "비참한 생활을 강요당하고 있다"는 것을 쓴 기억이 하나도 없기 때문입니다.

기시모토 씨가 무엇을 오해하여 이러한 영문을 알 수 없는 말을 했는지, 정말 이해하기 어렵지만, 그래도 이 정도의 이야기라면 '해석의 차이'로 봐 줄 수도 있습니다.

오히려 주목해야 할 것은 기시모토 씨의 이런 말을 받아서 말한 "최근까지 원자력발전소 소장"이었던 이타쿠라 데츠로오 씨의 발언입니다.

이타쿠라 그 책을 읽었을 때, 소장으로서 어처구니가 없어서 진지하게 반론할 마음도 생기지 않았다는 게 진심이었습니다.

원전 안의 실태가 그렇듯이, 그곳에서 일하는 노동자들의 목소리 또한 외부에 거의 새 나오지 않습니다. 왜 그런지는 나중에 쓰기로 하고, 어쨌든 그런 현실을 직접 봐 왔던 저로서는, 약간 오만한 말일지도 모르지만 저 개인의 체험담은 제쳐 놓더라도, 되도록 동료들의 목소리를 대변하는 마음을 담아서 이 책을 쓴 셈입니다.

그런 책에 대해서, 다시 말해 노동자가 외치는 진지하고 심각한 목소리에 대해서, 이타쿠라 씨는 "어처구니가 없다"는 한 마디로 잘라 버렸습니다. 무엇보다도 노동자의 안전과 건강을 가장 배려하고 앞장서 그 대책을 강구해야 할 발전소 소장이라는 사람이 말입니다.

"진지하게 반론할 마음도 생기지 않았다"라고 이타쿠라 씨는 말합니다. 이것 또한 요점에서 벗어난 말이라고 하겠습니다. 이타쿠라 씨 등 전력 관계자들에게 요구되는 것은 처음부터 '반론'이 아니라, 우선 노동자들의 목소리에 진지하게 귀를 기울이고, 그 다음에 작업환경 '개선'에 적극 나서는 일이기 때문입니다.

이타쿠라 씨가 소장을 맡은 발전소는 일본원자력발전주식회사 쓰루가 원전. 제가 마지막으로 일했던 그 원전입니다. 본문에도 쓴 것처럼, 노동자 사이에선 작업환경이 몹시 열악한 원전으로 소문난 발전소로, 실제로 제가 방사선을 가장 많이 맞은 곳도 쓰루가원전이었습니다.

덧붙이자면 그 사람이 이타쿠라 씨인지 어떤지 모르겠지만, 이 회사의 '어느 간부'는 노동자가 피폭당하는 것은 당연하다는 참 무서운 말을 아무렇지도 않게 말했습니다. 참고로 소개해 놓겠습니다.

문고판 후기를 대신하여

"원래 원전에서 일하면 평소에도 피폭돼요. 사람들은 뭐랄까 0이 아니면 안 된다고 생각하는데."(「주간신조週刊新潮」 1981년 5월 7일호)

이 발언이든 앞서 나온 "어처구니없다"는 말이든, 대체 뻔뻔스러워서인지 아니면 '무지' 때문인지는 잘 알 수 없지만, 이런 말에서 알 수 있는 것은 그들이 하청노동자의 '아픔'을 도저히 이해 못 할 것이라는 것과, 나아가 그런 사람들에 의해 원전이 운영되고 있다는 오싹한 현실입니다.

그런데 원전 추진세력들은 이타쿠라 전 소장처럼 노동자의 목소리를 무시하기만 하는 것은 아닙니다. 때론 그런 목소리를 강제로 봉쇄하기도 합니다.

그 사례를 소개하기 전에, 또 이야기의 순서에서도, 이 책에 관한 반향에 대해 좀 더 말하겠습니다.

출판 이후, 독자들이 300통을 넘는 편지를 보내 주셨습니다.

그 중에서는 원전과 직접 관계를 맺고 있는 사람들, 예를 들어 전력회사 직원이라든가 관련기업 사원, 행정 관계자, 하청노동자 등의 편지도 포함돼 있었지만, 역시 압도적으로 많았던 것은 주부와 학생, 회사원, 교사 등의 소위 일반 독자들이 보내주신 편지였습니다.

그런 일반 독자의 편지를 읽으면서 알게 된 것들이 몇 가지 있습니다.

"상식적으로는 상상할 수 없는 노동이다", "이게 사실일까라는 생각이 몇 번이나 들었다", "여기에 적혀 있는 것들이 다 사실이라면" 등등, 표현은 다르지만 원전 내 노동에 대한 놀라움을 대부분의 편지에서 볼 수 있었습니다.

어쩔 수 없는 것 같습니다. 원전에서 일하기 전에도 저는 몇 번 취재도 하고 노동자에게 이야기를 듣기도 해서 원전 내 노동이 상당히 가혹한 것 같다는 인상을 가지고 있었습니다. 하지만 실제로 일하면서 그런 인식마저도 너무 부족했다는 사실에 아연실색했습니다. 더군다나 전력회사 등의 원전 안전 캠페인에 일상적으로 노출되고 있는 일반 사람이면 "원전은 컴퓨터와 로봇 같은 도구로 다 작업하는 줄 알았습니다"(도쿄도 내 초등학교 교사)라는 사람이 있어도 그다지 이상하지 않으며, 오히려 대부분의 사람들이 그렇게 믿고 있다는 것이 안타까운 실상인 것 같습니다.

또한 그렇기 때문에 많은 독자들이 원전 내 노동 실태에 대해 "상상할 수 없다", "사실일까?"라는 소감을 가지고, 또 그런 뜻을 써서 보내 주신 것 같습니다.

그런데 그런 놀라움과는 약간 다른, 그것도 근본적으로 잘못된 소감을 보내 주신 독자도 조금이지만 있었습니다.

"사실을 과장하여 표현했다"—라는 것입니다.

매우 억울하게도 원전에 반대하거나 비판적인 사람 중에도 이와 비슷한 말을 하는 사람이, 역시 조금 있었습니다. 예를 들어 어느 '기술평론가'는 노동문제 전문지에서 "상당히 과장하여 썼다는 인상"을 가졌다고 썼습니다.

이러한 소감—오히려 '비판'이라고 부르는 게 정확할지도 모릅니다—에 대해서는 원전 추진세력들이 여기저기서 말하고 있다는 사실을 볼 때, 또 원전 내 노동 실태를 더 정확히 이해하게 하려는 의미에서도, 무엇보다도 침묵을 강요당하고 있는 노동자들의 목소리를 대변한다는 의미에서도, 여기서 분명히 해 놓겠습니다.

제가 진실에 더욱 가까운 사실들을 그대로 적는다는 '기록자'의 가장 기본적인 철칙을 어겨서 원전 내 노동 실태를 "과장하여 썼다"고 칩시다. 그랬다면 과연 당시 저와 함께 일하던 동료들이 다음과 같은 반응을 보였을까요?

"네가 겪은 일 따위는 그래도 나은 편이야."

동료 중엔 "그런 정도의 경험을 써서 책이 되다니, 내 경험담을 쓰면 그야말로 세계적인 베스트셀러가 되겠어"라고 말한 이까지 있습니다.

다시 말해 이 책은 "과장"은커녕 오히려 "그래도 나은 편"인 노동실태를 적었을 뿐이라는 것이, '기록자'로서는 약간 창피하고 아쉬운 이야기

문고판 후기를 대신하여

지만, 동료들의 거의 일치된 의견입니다.

그러나 동료들의 증언을 여기서 아무리 늘어놓아도 또 "상당히 과장하여 썼다"라는 소리를 듣게 될 수도 있으니, 원전 추진세력이 만든 자료도 참고로 소개해 놓도록 하겠습니다. 그것은 노동실태를 축소해서 보여주는 일은 있을 수 있어도 "과장"해서 보고한다는 것은 거의 생각할 수 없습니다.

『원자력발전소에서의 "목소리"原子力發電所からの"声"』, '작업종사자 실태조사보고서'라는 부제목이 달린 이 보고서는 원전을 추진하는 젊은 기술자들로 조직된 '행동하는 싱크 탱크 추진그룹'이라는 단체가 원전 하청노동자 2천 명을 대상으로 의식조사를 실시하여 그 결과를 1980년 12월에 정리한 것입니다.

그 속에 다음과 같은 설문이 있습니다.

물음44 『원전 집시』와 『원자로피폭일기原子炉被曝日記』(森江信 지음, 技術と人間社, 인용자 주)에 적힌 일들이 일리가 있고 전력회사 등 관계자들은 더 반성해야 한다.

이 설문에 답한 노동자 중 거의 70%가 "그렇게 생각한다", "그렇게 생각하는 편이다"라고 답했습니다.

그뿐만 아닙니다.

이 보고서의 '자유기재란'엔 "환경이 너무 나쁘다. 전력회사 임원들은 현장을 보러 와야 한다", "이곳에서 일하는 이들은 바퀴벌레 이하다"라는 등 절박한 지적과 의견, 더불어 "원자력은 위험하고 『원전 집시』보다 현실이 더 심하다"라는 목소리 또한 나왔습니다.

졸저의 내용이 "과장"한 것이 결코 아니라는 증명은 이 정도로 하고, 여기서 소개한 『원자력발전소에서의 목소리』라 제목 붙인 보고서에 대해서 하나 더 중대한 사실을 보고해 놓아야 하겠습니다.

노동자들의 목소리가 억지로 봉쇄되고 있다고 저는 앞서 말했습니다. 이 보고의 존재가 바로 그것이었습니다.

일본에서 가동 중인 열 곳의 발전소에서 일하는 하청노동자 2000명을 대상으로 만 두 달에 걸쳐 조사를 실시하고, "전국전력노동조합연합회의 적극적인 협조"(같은 보고서) 등을 얻어 설문용지를 회수했으며, 회수율 83%라는 정밀도 높은 데이터를 "일본생산성본부의 컴퓨터"(같은 보고서)까지 사용해 집계 및 분석하여, 드디어 완성한 그 보고서가, 하필이면 발표 직전에 '압력'이 가해져서 결국 '환상의 보고서'가 되고 말았습니다.

1천6백여 명에 이르는 하청노동자들의 목소리를 어둠 속에 봉쇄해 버린 것은 전력회사로 조직된 전기사업연합회. "사회적 영향이 크다"(정보지 『인사이더インサイダー』 제23호)라는 것이 그 이유였다고 합니다…….

봉쇄되고 있는 것은 노동자들의 목소리뿐만이 아닙니다. 노동자에게는 절실한, 그것도 당연히 밝혀야 할 정보까지 원전 추진세력들의 손으로 은닉되고 있습니다.

원전을 떠난 지 반 년 정도 된 어느 날, 도쿄 간다에 있는 '(재)방사선종사자중앙등록센터'를 찾았습니다.

거의 1년 가까이 겪어 온 원전 내 노동에 의해 제 몸속에 방사성물질이 얼마나 축적되었는지, 그 수치('내부피폭량')를 알고 싶었기 때문입니다.

그 센터에서는 각 노동자의 피폭 이력을 컴퓨터로 관리합니다. 조회에는 별 문제 없이 응해 주겠지. 그런 가벼운 마음으로 찾아갔지만, 그런 생각과 달리 "가르쳐 줄 수 없다"라고 쌀쌀맞게 거절당하고 말았습니다.

그 이유가 기발했습니다.

"개인정보라서……."

본인을 눈앞에 두고 '개인정보'니 뭐니 하다니.

어쨌든, 그런 이유로 포기할 수 없기에 전무이사인지 뭔지 하는 사람과의 면회를 요구했습니다.

그러나 대답은 역시 "가르쳐 드릴 수 없습니다."

그 이유는 이랬습니다.

"이 센터는 전력회사와 제조업체 등 사업자와의 계약에 의해 운영되고 있습니다. 때문에 아무리 본인이시더라도 피폭량을 가르쳐 드릴 수 없습니다. 만약에 꼭 알고 싶으시다면 사업자에게 이야기해 보세요."

즉, 노동자들은 자신이 맞은 방사선량조차 들을 수 없으며, 다시 말해 그런 피폭데이터들을 모두 원전 추진세력들만 손에 쥐고 있는 셈입니다.

피폭을 시킨다, 그러나 그 결과는 가르쳐 주지 않는다—이만큼 사람을 우롱하는 이야기가 있을까요?

나아가 이 사실에 대해서는 또 하나의 현실을 알아둬야 합니다.

원전 내 작업을 떠난 노동자에게는 의학적 차원에서의 추적조사조차도 실시되지 않고 있다는 것입니다.

방사선에는 유전적인, 또는 어느 기간이 지나서야 나타난다는 만발성晩發性의 영향이 있다는 것은 널리 지적되고 있습니다. 그럼에도 불구하고 현행법상 건강검진은 노동자가 원전에서 일하는 기간에 한하여 실시하는 것이 의무화되어 있고, 그 이후에 대해서는 아무런 규제도 마련되지 않고 있습니다. 말 그대로 '쓰다 버리는' 식입니다.

그렇게 '버림'당한 사람 중에서, 예를 들어 불행하게도 어떤 육체적 장애가 나타난 사람이 생겼다고 칩시다. 원전에서 맞은 방사선이 원인일지도 모른다고 생각해도 그 인과관계를 입증하는 것은 불가능에 가깝습니다. "방사선의 만발성 영향은 다른 원인으로 인해 나타나는 증상과 구별하기 어렵다"(과학기술청科學技術廳 편, 『방사선과 인간환경放射線と人間環境』)는 점이 먼저 있습니다. 하지만 단지 그것만은 아닙니다. 원전을 떠난 이후의 정기적인 건강데이터도 없습니다. 게다가 가장 중요한 피폭데이터마저 앞서 말했듯이 본인에게 알려 주지 않습니다. 중앙등록센터가 말한 것처럼 "사업자에게 이야기해 보면" 정말로 알 수 있을지도 모릅니다. 하지만 그 수치가 정말로 정확한지 판단조차 못 한다―이것이 원전노동자들이 놓여 있는 현실입니다.

그럼 그러한 '버림받은' 원전노동자는 얼마나 있을까요?

아쉽게도 이 인원수만 따로 알 수 없으나, 현재 일하고 있는 노동자 수를 더한 총 인원수라면 파악되어 있습니다. 다음에 올리는 것은 앞서 말한 중앙등록센터가 발표한 1984년 3월 말 기준의 등록자 수(전력회사 사원 포함)입니다.

―17만4560명

원폭으로 인한 히로시마 시민 사망자수는 히로시마시청의 조사에 의하면 1969년 기준으로 약 20만 명이라고 합니다. 원전노동자의 등록건수와 큰 차이가 없습니다. 다시 말해 '원전'은 '전후'라고 불리는 이 시대에, 아직도 이렇게나 많은 사람들을 새로이 '피폭자'로 만들었고 또 만들고 있습니다. 그것도 '평화이용'이라는 이름 아래에서 말입니다.

이 무서운 현실에 대해, 예를 들어 자원에너지청 고다마 가츠오미 심의관(당시)은 이렇게 말했습니다.

"최근 몇 년 사이에 이런 일이 일어날 줄이야 당초에는 생각할 수 없었습니다."(「도쿄신문東京新聞」 1980년 6월 9일자)

이 사람은 또, 졸저가 언급됐을 때(참의원 과학기술진흥대책특별위원회 1979년 12월 7일)에도 하타 유타카 의원의 질문에 "구체적으로 우린 파악하지 않고 있습니다", "저도 현장에서 실제로 일해 보지 않아서 그런 실태에 대해 충분한 인식도 갖고 있지 않은 것 같습니다"라고 대답했습니다.

솔직하다고 하면 솔직하지만, 원전(상업용 원자로)에 관한 안전관리를 맡은 입장에 있는 이의 말로서는 너무나도 무책임하다고 말할 수밖에

문고판 후기를 대신하여

없습니다.

그러나 그것은 그래도 나은 편이라고 생각하게 하는 말을 한 사람도 있습니다. 다음에 소개드리는 것은 과학기술청 부속기관으로 1957년에 설립된 방사선의학종합연구소 구마토리 도시유키 소장의 말입니다.

"방사선종사자중앙등록센터가 발족된 지 4년이 지났는데,…(중략)…등록자 수도 13만 명에 이른 것은 경하하여 마지않는다."(『중앙등록센터 뉴스』 1982년 1월호, 점은 인용자가 찍었음)

여기에 대해서는 이제 아무런 설명도 필요 없을 것 같습니다.

노동자의 목소리를 엮은 책을 "어처구니없다"는 한 마디로 일축해 버리는 발전소 소장과, 노동자가 피폭당하는 것이 당연하다는 발언을 거리낌 없이 입에 담는 전력회사 간부, 노동자의 의식 등을 수록한 보고서를 "사회적 영향이 크다"며 어둠 속에 묻어 버리는 전력회사들의 단체, 그리고 원전으로 인한 '피폭자'가 십 수만 명에 이른 것을 가지고 "경하하여 마지않는다"라고 태연히 말하는 연구소 소장…….

여기에, 정부 자문기관 방사선심의회(회장은 앞에서 소개한 "경하" 발언의 구마토리 도시유키 씨)는 현재, 피폭관리기준 대폭 완화를 위해 그 법률 개정 작업을 서두르고 있다고 합니다.

종래 모든 노동자가 휴대하는 것이 의무이던 개인피폭선량계 등의 방사선측정기구와, 역시 모든 노동자가 정기적으로 받던 건강검진을, 앞으로는 "연간 1.5렘을 넘을 우려가 있는 경우"에 한하여 휴대하고 받으면 된다—는 내용을 포함하고 있는데, 말하자면 이것은 방사선 관리의 '포기'와 다름없습니다.

한편에서 노동조합의 경우, 1982년 말에 결성된 전일본민간노조협의회(전민노협, 54개 민간 산업별단일노조 가맹)가 1984년 6월에 정책 및 제도 요구 중앙토론회를 열어 거기서 "방사성폐기물 처리에는 탄광 이직자를 쓴다"라는 제언을 했습니다. 노동조합이 말입니다.

나아가 전력업계에선 전력수요가 대폭 감소되는 데도, 시모키타 반도에 대규모 핵연료사이클 기지를 건설하려고 현재 그 준비에 열을 올리고 있다고 합니다.

―어쨌든, 원전을 둘러싼 이러한 큰 물결을 앞에 두고, 이대로라면 머지않아 꼭 찾아올 어둡고 무겁고 음산한 내일에 대한, 그 확실한 예감에 떨며 이 발문을 마쳐야 한다는 것에 가슴을 꼭 죄는 듯한, 그러한 말할 수 없는 '아픔'을 저는 느끼지 않을 수 없습니다.

아니, "저는"이 아니라 "우리는"이라고 말해야 하겠습니다.

적어도 지금 이렇게 지내는 사이에도 그 안에서, 숨 막히는 마스크 때문에 몸을 뒤틀고, 흘러내리는 땀 때문에 눈을 자꾸 깜박거리며, 그리고 끊임없이 사로잡히는 방사능에 대한 공포에 얼굴을 찡그리면서 일하는 수많은 동료들도, 틀림없이 똑같은 마음을 가지고 있을 테니까요.

이 책에 대해 양해를 얻어야 할 몇 가지를 설명해 놓겠습니다.

문고판을 만들 때, 다음과 같은 개정을 했습니다.

1, 어색한 부분이나 좀 정확성이 떨어지는 것으로 생각되는 기술에 손댔습니다.

2, 단행본 출판 이후에 판명된, 또는 생긴 사실에 대해서는 '문고판을 위한 추기'로 본문 중에 가필했습니다.

3, 서투른 문장력을 보완하기 위해서, 또 원전을 시각적으로도 이해해 줬으면 하는 마음으로, 사진과 그림, 그리고 각종 자료 등을 다수 수록했습니다.

이상 세 가지입니다.

원전에서 일하기 전에 제가 조언을 구한 분들 중에 오사카대학 이학부 조수이신 오카무라 히데오 선생님이 계십니다. 서투른 이 원고를 가장 먼저 읽어 주시고, 또 노동자피폭에 관한 글(문고판에 수록되지 않았음)을 써 주셨습니다. 그러던 오카무라 선생님이 불의의 사고로 세상을 떠나신 것은 이 책(단행본)을 출판한 지 3년이 지난 1982년 7월 22일의 일이었습니다. 49세라는 젊은 나이셨습니다. 고인의 명복을 빌면서 오카무라 선생님께 졸저를 바치겠습니다.

마지막이 되어 버렸지만, 귀중한 사진을 제공해 주신, 저널리스트이자 『원전이 있는 풍경原発のある風景』(未来社)의 저자이신 시바노 데쓰오 씨, 역시 저널리스트이자 『원전증후군原発症候群』(批評社)의 저자이신 니시야마 아키라 씨, 수수한 이 책을 문고판이라는 형태로 다시 세상에 내보내 주신 고단샤 문고출판국 노무라 다다오 씨, 또한 문고판을 내는 것을 흔쾌히 허락해 주신 겐다이쇼칸 여러분, 그리고 아쉽게도 여기서 이름을 적을 수 없지만, 이 책을 위해 여러 가지 형태로 협조해 주신, 원전에서 일하는 수많은 동료들에게 이 자리를 빌려서 감사하다는 말씀을 드리겠습니다.

1984년 7월 (고 오카무라 히데오 선생님의 3주기를 앞두고)
호리에 구니오

문고판 『원전 집시原発ジプシー』 1984년, 講談社

발문—또는 '마지막 장'으로

　먼저 이번 동일본대지진에서 피해를 입으신 여러분께 진심으로 위로의 말씀을 드립니다. 피해를 입은 지역에는 제 오래된 친구와 지인들도 살고 있고, 그 중의 한 사람, S씨의 행방을 매우 분하게도 아직도 찾지 못하고 있습니다. 마지막으로 만난 것이 제가 기억하기엔 약 10년 전이었고, 역 앞에서 헤어질 때에 보았던 S씨의 수줍어하는 듯한 미소를 떠올리며 이 글을 쓰고 있습니다.

＊　＊　＊

　……진눈깨비가 뒤섞인 비가 오기 시작했다.
　거의 3시간 가까이 지났는데도 그는 아직 모습을 드러내지 않았다. 코앞에 서 있는 낡은 외형의 건물, 겉으로 보기엔 3층이지만 한 발 안으로 들어가 보면 각 층이 위아래 2층 구조로 좁고 길고 가느다란 1인실로 복잡하게 칸막이되어 있어 누에시렁처럼 보인다. 얇은 베니어판으로 사방을 둘러싼 좁은 공간, 그곳엔 창문이 하나도 없고, 악취를 품기는 이불 한 쌍과 알전구 하나가 매달려 있을 뿐이다. 사람들은 1박치 요금을 내고 하룻밤을 거기서 지낸 뒤, 아침이 되면 짐을 챙겨서 숙소를 떠나 일을 찾아 각자 흩어진다. 그런 건물 앞에 나는 아까부터 계속 서 있다. 이윽고 그 날의 노동을 마친 남자들이 몸을 수그리고 잰걸음으로 내 앞을 지나가 한 사람, 또 한 사람 숙소 안으로 사라진다. 퇴근하는 그들을 기다렸다는 듯이 포장마차에서 피어오르는 곱창구이 냄새가 황혼 속으로 퍼져나갔다. 해가 졌다. 가랑비가 오기 시작했다. 밤의 어둠이 짙어짐에 따라 빗발이 점점 세졌다. 진눈깨비가 뒤섞이기 시작한 것 같다. 냉기가 발밑에서 자꾸 기어올라온다. 그의 모습은 아직 보이지 않는다.

2011년 3월 11일 오후에 동일본을 습격한 거대지진은 후쿠시마현 태평양 연안에 늘어서 있던 도쿄전력 후쿠시마제1원자력발전소에도 큰 영향을 미쳤다. 피해는 갈수록 악화일로, 사고가 발생한 지 한 달이 지난 지금도 아직 예단을 불허하는 긴박한 나날이 계속되고 있다.

이번 원전사고가 터지고 친구와 지인은 물론 언론 관계자에게서도 자주 연락을 받게 되었다. 그 때 그들이 이구동성으로 꼭 묻는 것이 하나 있다.

"현재 원전 상황은 어떻습니까? 30년 전과 비교해 어디가 어떻게 변했습니까?"

이러한 물음이 던져질 때마다 나는, 질문한 사람에게 미안하다고 생각하면서도 항상 "한 마디로 대답할 순 없다"고 말끝을 흐려버린다.

내가 원전 현장을 떠난 지 30여 년. 결코 짧다고 말할 수 없는 이 세월 속에서 원전은 크고 작은, 그리고 다종다양한, 그야말로 수없는 변모를 거쳤으며, 그것들을 짧은 시간에 말하는 것 자체가 도저히 무리다. 그것뿐만 아니다. 오래 이야기할 수 있을 기회와 장소가 만약에 주어진다 하더라도, 막 사경에서 겨우겨우 되돌아왔고 굵은 인공혈관을 온몸에 심어 넣어 이제 병원을 전전하는 '재활난민'이 되어 버린, 그런 한심한 내 몸이니, 제대로 이야기할 수 있을지도 의심스럽다.

한편, 이 책을 읽어 주신 독자 여러분도 틀림없이 같은 의문을 품을 것이라 생각하니, 저자로서의 책임도 있고 그렇게 입을 다물고 있기만 할 수도 없지 않는가 하는 생각도 날마다 커져 갔다.

이것저것 고민하고 생각한 끝에 하나의 해결책이 떠올랐다. 원전 현장의 특질을 한 마디로 표현한다면, 그것은 역시 누가 뭐라 해도 방사능에 의한 인체의 오염, 다시 말해 '피폭'일 것이다. 그럼 그 '피폭'을 수치화하여 객관적이고 시각적으로 보여줌으로써 원전의 실상의 일단이라도 말할 수 있지 않을까. 말로 길게 설명하는 것보다 오히려 숫자를 이용하는 것이 더 정확하고 더 구체적일 것이다. 그렇게 생각한 나는 대학에서 가르쳤던 과거의 제자들에게 협조를 부탁하여 갖가지 데이터를 모으고 정리하고 검토하여 그 결과로 몇 장의 그래프를 만들었다.

그렇게 완성된 도표 중 하나를 다음에 소개하려고 하는데, 그것을 보기 위해서는, 사실 하나의 예비지식이 꼭 필요하다. 우선 그것에 대한 이야기부터 시작하도록 하자.

대체 방사능은 인체에 어떤 영향을 미칠까? 어떤 사람은 비록 미량이라도 위험하다고 말하고, 또 어떤 사람은 그렇게 걱정하지 않아도 된다고 한다. 어느 책에는 발암성과의 인과관계도 충분히 생각할 수 있다고 나오고, 또 다른 책에선 온천의 효능은 방사능 덕이라고도 말한다. 도대체 사실이 무엇인가? 자랑은 아니지만 방사선과 의학에 관해선 완전히 문외한인 내게 그 답을 요구해도 솔직히 어렵다. 그러나 그렇다 해도, 적어도 자신 있게 대답할 수 있는 것이 있다.

방사능이 인체에 미치는 영향은 최첨단의 현대지식을 가지고도 사실 아직 충분히 해명되지 않았다는 것이다.

예를 들어, 지금 내 손에 한 권의 보고서가 있다. 「원자력발전시설 등 방사선업무종사자 등에 관한 역학적 조사 제 Ⅳ기」. 원전노동자들의 피폭량을 일원적으로 등록 및 관리하는 것 등을 주 업무로 하는 재단법인 '방사선영향협회'가 문부과학성의 위탁을 받아 작년 2010년 3월에 엮은 보고서인데, 그 서두에도 "저선량 영역의 방사선을 맞은 인체의 건강영향에 관해서는 해명되지 않은 점도 많아" 운운하는 곳이 있으며, 이어서 "역학적 조사"의 필요성까지 강조하고 있다.

다시 말해 방사선 피폭, 특히 저선량 피폭에 대해서는 "해명되지 않은 점"이 아직도 "많이" 남아 있다는 것이다. 이것이 내가 앞서 말한 "예비지식"이고, 이 사실을 늘 머리 한 구석에 놓고 그래프를 봐 주셨으면 고맙겠다.

다음 그림을 보자. 언뜻 보기엔 단순한 그래프지만, 그 속에는 여러 가지 흥미로운 정보가 꽉 차 있어, 그림을 보기만 해도 원전의 갖가지 실상이 부각된다.

발문 — 또는 '마지막 장'으로

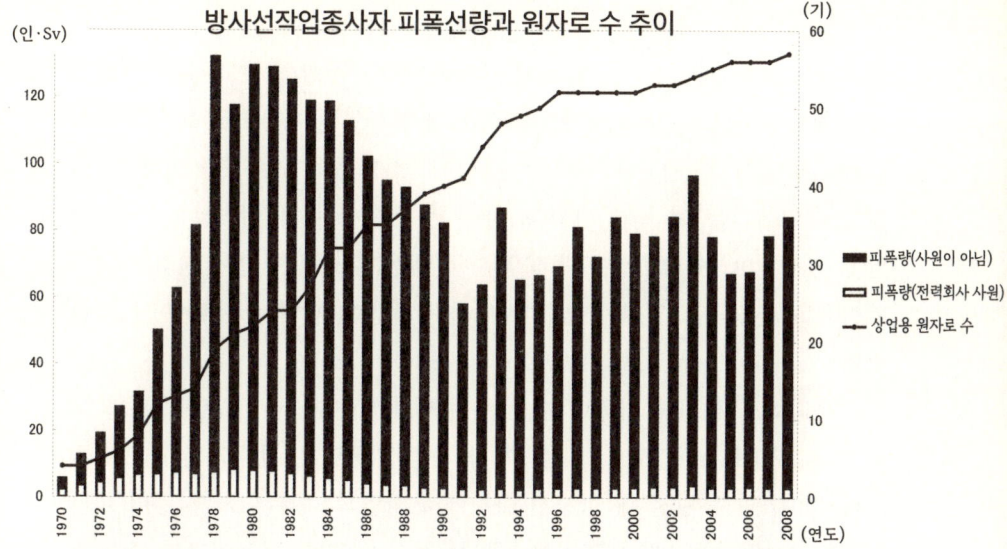

각 연도의 '원자력안전연보原子力安全年報(과학기술청科学技術庁), '원자력백서原子力白書'
(원자력위원회原子力委員会) 등을 참조했음.
(※1970~1988년도 피폭량 단위 [인·렘]은 [인·Sv]로 환산했음)

우선 주목해야 할 것은 피폭량 추이다. 일본의 경수로형 상업용원전은 1970년 쓰루가발전소(일본원자력발전주식회사) 영업운전 개시를 시작으로, 그 이후 일본국내 각지에 급속히 확산되어 갔는데, 그것에 따라 피폭량이 해마다 급증했고 내가 원전에서 일하던 당시(1978~79년도)에는 정말로 그 절정에 이르렀음을 알 수 있다. 그나저나 70년도부터 78년도에 걸친 피폭량의 급격한 증가에는 놀라울 따름이다. 그럼 내가 원전을 떠난 이후는 어떨까. 피폭량은 한 번 하강 경향을 보이나, 그것도 10년 정도밖에 지속되지 않고, 1991년도 이후엔 뚜렷한 증가 양상을 보인다. 다시 말해 원전 현장에서의 피폭량은 내가 일하던 당시와 비교하면 어느 정도 낮아졌지만, 그래도 해마다 늘어나고 있음을 이 그림은 뚜렷이 보여 주고 있다. 그리고 무엇보다도, 이번 후쿠시마제1원전 사고로 그 피폭량이 확 늘어날 것은 틀림없고 내가 일하던 당시에 기록한 과거 최대치를 훨씬 웃돌 수도 있다.

그리고 이 그림은 또 하나의 사실을 우리에게 보여 준다. 그것은 전력회사 사원들의 피폭량과, 그 이외의 이른바 '협력회사'라고 불리는 외주기업 종업원 및 그 하청노동자들(그래프에서 사원이 아님으로 표기했음)의 피폭량의 격차다. 원전 내에서는 전력회사 사원들의 모습을 거의 본 적이 없다는 이야기는 이 책 속에서도 여러 번 썼기에 독자 여러분은 이미 잘 알고 있겠지만, 인터넷상에 올라오는 글 등을 읽으면 원전이 전력회사 사원만으로 운전되고 있다고 믿는 사람들이 적잖게 많다는 사실에 나는 놀랐다.

전력회사 사원과 사원이 아닌 이들의 피폭량 차이는 그림을 보면 분명하다. 참고로 2008년도의 전력회사 사원 피폭량은 전체의 불과 3% 정도다. 다시 말해 원전 내 방사선 아래에서 작업의 대부분을 "사원이 아닌 이"=하청노동자들에게 떠맡기고 있다는 사실, 그리고 덧붙이자면 내가 일하던 당시와 비교하여 전력회사 사원의 피폭량만이 착실히 감소되고 있다는 사실, 또한 이 그림에서 알 수 있다.

이 한 장의 그림은 이외에도 여러 가지 사실을 이야기해 주고 있는데, 그것들에 대해서는 다른 기회로 넘기도록 하고, 여기서는 앞서 말한 '예비 지식'—방사선, 특히 저선량의 방사선이 인체에 미치는 영향에 대해서는 아직까지도 거의 해명되지 않았다는 사실을 되새기면서, 다시 한 번 이 그림을 곰곰이 보기 바란다.

일본에서 최초의 상업용 원자로가 운전을 시작한 것이 1966년이다. 그 때부터 40여 년의 세월이 흘렀다. 거의 반세기에 이르는 긴 세월 속에서 정말로 많은 "사원이 아닌 이"=하청노동자들이 원전 안으로 들어가서 최첨단 지식을 동원해도 인체에 대한 영향을 잘 알 수 없다는 그러한 방사선을 계속 맞아(맞도록 강요받아) 왔다는 사실, 이것은 대체 무엇을 의미할까?

여기서, 약간 여담이지만, 방금 본 그래프를 만들 때 있었던 흥미로운 에피소드 몇 가지도 간단히 언급하겠다.

발문 — 또는 '마지막 장'으로

이 그림은 앞서 말했듯이 대학 제자들의 협조를 받아 작성했다. 그림의 토대가 될 데이터 수집은 우선 인터넷상의 사이트를 꼼꼼히 다녀 숫자를 모은 다음에, 그것을 연보와 백서, 보고서 등의 문서들과 대조하여 엄밀히 교차점검을 실시했는데, 그 사이트를 돌아다니면서 알게 된 점이 몇 가지 있다. 하나는 원전 홍보용 사이트는 솔직히 질리도록 나오지만, 가장 중요한 노동자 피폭량을 적은 사이트는 상상 이상으로 적었다는 점이다. 둘째로, 겨우 피폭데이터를 찾아냈다 하더라도, 내가 원전에서 일하기 이전, 즉 1970년경부터 1978년까지의 그 놀랄만한 피폭량 급증의 데이터가 거의 보이지 않았다는 점이다. "그 엄청난 피폭량 추이를 보면 누구나 놀랄 거예요, 아마 그래서 발표하기를 꺼려서"라고 제자들은 한결같이 추리했는데, 진상은 물론 나도 알 수 없다. 그런데 그 추리가 완전히 빗나간 것이라고 말할 수 없는, 그러한 기묘한 일을 겪었다. 데이터를 찾으려고 관련 사이트를 열심히 돌아다녔는데, 그 때 돌아다닌 사이트는 되도록 우리 전용 서버에 기록하고 보존했다. 나중에 활용하려고 그렇게 보존한 데이터 중에는 당연히 이번에 큰 사고를 일으킨 도쿄전력의 것도 포함되어 있었는데, 사고가 발생한 지 며칠 지난 어느 날, 마침 도쿄전력 인터넷 사이트를 본 제자가 믿을 수 없는 광경을 목격했다. '원자력데이터 라이브러리'라 제목붙인 정보공개 코너가 통째로 삭제돼 버린 것이다. 그것도 "여러분의 신뢰를 받을 수 있도록 앞으로도 철저한 정보공개에 노력하겠습니다"라며 이전엔 자랑하듯이 당당하게 선언문을 내걸던 그 페이지마저 깨끗이 사라지고 말았다. 도쿄전력은 "여러분의 신뢰" 따위 이제 받지 않아도 된다고 생각하고 있을지도. 아니, 반은 자포자기고 나머지 반은 뻔뻔한 게 아닐까요? 제자들은 한결같이 놀랐고 고개를 자꾸 갸웃거렸다. 덧붙이자면, 우리 보존 서버에서 확인해 보니, 그 코너에는 노동자에 관한 정보만으로도 "원자력발전소에서는 얼마나 많은 사람들이 일하고 있어요?", "원자력발전소에서 일하는 사람들이 맞는 방사선 선량은?" 등등, 흥미로운 자료가 적지 않게 포함돼 있었는데……

……진눈깨비가 뒤섞인 비가 계속 내리고 있었다.

그의 모습이 아직 보이지 않았다.

지금도 때로 신기하다고 느낄 때가 있는데, 그를 알고 지낸 지 20여 년에 이르지만, 실제로 그와 함께 일한 기간은 불과 세 달 정도였다. 우리가 처음 만나서 함께 땀을 흘리며 일하던 추억이 깃든 그 현장은 이번 대사고를 일으킨 도쿄전력 후쿠시마제1원전이었다. 그리고 여기서 말하는 '그'란 이 작품 속에서 하시모토라는 이름으로 여러 번 등장한 그다. 우리 둘은 기묘하게도 서로 마음이 통하고, 만나게 되면 늘 이야기꽃을 피웠다. 내가 기억하기에 그가 나보다 10살 정도 나이가 많았을 텐데, 동갑 친구처럼 그는 친하게 대해 주었다. 내가 원전 일을 떠난 이후에도 만남은 때때로 이어졌으며, 때론 이런저런 이야기를 하며 통화하기도 하고, 때론 오사카에서 약속을 잡아 즐겁게 한 잔 하기도 했다.

언제였는지, 섣달그믐이 코앞에 다가온 어느 날, 간사이 지방 취재를 마치고 돌아가기 전에 갑자기 생각나서 그를 찾은 적이 있었다. 당시 그는 오사카 일용직 노동자의 거리 '가마가사키', 그 변두리에 서 있는 작은 공동주택의 한 칸에서 살고 있었다. 세밑의 찬바람이 몰아치는데, 길 위에 몸을 꼭 웅크리고 누워 있는 사람들이 있었다. 얼어 죽는 사람도 간혹 있다. 길 위에서 죽는 이는 1년에 100여 명에 이른다고 한다. 이전에 만났을 때, 몸이 좋지 않음을 호소하던 그였지만, 약간 벗겨진 머리를 쓰다듬으며 기운찬 모습을 보였다. 포장마차에서 재회를 기뻐하며 한 잔 했다. 귀갓길에 그는 식품가게에 들러 설음식이 담긴 작은 도시락과 주홍색을 칠한 젓가락 한 벌을 구했다. 매년 섣달그믐이 되면 이것들을 베갯머리에 차리고 홀로 새해를 맞이한단다.

그러던 그에게서의 연락이, 언제부턴가 점점 뜸해졌다. 처음엔 어딘가 지방 현장에 장기로 일하러 나가 있을 것이라고 생각해서 그다지 신경도 쓰지 않았는데, 머잖아 그로부터 연락이 완전히 끊기고 말았다. 그간에 그가 살던 방을 찾아갔지만 거기도 걷어치워져 있었다. 관리인에게 물

발문 — 또는 '마지막 장'으로

어봐도 말없이 고개를 갸웃거릴 뿐이었다. 그 이후, 간사이 쪽으로 갈 때마다 시간을 내서 가마가사키로 가서 그의 소식을 수소문해 보았다. 이름을 바꾸고 정체를 숨기는 것이 당연한 일처럼 돼 있는 가마가사키에서 사람을 찾기가 어려워 헛수고를 하는 나날을 보내야 했다. 그러던 어느 날, 그를 꼭 닮은 사람이 어느 숙소에서 나오는 것을 본 적이 있다는 이야기를 들었다. 신빙성이 높은 정보였다. 그 이야기에 나온 숙소는 가마가사키 지역 내에 있는 간이숙박시설로, 사람들은 그것을 "도야"라고 부른다. 한겨울의 해질녘, 그 도야 앞에 서서 나는 그를 기다리기로 했다.

그의 모습은, 그러나, 아무리 기다려도 보이지 않았다. 비는 아직 내리고 있다. 신발은 흠뻑 젖어 발가락 끝이 어는 것처럼 아프기 시작했다. 그 아픔 때문에 떠올랐다······. 후쿠시마원전에서 일할 때, 현장에서 갈비뼈가 부러진 나를, 그야말로 밤낮 가리지 않고 늘 내 곁에 붙어 간호해 줬던 것도, 바로 그였다.

이제 오늘 밤은 포기할 수밖에 없다. 언제 또, 언젠가는 그가 연락을 꼭 줄 것이다. 그렇게 중얼거리며 그 자리를 떠난 지 이제 10여 년이 지나고 말았다.

내게 주어진 지면도 이제 다하려고 한다.
아직 몇 가지 꼭 적어 놓아야 할 것들이 있다.
이 책의 제목에 대한 것도 그 중 하나다.
'집시'라는 말이 차별어라며 "원전 집시"라는 제목을 바꾸어야 한다는 목소리가 있는 것은 나도 안다. 그러나 이번 중보개정판 간행을 제안받았을 때에도 "원전 집시"라는 제목으로 발간해 줄 것을 나는 겐다이쇼칸에 부탁했다.

이유는 크게 두 가지였다.
하나는 "원전 집시"라는 말이 내가 만든 말이 아니라 1970~80년대에 걸쳐 실제로 널리 사용된 말이기 때문이다. 약간 거창하게 말하는 것을 허락해 준다면, "원전 집시"는 그 시대 속에서 태어나고 그 시대 속에서 자란 말이며, 이제 역사적인 의미가 있는 말이라고까지 생각한다. 그런 말을 뒷시대에, 어떤 이유가 있든 간에, 그것을 다른 말로 바꾸거나 지워 없애거나 하는 짓은 분명히 역사=시대의 왜곡이자 모독이 아닌가? 무엇보다도 그렇게 말을 바꾸고 지우는 짓은 사실 있는 그대로 묘사한다는, 기록자로서의 내 신념에 비추어 보아도 엄격히 삼가야 할 행위라고 생각한다.

두 번째 이유는—그리고 이것이 가장 큰 이유이기도 한데—"원전 집시"라는 말은 원전 주변지역 주민이나 원전 현장 노동자 사이에서 널리 입에 오르내리고 있었고, 사람에 따라서는 '각지를 떠돌아다니는 이들'이라는 의미로 쓰기도 하며, 이때 '유랑민=집시'라고 단순하게 연결해 차별성을 띤 말이 되어버렸다고도 할 수 있지만, 결코 그것만은 아니다. 각지의 원전을 떠다니는 일용직 하청노동자들 자신이 자조와 슬픔이 뒤섞인 마음을 담아서, 자신을 이렇게 불렀다는 사실을 놓쳐서는 안 된다. "우린 원전의 집시 같은 것이여." 그들이 그렇게 중얼거릴 때, 그 말 뒤에는 각지 원전 현장을 전전하는 과정에서, 전력회사는 물론 발주기업과 하청기업 사원들, 때로는 지역 주민들에게서도 "타지 사람", "정체를 알 수 없는 이"라고 백안시되는 자신들의 모습이 있고, 또 방사선 아래에서 혹독한 노동을 강요받고, 작업이 다 끝나면 잘려서 그 지역을 내쫓기듯이 떠나야 하는 자신들의 모습이 있었다. 그러한 자신들의 처지를 생각할 때마다 이야기로만 듣던 집시(로마Roma[41])들이 당하고 있을 차별이나 박해와 같은 고통을 자신 또한 맛보고 있다는, 집시(로마)들에 대한 공감과 동정이 뒤섞인 뜻이 이 말에는 담겨 있다. 같은 '아픔' 속에 놓인 사람끼리 통하는, 피를 토하듯 끄집어내는 공통언어로서의 "집시"인 것이다. 이런 무겁고 혹독하고도 슬픈 현실을 모르면서 "집시=차별어"라며 아주 쉽게 이 말을 배제하거나 다른 말로 옮기

---

41) 대부분 유럽에 거주하며 흔히 '집시'라고 불리는 소수민족의 공식 명칭.

려고 하는 발상은 너무나도 단편적이라고 생각한다.

덧붙여, "원전 집시"라는 말과 관련해 하나 더 추가해 놓자면, 최근에는 내가 아는 한, 각 원전에서 가마가사키 등의 일용직 노동자를 거의 고용하지 않게 됐다. 신원이 불분명한 이들이 원전에서 많이 일하고 있다는 소문이 퍼진 데에 대한 전력회사들의 대책의 일환이라고 한다. 최근에는 원전 주변지역 주민들 중에서 노동자를 모집하는 경우가 많다. 이 사실에 비추어 볼 때, 각지 원전을 떠다니는 일용직 노동자라는 존재는 물론 "원전 집시"라는 말 자체도 머지않아 사라져 버릴지도 모른다. 그렇다면 더더욱, 1970~80년대라는 시대 속에서 열심히 살고 일했던 "원전 집시"들의 존재를 있는 그대로, 제대로 기록해 놓을 필요가 있다, 고 나는 생각하는데.

이번 증보개정판 간행에 있어 다음과 같은 보완을 했다.

• 본문은 되도록 손대지 않았지만, 정확하지 못한 표현과 분명히 오해를 불러일으킬 만한 표현은 말을 바꾸었다.

• 시각적 이해를 돕기 위해 더 많은 사진과 그림 등을 새로 실었다.

• 과거에 고단샤에서 문고판을 간행했을 때(1984년)에 쓴 "문고판 후기를 대신하여"를 실었다. 구 단행본 간행 때(1979년)의 반향과 그 몇 년 후의 동향 등을 알 수 있을 것이다.

그나저나. 졸저(구판) 출판 때에는 참으로 많은 사람들이 격려와 지원을 해 주셨는데, 그 때부터 30여 년이라는 세월이 지나면서 정말로 바로 은인이라고 해야 할 많은 분들이 잇달아 돌아가셨다.

구판 해설을 써 주신 오카무라 히데오 씨, 고단샤 문고판의 해설을 써 주신 마쓰오카 노부오 씨, 뛰어난 과학자이셨던 다카기 진자부로 씨와 구메 산시로 씨도 이미 세상을 떠나셨다. 항상 갑작스런 방문을 되풀이하는 나를 "선생님은 방사능 같은 사람이군요" 하며 웃으면서 따뜻하게 맞아 주신, 자신도 히로시마에서 피폭을 겪으신 우에노 에에신 기록 작가님과 그 부인 하루코 씨. 또한 아는 사람도 없는 호쿠리쿠 땅에서 가혹한 원전노동의 나날을 보내는 나를 친자식처럼 지켜봐 주신 하시모토 이치로 씨와 부인 쓰야코 씨도 두 분 다 이미 황천객이 되셨다. "언제 시간 잡아서 꼭 이야기 나눠요"라는 말씀을 걸어 주신 그리하라 사다코 시인과 마쓰시타 류우이치 기록작가도 먼저 저승길로 떠나셨다. 교도통신 사회부 가타오카 기요시 기자와 니시야마 아키라 기자에게는 취재에서 신세를 많이 졌는데, 그런 두 분을 이제 뵐 수 없다. RKB마이니치방송에서 좋은 다큐멘터리 프로를 계속 만드시던 가미쓰보 다카시 씨는 "전 세계에 걸친 엄청난 주제죠? 작가님이 꼭 써 주셔야죠" 하며 내게 맡겨 주신 것이 있었는데, 그 숙제를 내가 좀처럼 못 풀고 있는 사이에 돌아가시고 말았다.

그리고……. 이 책을 쓸 때, 원전 내 노동을 기술하는 것에 중점을 두었기에, 당시의 개인적인 이야기는 되도록 뺐다. 유일한 예외라고는 아들의 초등학교 입학 이야기 등을 몇 줄 적었을 정도일까. 이번 증보개정판 간행에 즈음하여 30년 만에 원전에서 일하던 당시의 일기를 읽어봤더니, 그 속에 정말 이상한 이야기가 적혀 있었다. 욕조만한 커다란 가마솥으로 우리 엄마가 무언가를 한창 만들고 있다. 주변엔 연기와 김이 자욱이 껴 있다. 엄마는 나를 손짓하여 불러들이고 커다란 가마솥을 가리키며 말했다. "네가 좋아하는 커피 만들었어. 마시고 싶은 만큼 마셔도 돼." 꿈의 묘사는 여기서 끝났다. 정말 황당무계랄까, 지리멸렬한 꿈인데, 적힌 날짜를 보니 원전 안에서 방사선을 잔뜩 쬐면서 연일 혹독한 노동에 한창 종사하던, 바로 그 때에 꾼 꿈이었음을 알 수 있었다. 그렇게 일하는 나를 차마 볼 수 없어 엄마는 꿈속에까지 나타나 열심히 나를 격려해 주신 것일지도 모른다. 그렇게 생각하니 일기장을 가슴에 안고 나도 모르게 눈물을 흘렸다. 꿈속에서 커피를 끓이시느라 애써 주신 엄마, 그러던 엄마도 3년 전에 불귀의 객이 되셨다. 향년 87세.

끝으로, 귀중한 사진을 제공해 주신 두 분의 뛰어난 저널리스트 시바노 데쓰오 씨와 니시야마 아키라 씨, 구판 때부터 박력만점의 그림을 그려 주신 후지이 야스후미 일러스트레이터, 장정을 맡아 주신 것은 기이하게 도 구판 때 신세를 끼친 고 기무라 쓰네히사 선생님의 공방에 계시던 나카야마 깅오 그래픽디자이너, 이 분들께는 이 자리에서 깊은 감사의 인사를 드립니다. 증보개정판 발간이라는 정말로 꿈과 같은 이야기를 이번에 이루어 주신 것은 겐다이쇼칸 기쿠치 야스히로 사장님. 병상에서 복귀한 지 얼마 되지 않은 제가 그럭저럭 목적지에 다다를 수 있었던 것도 기쿠치 사장님의 격려가 있었기 때문입니다. 책을 진심으로 사랑하는 편집자 정신의 일단을 똑똑히 봤습니다. 감사의 말씀을 어떻게 드려야 할지 모르겠습니다. 편집 작업에서는 겐다이쇼칸 시모카베 아키코 씨에게 신세를 많이 졌습니다. 무엇보다도 온 회사가 응원해 주신 겐다이쇼칸 여러분께 고개 숙여 감사를 드립니다.

2011년 4월 29일
호리에 구니오

추기—발문에 있어서는 안 될 '부기'를 약간.

독자 여러분께. 마지막까지 읽어 주셔서 감사합니다. 감사하는 마음을 담아 제가 여러분께 자그마한 '부록'을 두 가지 준비했습니다. 부디 받아 주시기 바랍니다.

자그마한 '부록' 1. 이 책에는 멋지게 디자인된 책 겉표지가 씌워져 있는데, 꼭 한 번 그 책 겉표지를 조금만 벗겨 보십시오. 책 겉표지 뒤에 또 하나의 아름다운 세계가 숨어 있음을 알고 계셨나요?[42]

자그마한 '부록' 2. 이번 동북지방 태평양앞바다지진이 발생한 같은 달의 같은 날, 다시 말해 32년 전(1979년) 3월 11일, 저는 어디에 있었고 어떤 경험을 했을까요? 이에 대해서는 힌트를 드리지 않겠습니다(양해 바랍니다).

---

[42] 일본 원서는 책 겉표지를 벗겨내면 속표지에 어둠 속에 불안하게 서 있는 돔 형태의 핵발전소가 나온다.

역자 후기

『원전 집시』는 일본 핵발전소의 노동 실태를 이야기할 때 빠질 수 없는 고전입니다. '후쿠시마 이후'인 오늘날, 후쿠시마제1핵발전소 사고수습작업이나 제염현장에서의 노동실태를 고발한 책도 몇 권 있지만, 이 책을 뛰어넘는 책은 아직까지 나타나지 않았다고 평가하기도 합니다. 후쿠시마에서의 엉터리 방사선관리와 다중하청, 위장도급, 중간착취, 그리고 그것들이 만들어내는 열악한 노동환경은 '후쿠시마 이전'부터 존재해 온 것입니다. 우리는 그 생생한 현장을 이 책을 통해서 볼 수 있었습니다.

『원전 집시』가 나온 지 40년이 다 되어 가는 지금, 후쿠시마사고 수습현장은 어떨까요? 독자 여러분도 궁금하시죠? 그래서 역자 후기 대신에, 도쿄에서 일용직노동자를 지원하는 단체인 나스비 활동가와의 인터뷰를 싣겠습니다. 이 인터뷰는 제가 「탈핵신문」 편집위원으로 2014년 9월에 했던 것으로, 같은 해 10월호에 실렸습니다. 이미 2년 반이 지났지만, 염려 마세요. 1979년에 나온 이 책의 내용이 아직까지도 통하는 세상입니다. 2년 반 정도야 아무것도 아닙니다. 탈핵신문에선 지면 제한 때문에 잘린 부분도 써 놓겠습니다.

2014년 9월 23일 나스비 인터뷰

난 1986년부터 도쿄의 일용직노동자의 거리인 상야[43]에서 노동자 지원활동을 하고 있다. 나스비라는 이름은 노동자가 붙여줬다. 3·11 이후 '피폭노동을 생각하는 네트워크'를 결성해 노동상담 등을 벌이고 있다.

---

43) 山谷. 도쿄에 소재한 일용직노동자의 거리.

(일용직노동자가 주로 종사하는) 토목건설업은 다중하청구조를 가지며, 한국도 마찬가지인데 그것은 일제가 한국으로 가져온 것이다. 핵발전소 또한 그 구조가 있으며 최하층에 일용직이 있다.

다중하청은 과거에 다양한 업계에서 볼 수 있는 일본의 일반적인 산업구조였을 것이고 아직도 출판이나 제조업에 남아 있다. 그래서 너무나 당연하게 핵발전소에 도입됐을 것이다.

최하층에 놓인 일용직

○○씨(나스비 씨와 함께 내한하여 강연한 후쿠시마 지역 출신 후쿠시마제1핵발전소 노동자로, 4차 하청에 소속)는 위험을 느끼지 않았다고 하지만 그가 하던 보수·점검 작업을 하기 전에 바닥에 새어 나온 오염수를 걸레로 닦아서 오염을 제거하는 노동자가 있다. 그런 일을 하는 노동자가 상야 등에서 모집된다. 압력용기를 열고 터빈 날개를 직접 만지는 등의 작업을 하는 것도 그들이다.

후쿠시마제1핵발전소의 경우, 노동자의 50~70%가 지역 사람이고 나머지가 타지의 일용직이다. 이 비율은 지역마다 다르다. 핵발전소 내 업무는 전력회사의 자회사 혹은 발전소 메이커에서 전기 밸브 등 업무내용별로 하청에 위탁되는데, 전력회사는 3차 하청까지밖에 그 존재를 인정하지 않고 있다. 실제로는 7차, 8차까지 존재한다. 4차 이하는 고용계약서가 없어 불법파견, 중간착취가 판친다. 이런 파견노동은 고용관계가 애매한데, 이 애매함이 사고가 일어났을 때에 노동자가 배상도 못 받고 참아야만 하는 원인이 되고 있다. 이런 구조 속에서 피폭노동자 중 96%가 전력회사 직원이 아닌 하청노동자라는 현실이 만들어졌다.

이러한 노동구조는 노동자를 쉽게 해고할 수 있어 정기점검 때에만 많은 일손이 필요한 핵발전소에 적합했다. 일용직노동자로서는 5년이나 10년 후에 병에 걸릴지 어떨지 보다 당장 내일 먹고 살 수 있느냐가 더 중요하다. 이 점이 피폭노동자로 이용당하는 요인이다.

노동자 모집, 인터넷이 주류지만 여전히 길거리에서

1997년경부터 일용직이나 파견노동자 모집은 길거리에서보다 신문과 잡지를 통해서 주로 이루어졌다. 지금은 인터넷이 주류를 이룬다. 이는 종래의 파견업체가 몰락했다기보다 그들이 방법을 바꾼 것이다.

제염노동의 경우, 절반 이상이 인터넷을 통한 모집이다. 응모 또는 문의한 사람들의 명부가 어찌된 일인지 업체 사이에서 나돌고 있어 응모한 기억이 없는 업체에서 제염(오염제거)작업 하지 않겠는가 하는 연락이 왔다고 노동상담 하다가 우리도 들었다.

단, 휴대폰도 갖지 못하는 가난한 노동자는 여전히 길거리에서 모아진다.

3·11 이후의 노동실태(2014년 6월 말 기준)

그들은 핵사고 대처에 대한 특수훈련을 받은 것도 아닌 일반 노동자들이다.

피폭노동에서 산재대상은, 일곱 가지에 불과하며 조건도 몹시 까다롭다. 예를 들어 백혈병은 1년 이상의 노동실적과 동시에 5밀리시버트(mSv) 이상 피폭되어야 인정받을 수 있다. 그런데 지금 수습작업에선 한 달 만에 후쿠시마사고 이전에 1년치(1mSv)에 해당했던 것을 맞을 수 있다. 또 일본 핵발전 40여 년의 역사에서 총 45만 명의 피폭노동자들이 발생했음에도 불구하고 현재까지 핵발전소 노동자가 산재로 인정받은 사례는 13건뿐이다.

지금 수습현장은 오염수 누출을 막는 공사나 오염수 저장탱크 지반에 균열점검 등 온통 피폭노동이다. 오염수 저장탱크는 지하수 때문에 지반이 불안정해져 누수가 자주 일어난다. 그것을 점검하던 노동자는 불과 몇 달 만에 20mSv(1년간 50mSv, 5년 누적 100mSv라는 국가기준을 토대로 도쿄전력 및 하청기업들이 설정한 연간피폭한도) 피폭됐다.

도쿄전력의 사고대응은 임시방편이며 노동관리도 엉터리다. 예를 들어 냉각수에서 염분을 제거하는 장치의 관을 교환하는 작업 중에, 아직 물이 흐르고 있는 관을 잘못 떼어내는 사고가 발생해 노동자 6명이 오염수를 뒤집어썼다. 그 물을 잠글 권한을 가진 것은 도쿄전력인데 현장에는 하청업체 직원뿐이었다. 30분 후에 그 누수 때문에 공간선량이 높아져 울린 경보를 듣고 도쿄전력 직원이 와서야 물을 잠글 수 있었다. 결국 11톤이나 되는 오염수가 샜다. 당시 사고 소식은 하청 위계질서를 거슬러 올라가는 중이었고 아직 도쿄전력까지 닿지 않았다. 보통 어떤 공사현장이든 일어날 수 있는 잘못과 사고를 미리 함께 확인하는 법인데 그것도 하지 않는다는 것이다. 또 빠른 속도로 늘어나는 오염수에 대응하기 위해 도쿄전력은 탱크를 용접하는 하청업체에 서두르라며 압박한다. 그 결과 어떤 업체는 정규근무시간 외에 아침저녁 각 2시간씩 일을 더 시켰다. 이 작업은 방사선 하의 노동이기에 8시간 이상 일을 시키는 것은 불법인데도 말이다. 뿐만 아니라 노동시간이 하루에 14시간에 이른 적도 있었고 주말은 물론 점심시간에도 쉴 수 없었으며 심지어 화장실에도 갈 수 없었다. 그래서 회사는 노동자들에게 작업복 속에 싸라고 했으며 실제로 그랬던 노동자도 있었다.

현장은 피폭 외에도 위험요소가 많다. 어떤 건물의 기초 보강공사에선 사망사고까지 발생했다. 터널을 파는 공사는 천장이 무너질 위험성이 있기 때문에 지주를 세우고 입구를 넓게 확보하기 마련이다. 그런데 수습현장은 지주도 세우지 않고 입구도 좁다. 그래서 노동자가 생매장된 것이다.

제염현장도 열악하다. 위험수당이 중간착취되는 것도 흔한 일이며 어떤 업체는 공급되는 저녁식사가 밥 한 공기, 숙주나물 한 줌, 풋고추 세 개, 가지 두 조각뿐이었다. 작업하다가 다쳐도 제염 노동자라는 사실이 들키지 않도록 팔찌를 떼어내고 일부러 도쿄에 있는 병원에 가게 했다. 역시 안전관리가 엉터리라 노동자가 후진하던 트럭에 치여 사망하는 사고도 일어났다. 후쿠시마 노동국의 조사에선 조사대상 제염업체 중 2/3가 불법행

위를 저지르고 있었다.

제염노동자는 방사선 관리수첩을 사고 발생 후 1년 반 동안 아무도 받지 않았고 노동자 자신도 의식이 낮았다. 지금 발전소 수습현장에선 50%가 제네콘(대형건설회사)인데 제염은 100% 그들 몫이다. 환경성과의 계약상 노동자의 방사선 관리를 하게끔 돼 있지만 제네콘은 그것이 꼭 해야 하는 일이라는 의식이 희박했으며, 간부가 "우리는 안 한다"고 공공연하게 발언하는 업체까지 있었다. 다만 전신방사선측정검사에 대해선 비교적 의식이 높아 받은 사람도 많지만, 수첩이 발행되지 않고 있어 본인은 그 결과를 알지 못했다.

지금은 귀찮게 요구하는 노동자에게만 퇴직하고 꽤 지나서 주기는 한다.

개인의 피폭선량 관리에도 문제가 있다. 제염현장의 공간선량이 기준 이하일 경우, 제염업체는 대표자의 피폭선량으로 그 현장에 있는 모든 노동자들의 피폭량을 대체해도 되는 것으로 돼 있다. 이 경우, 개인선량계를 가진 사람은 대표자뿐이다. 그러나 제염현장은 도랑이나 물받이 등 국지적으로 선량이 높은 곳이 있기 때문에 이 방법은 문제가 있다.

후쿠시마사고 수습 노동현장에서 피폭 때문에 사망한 이는 아직 확인되지 않았고 소문도 듣지 못했다. 다만 단기간만 일하다 그만두는 이들도 많아 본인이 말하지 않는 이상 건강피해 실태를 파악하기 어렵다. 100mSv 이상 피폭된 경우는 암검사, 50mSv이상이면 백내장 검사를 국가가 실시하게 돼 있는데 그보다 낮은 피폭의 경우는 '어딘가에 다시 취직할 때 건강검진을 받게 되니까'라며 국가는 아무런 검사도 하지 않는다. 오히려 그 검사결과를 국가에 제출하라는 말까지 한다.

늘어나는 작업, 부족한 일손

수습현장에선 해야 하는 일이 계속 늘어나고 있다. 도쿄전력은 작년 가을에 위험수당을 1만 엔 더 주겠다며 일손을 모으고 있어 노동자 수는 작년 가을에 비해 2배가 되는 6000명이지만 그래도 부족하다. 각지의 핵발전소가 재가동되면 경험이 있는 이들 중심으로 그쪽으로 유출될 것이다.

이주노동자를 압력제어실 잠수작업에 투입했다는 잡지보도가 있었고 실제로 봤다는 노동자도 있는데 확인할 수 없었다. 또 일본어를 읽고 쓰지 못하는 사람이 수차례 목격됐으며 동아시아에서의 이주노동자일 수도 있다. 다만 후쿠시마사고 전에도 많이 있었고 휴게실에서 다양한 외국어가 오가고 있었다고 한다.

그런데 앞으로는 외국에서 노동자가 투입될 수 있다. 정부가 건설업 등의 단순노동에 현재 금지하고 있는 외국인노동자 투입을 준비 중이기 때문이다. '연수제도(어업과 식품가공업 등에서 주류를 이루는 저임금 무권리 노동)'를 확대해서 말이다. 그렇게 되면 제염현장에는 확실히 투입될 테고 핵발전소 수습현장에도 그럴 것이다. 그들이 귀국하고 나서 병이 나타났을 때 어떻게 할 것인가.

핵발전소에서 일한 이들 중 몇 사람은 그 곳에서 일했다는 것 때문에 꼭 죽는다는 사실을 우리는 이미 알고 있다. 이러한 노동이 필요한 사회를 만든 것은 우리 책임이다. 그런데 핵산업만 없애면 되는가? 차별구조가 계속되는 한 다른 산업에서도 같은 문제가 발생할 것이다.

2017. 2. 24
고노 다이스케

원전 집시―피폭하청노동자의 기록
호리에 구니오 씀, 고노 다이스케 옮김

펴낸 날	2017년 3월 11일
펴낸 곳	무명인
펴낸 이	윤종호 교정·교열 정유선 편집 김동훈
주소	(56452) 전라북도 고창군 아산면 영모정길 38-29 영모마을
연락처	010-8279-7849 전자우편 bebelow@hanmail.net
출판등록	2011년 7월 5일 제478-2011-000001호
인쇄	㈜상지사P&B
ISBN	978-89-98277-06-2 03330